Gottfried Keller, Jacob Baechtold

Gottfried Keller's nachgelassene Schriften und Dichtungen

Gottfried Keller, Jacob Baechtold

Gottfried Keller's nachgelassene Schriften und Dichtungen

ISBN/EAN: 9783743679627

Hergestellt in Europa, USA, Kanada, Australien, Japan

Cover: Foto ©ninafisch / pixelio.de

Weitere Bücher finden Sie auf **www.hansebooks.com**

Gottfried Keller's

Nachgelassene Schriften und Dichtungen.

Berlin.

Verlag von Wilhelm Hertz

(Besser'sche Buchhandlung).

1893.

Buchdruckerei von Gustav Schade (Otto Francke) in Berlin N.

Der vorliegende Band, welcher in Folge bekannter Verumständungen später erscheint, als vorauszusehen war, vereinigt eine Auswahl desjenigen, was von Gottfried Keller's vermischten Aufsätzen und Dichtungen in verschiedenen älteren Zeitschriften, Almanachen und Tagesblättern, zumeist ohne den Namen des Urhebers, gedruckt worden ist. Sodann enthält er einige wenige, im Nachlaß vorhandene Stücke, welche hier zum ersten Mal vor die Oeffentlichkeit treten.

Der Dichter beabsichtigte selber eine derartige Sammlung kleiner Schriften anzulegen. Sie ist, wie so mancher andere Plan, nicht mehr zu Stande gekommen. Sie hätte — wie es in einem an mich gerichteten Briefe vom 23. Mai 1880 heißt — eine Reihe „noch extra zu schreibender kritischer und kontemplativer Aufsätze" umfaßt, und Keller würde zweifellos auch von seinem ältern, bereits gedruckten Vorrath manches in dieselbe herüber genommen haben, freilich umgearbeitet und gewiß strenger gesichtet, als dieß in dem Nachlaßbande der Fall sein darf. Immerhin ist der Unterzeichnete, von dem Testamentsvollstrecker Gottfried Keller's, Herrn Professor Dr. A. Schneider, mit

der Herausgabe des Nachlasses betraut, der Meinung, daß
die getroffene Auslese den Ruf Keller's in keiner Weise
beeinträchtigen wird; da alles dasjenige, was für den
Dichter nicht charakteristisch ist, oder bloß für den Tag
bestimmt war (dahin gehören namentlich zahlreiche poli=
tische Artikel, deren Standort man im Anhang verzeichnet
findet), nicht wieder zum Abdruck gelangte.

Sogenannte literarische Ueberraschungen bietet der
schriftliche Nachlaß Keller's — das mitgetheilte Trauer=
spielfragment vielleicht ausgenommen — nicht. Solche
erwartete auch niemand. Man wußte ja, daß seine
Schaffenskraft in den letzten zwei Lebensjahren, durch
innere und äußere Leiden gehemmt, stockte. Außer wenigen
Andeutungen über eine Fortsetzung des „Martin Salander"
und einigen Rohstoffen zu Novellen und dramatischen Pro=
jekten ist nichts Poetisches vorhanden; obschon Keller mit
einer Sorgfalt, deren sich niemand von ihm versah, alle
seine Papiere, Aufzeichnungen, Einfälle, jeden noch so un=
erheblichen Brief von frühester Jugend an bis zu seinen
letzten Tagen aufgespeichert hat. Vor den „Nachlaß=
mardern" und Literaturleuten wollte er seine Persönlich=
keit — wie er oft drohte — vermittelst eines weiten
Papierkorbes und desselben wohlgeheizten Ofens, der einst
die Restauflage des alten „Grünen Heinrich" verschlang,
sichern. Er hat es nicht gethan. Manchem, das sich der
seltsame Mann wie zur Selbstpein aufhob, hätte man
sogar die Vernichtung gewünscht. Um so ernstlicher ist die
strengste Sichtung geboten.

Eine freudige Ueberraschung steht indessen den Ver=
ehrern Gottfried Keller's doch bevor: es sind die ganz un=
vergleichlichen Briefe und die Tagebuchfragmente, welche
— eine fortlaufende Biographie — demnächst in zwei
Bänden erscheinen werden.

Wer irgendwie noch im Stande wäre, dieses Brief=
buch durch Spenden zu vermehren, wird um freundliche
Mittheilung gebeten.

Zürich=Fluntern, im Oktober 1892.

Prof. Dr. J. Baechtold.

Inhalt.

Vermischte Aufsätze.

Selbstbiographie.*)

(1889)

Gottfried Keller ist geboren am 19. Juli 1819 in
Zürich als Sohn des Drechslermeisters Rudolf Keller
von Glattfelden, der 1817 nach der genannten Stadt ge-
zogen war, aber schon im Jahre 1824 im Alter von
dreiunddreißig Jahren starb, und seine Wittwe Elisabeth, geb.
Scheuchzer von Zürich, mit zwei Kindern, dem fünfjährigen
Knaben und einem dreijährigen Töchterchen hinterließ.
Letzteres, nachdem es seit dem Tode der Mutter ein Viertel-
jahrhundert allein mit dem Bruder zusammengelebt, ist im
Herbst 1888 sechsundsechszigjährig gestorben.

Den Knaben mußte die Mutter bis zum Beginn des
sechszehnten Jahres durch die Schulen zu bringen und ihm
dann die Berufswahl nach seinen unerfahrenen Wünschen
zu gewähren. Im Herbst 1834 kam er zu einem sogen.
Kunstmaler in die Lehre, erhielt später den Unterricht eines
wirklichen Künstlers, der aber, von allerlei Unstern verfolgt,
auch geistig gestört war und Zürich verlassen mußte. So
erreichte Gottfried sein zwanzigstes Jahr, nicht ohne Unter-
brechung des Malerwesens durch anhaltendes Bücherlesen

---

*) Chronik der Kirchgemeinde Neumünster. Herausgegeben von
der Gemeinnützigen Gesellschaft von Neumünster 1889. S. 430 ff.

Gottfried Keller's Nachlaß.   1

und Anfüllen wunderlicher Schreibebücher, ergriff dann aber
mit Ostern 1840 auf eigenen und fremden Rath den Wander=
stab, um aus dem unsichern Thun hinauszukommen und in
der Kunststadt München den rechten Weg zu suchen. Allein
er fand ihn nicht und sah sich genöthigt, gegen Ende des
Jahres 1842 die Heimat wieder aufzusuchen. Während er
hier seine Bestrebung im Komponiren großer Phantasieland=
schaften von Neuem aufzunehmen glaubte, gerieth er hinter
seinen Staffeleien unversehens auf ein eifriges Reimen und
Dichten, so daß ziemlich rasch eine nicht eben bescheidene
Menge von lyrischen Skripturen vorhanden war.

Um diese Zeit lebte A. A. L. Follen in Hottingen, der
vom Wartburgfeste her wegen seiner schönen Gestalt deutscher
Kaiser genannt wurde, wie die Sage ging. Er war an der
von Julius Fröbel gegründeten Verlagsbuchhandlung „Li=
terarisches Comptoir in Zürich und Winterthur" betheiligt,
welche später auch Arnold Ruge nach Zürich zog, als seinen
Reformplänen dienend.

Follen, welchem Gottfried Keller nach Art junger An=
fänger seinen Erstlingsvorrath vorgelegt, sichtete diese Papiere
und veranlaßte die Aufnahme eines Theiles in das vom
literarischen Comptoir herausgegebene „Deutsche Taschenbuch
auf das Jahr 1845", das poetische Beiträge von Hoffmann
von Fallersleben, Robert Pruß u. A. brachte. Der zweite
und letzte Jahrgang 1846 enthielt einen weitern Theil, und
ein inzwischen entstandener Cyklus von Liedern erschien im
Stuttgarter Morgenblatt. Aus diesen Bestandtheilen redigirte
Follen, der die Sache väterlich an Hand genommen und
führte, den ersten Band von Gottfried Keller's Gedichten,
der 1846 in Heidelberg erschien.

Um diesen Übergang zur Literatur zu bekräftigen, begann er ein und anderes Kollegium an der Universität zu hören, so Herbartische Psychologie und Geschichte der Philosophie bei Bobrik, und zwar ohne genügende Vorbildung, und that sich auch sonst etwa bequemlich um, wie ungezogene Lyriker zu thun pflegen. Nur das Dichten trieb er, ebenfalls nach der Weise solcher, gewissenhaft weiter, als ob jeder Tag ohne Vers verloren wäre. Die Aufregungen des Sonderbundskrieges und der darauffolgenden Februar- und Märzrevolutionen verrückten aber den Dichtern den Kompaß und stellten die Zeitlyrik eine Weile kalt. Die Einen saßen in den Parlamenten, die Andern vertauschten die Poesie mit mißlichen Kriegsthaten; für Gottfried Keller eröffnete sich der Ausweg, daß ihm von Seite der Kantonsregierung ein Reisestipendium behufs einer Orientfahrt zur Gewinnung „bedeutender Eindrücke" angeboten wurde, übrigens ohne bestimmteren Zweck. Um solche Reise nutzbringender zu machen, wurde ihm freigestellt, vorher ein Jahr zur Vorbereitung auf einer deutschen Universität zuzubringen. Demnach begab er sich im Herbst 1848 nach Heidelberg; allein statt den ägyptologischen und babylonischen Dingen nachzugehen, ging er denjenigen nach, welche den Tag bewegten und von der Jugend gerühmt wurden. Bei Hermann Hettner, dem er persönlich befreundet wurde, hörte er dessen jugendlich lebendige Vorträge über deutsche Literargeschichte, Ästhetik und ein Publicum über Spinoza, bei Henle Anthropologie, bei Ludwig Häußer deutsche Geschichte, und als Unicum in seiner Art die Vorträge Ludwig Feuerbach's über das Wesen des Christenthums, welche dieser, von einem Theil der Studentenschaft herberufen, auf dem

1*

Rathhaussaale vor einem Publikum von Arbeitern, Studenten
und Bürgern hielt. Durch all' das gerieth Keller so in den
Fluß der Gegenwart hinein, daß er vor Ablauf des Winter=
halbjahres schon nach Hause schrieb, ob er das zweite Reise=
jahr statt in Ägypten, Palästina und der Enden, in Deutsch=
land, z. B. in Berlin zubringen dürfte, was ihm sofort be=
willigt wurde. Wegen der politischen Ereignisse des Jahres
1849, vorzüglich des badischen Aufstandes, war in diesem
Jahre aber in Ortsveränderungen nicht viel zu thun, als
bei aller Theilnahme das Mitleid zu empfinden, das der
Anblick abgefallener, in ihrem Bewußtsein irre gewordener
Truppen unter allen Umständen erweckt, wenn sie von fremder
Hand hin= und hergeworfen werden. So wurde es Ostern
1850, bis Gottfried Keller den Rhein hinunterfuhr und in
Berlin anlangte mit der Befugniß, dort noch ein Jahr nach
Gutfinden der Pflege seiner literarischen Instinkte zu leben,
zu sehen und zu hören, was denselben entgegenzukommen
schien. Es geschah aber nicht viel mehr, als daß er sich in
dramaturgische Studien zu vertiefen suchte, indem er so oft
als möglich in die Theater ging und nachher an Hand des
mitgenommenen Zeddels, den er aufbewahrte, eine Reihe von
Betrachtungen und Folgerungen schrieb, die er für sich auf=
behielt. Zugleich aber begann er den Roman „Grüner
Heinrich“ zu schreiben, zu welchem einige Anfänge vorlagen.
Die vier Bände dieses Buches erschienen 1854, denn es
wurde Herbst 1855, bis er von Berlin wieder heimreiste.

Im Jahre 1851 erschienen die neueren Gedichte, außer=
dem schrieb er in Berlin noch den ersten Band der „Leute
von Seldwyla“, der 1856 an's Licht trat. Manches wurde
zwischen hinein getrieben und entworfen, so auch die ersten

Kapitel des „Sinngedichtes", das aber erst in den Siebziger=
jahren vollendet, d. h. im Ganzen verfaßt wurde. Weil nun
mit dem Jahre 1850 auch die Stipendiengelder zu fließen
aufgehört hatten und damals die Honorareinnahmen für junge
Leute noch spärlich waren, so gerieth Gottfried Keller in allerlei
Nöthen von jener Art, die man nicht sieht, bis sie da sind.

Im Jahre 1855 kehrte er endlich nach Zürich zurück,
ein erweitertes Bewußtsein mit sich nehmend und in Deutsch=
land gewonnene Freundeskreise zurücklassend.

In Berlin hatte er noch die „Sieben Legenden" be=
gonnen und schrieb sie nun zu Hause fertig. Gedruckt
wurden sie erst 1872. Sodann schrieb er einen Theil
der neueren Seldwyler Erzählungen, sowie für Berthold
Auerbach's Volkskalender „Das Fähnlein der sieben Auf=
rechten", welches Opus als Ausdruck der Zufriedenheit mit
den vaterländischen Zuständen gelten konnte, als Freude über
den Besitz der neuen Bundesverfassung. Es war der schöne
Augenblick, wo man der unerbittlichen Konsequenzen, welche
alle Dinge hinter sich her schleppen, nicht bewußt ist und
die Welt für gut und fertig ansieht.

Im Jahre 1861 war die Stelle des ersten Staats=
schreibers neu zu besetzen. In Folge einer an ihn ergangenen
Aufforderung bewarb sich Gottfried Keller, der nicht daran
gedacht, um die Stelle und wurde von der Regierung mit
fünf gegen drei Stimmen gewählt, was im gleichen Ver=
hältnisse gebilligt und getadelt wurde. Er bekleidete das
Amt während fünfzehn Jahren und legte es Anno 1876 in
dem Augenblicke nieder, in welchem er sich überzeugt hatte,
daß er die schwindenden Jahre mit besserem Erfolg als
früher den literarischen Arbeiten widmen könne.

Diese wieder aufnehmend, gab er die „Züricher Novellen"
heraus (1878), dann den umgearbeiteten Roman „Der
grüne Heinrich" in einheitlicher autobiographischer Form
und bedeutend gelichtet (1879), im Jahre 1881 den Novellen=
cyklus „Das Sinngedicht", 1883 die „Gesammelten Gedichte"
und 1886 den Roman „Martin Salander," der durch Un=
gunst der Verhältnisse seines ausführlichen Schlusses er=
mangelte und statt desselben einem selbständigen Buche
rufen dürfte.

Im Sommer 1889 begann die Ausgabe der gesammelten
Werke Gottfried Keller's zu herabgesetztem Preise in zehn
Bänden. Ferner dürften einige jener dramatischen Projekte
aus den jüngern Jahren in Gestalt von Erzählungen er=
scheinen, um die so lange Jahre vorgeschwebten Stoffe oder
Erfindungen wenigstens als Schatten der Erinnerung zu er=
halten und zu gewahren, ob die Welt vielleicht doch ein
ausgelöschtes Lampenlicht darin erkennen wolle. Sollte es
der Fall sein, wäre der Schaden, wo die Bühne wie ein
Dornröschen von dem abschreckenden Verfallsgeschrei um=
schanzt ist, nicht groß.

Autobiographisches.*)

(1876)

I.

Die autobiographischen Beluftigungen der „Gegen=
wart" fanden bisher, fo viel ich wahrgenommen, faft nur
unter Herren ftatt, welche über ihr Leben fchrieben, infofern
fie es überhaupt mit Schreiben zugebracht. Es handelt fich
mithin um ein Bekenntniß, mit wie viel Luft oder Leiden
man fich in diefe fchreibende Welt geftellt fehe, und wie
man in diefelbe hineingerathen.

Forfchen wir nach Stimmen über den Stand der
Schreiber im Allgemeinen, fo tönen diefelben verfchieden.

In einem alten Liede heißt es:

> Ein feder hintern oren,
> zu fchreiben zugefpitzt,
> thut manchem heimlich zoren,
> da vorn der fchreiber fitzt
> für andern knaben allen;
> ob man ihn fchreiber heißt,
> fo tuts den frewlein gfallen
> und liebt ihn' allermeift.

---

*) Paul Lindau, Die Gegenwart. Wochenfchrift für Literatur,
Kunft und öffentliches Leben. X. Bd. Nr. 51 und XI. Bd. Nr. 1.
1876 und 1877.

Das scheint nicht ungünstig zu lauten; allein in einem andern Liede heißt es:

> Mein mueterlein das fraget aber mich:
> ob ich wolt ein' schreiber? „awe, nein!" sprach ich,
> „näm ich denn ein' schreiber zu einem manne,
> so hieß man mich frau schreiberin
> und ein dintenzetterin;
> wär mir ein schande,
> kein ehr im lande!"

Dies klingt schon weniger vortheilhaft. Freilich scheint es sich in beiden Zeugnissen mehr um Amts=, Raths= oder Gerichtsschreiber zu handeln, um eine Art kleinen Kanzler= thumes. Und auch in dieser Richtung haben sich die Dinge geändert. Die Zeit ist lange dahin, da der Schreiber, das Tintenfaß am Gürtel, bei schönem Wetter Hexen und Ketzer verbrannte, einen Rathsschmaus einrichtete, mit Herold und Trompeter durch die Stadt ritt, die Frühlingsmesse auszu= rufen, oder gar mit dem Banner ausrückte, um als Feld= schreiber die glorreiche Züchtigung der Widersächer an den Rath zu berichten. Von alledem ist nicht mehr die Rede. Jahr aus und ein sitzt man am stillen Schreibtisch und kämmt zerzauste Eisenbahnconcessionen aus, oder paragra= phirt Gesetzesentwürfe, wie sie aus den Zusätzen und Ab= stimmungen von einem oder zwanzig Dutzenden turbulenter Köpfe hervorgegangen sind, vielleicht in einem kurzen Jahr= zehend zum zweiten und dritten Mal über denselben Gegen= stand. Indem man die Promulgation des Neuesten besorgt und in dem abgegriffenen Handexemplar der Gesetzsammlung, das schon von den Randglossen entschlafener Vorgänger be= deckt ist, wieder Seite um Seite aufgehobener Bestimmungen durchstreicht, die man vor wenig Jahren vielleicht selbst in

diesem papiernen Tempel aufgehangen hat, empfindet man
nicht immer den rechten Respekt vor dem frischen Wehen
des Lebens, dem stürmischen Vorschritt des Volkes, der sol=
chen Wechsel bedingt. Der Schreiber fühlt sich nur als
Danaide mit dem Wassersieb in der Hand, er sieht nur die
Vergänglichkeit der Dinge, hört nur das Abschnarren eines
Uhrwerkes, aus welchem die Hemmung weggenommen ist.
Für seine Person wäre er friedlich und genügsam; er be=
dürfte nicht so vieler Aenderungen, um mit seinen Neben=
menschen auszukommen, und so sehr er Freiheit und Recht
liebt, so wenig liegt ihm an einem bischen mehr oder weniger
Detail, an der ewigen Topfguckerei. Wenn der alte Thor=
waldsen etwa aufmerksam gemacht wurde, wie seine Mar=
morarbeiter die Modelle im Einzelnen zuweilen nicht sauber
und genau genug ausführten, soll er geantwortet haben, er
wisse das wohl, allein es komme ihm hierauf nicht an, er
sehe auf's Ganze. Seine Werke seien hoffentlich so be=
schaffen, daß sie ein bischen bessere oder schlechtere Aus=
führung ertragen können.

Mit diesem Gleichniß fallen wir freilich aus dem Ton,
da es staatsrechtliche mit künstlerischen Verhältnissen zu=
sammenwirkt, wenigstens für das äußere Auge des richtigen
Staatsrechtsbeflissenen. Allein es führt bequem aus der
amtlichen Schreibstube, die ich nun fünfzehn Jahre bewohnt
habe, in die andere, die literarische, hinüber, in die ich vor
kurzem zurückgekehrt bin. Indem ich während jener Zeit
die Stelle des Staatsschreibers des Kantons Zürich versah,
befolgte ich den bekannten Rath, dem poetischen Dasein
eine sogenannte bürgerlichsolide Beschäftigung unterzubreiten.
Glücklicher Weise war es aber weder eine ganze noch eine

halbe Sinekure, so daß keine von beiden Thätigkeiten
nebensächlich betrieben werden konnte, und das Experi-
ment in Gestalt einer langen Pause vor sich gehen mußte,
während welcher die eine Richtung fast ganz eingestellt
wurde. Gewiß sind viele vortreffliche Einzelsachen und
wirkliche Meisterwerke in den Mußestunden neben lebens-
langer anderweitiger Berufserfüllung entstanden; es wird
aber immer der Umfang oder die Natur solcher Werke
die Mutterschaft bloßer Mußestunden von selbst darthun,
und wer Volles und Schweres in der Vielzahl muße-
stündlich glaubt vollbringen zu können, wird, wenn er
lange lebt und weise ist, seine Illusion selber noch zer-
rinnen sehen.

Bei meiner Wenigkeit hat sich nun ein Mittelweg her-
ausgebildet, wenn auch ohne eigentlichen Vorbedacht, indem
statt eines lebenslänglich vertheilten prosaischen Berufswesens
eine Konzentration auf eine Reihe von Jahren, mit Aus-
schluß jedes empfindsamen Mußelebens, sich eingestellt hat.
Als die alte Republik Zürich, welche unter verschiedenem
Regimente von jeher solchen mäcenatischen Anwandlungen
unterlegen ist, mir das Amt ihres Schreibers gab, mußte
ich mich vom ersten bis zum letzten Augenblicke in den Geschäften tummeln und genoß zehn Jahre lang nicht einmal
eines Urlaubes, und ich glaube, es ist mir das gesunder gewesen, als ein schläfriges System gemischter Bureau- und
Mußestunden. Die Anlehnung an jene solide Bürgerlichkeit,
an das Holzhacken Chamissos, hat einmal stattgefunden,
ihren Dienst gethan, und kann nun wieder mit einer andern,
ungetheilten Existenz vertauscht werden, denn die Hauptsache
besteht, nach gewonnener Haltung und Elasticität, nicht so-

wohl in den ſicheren Einkünften, als in der entſchloſſenen Lebensäußerung.

Trete ich jetzt vielleicht mit hellerem Auge, als in meiner Jugend geſchehen, neuerdings in die literariſche Welt hinaus, ſo ſieht es freilich auf den erſten Anblick bänglich aus. Der herrſchende Induſtrialismus und die Wuth der Maler und Dichter, ſich im römiſchen Cäſarismus, in der ſogenannten Dekadenz zu baden, laſſen uns faſt der Verſe Juvenals gedenken:

Wir nun treiben es doch und ziehn im lockeren Staube
Furchen und werfen den Strand mit fruchtlos ackerndem Pflug um.
Suchteſt Du auch zu fliehn, Dich hält im Netze des eitlen
Uebels Gewohnheit feſt, unheilbar hält in den Banden
Viele der Schreibſucht Leib und verdorrt mit dem krankenden Herzen.

Allein es iſt am Ende nicht ſo ſchlimm, als es aus-ſieht, und mehr oder weniger ſtets ſo geweſen.

Auch bei uns ſind, wie in allen Literaturen, jederzeit drei von vier böſe Kerle vorhanden, die wohl wiſſen, was recht iſt, aber unabläſſig das Gegentheil davon thun, arme Burſche, die einſt ihren Eltern nicht gehorcht und ſpäter keine Zeit mehr gefunden haben, ſich ſelbſt zu erziehen. Dieſe quälen ſich aber ſelbſt am meiſten, und man braucht ja nicht hinzuſehen. Dagegen iſt gewiß, daß noch jetzt jeder, der etwas Rechtes will und kann, in der Regel auch ein anſtändiger und wohlwollender Geſell iſt, der nach ge-thaner Arbeit ſein kluges Pfeifchen in Ruhe zu rauchen ver-ſteht und nicht immer von böſen Mücken geplagt iſt. Dieſe Zunft bedarf gar keiner beſonderen perſönlichen Geheimbünde; ihre Mitglieder brauchen ſich nicht gegenſeitig durch fort-während es Vergleichen und Zänkeln und Eiferſüchteln zu

ärgern, und es ist jedem vollkommen gleichgültig, ob sein
Nebenmann ein großer Raphael oder ein kleiner Niederländer sei, wenn er nur weiß, daß der Mann seine Farben
reinlich und ehrlich mischt.

—

II.

Betrachte ich nun meine geringfügige Gestalt, wie sie in
der literarischen Gemeindestube in der Nähe der Thüre sitzt,
etwas genauer, so gehört sie zu jener zweifelhaften Geister-
schaar, welche mit zwei Pflügen ackert und in den Nach-
schlagebüchern den Namen: „Maler und Dichter" führt.
Sie sind es, bei deren Dichtungen der Philister jeweilen bei-
fällig ausruft: Aha, hier sieht man den Maler! und vor
deren Gemälden: Hier sieht man den Dichter! Die Naiveren
unter ihnen thun sich wohl etwas zu gute auf solches Lob;
andere aber, die ihren Lessing nicht vergessen, fühlen sich ihr
Leben lang davon beunruhigt und es juckt sie stets irgendwo,
wenn man von der Sache spricht. Jene blasen behaglich
auf der Doppelflöte fort; diese entsagen bei erster Gelegenheit
dem einen Rohr, so leid es ihnen thut.

Die Frage des Berufenseins läßt sich nach meiner Meinung mit dem trivial scheinenden Satze beantworten: dasjenige, was dem Menschen zukommt, kann er bis zu einem
gewissen Grade schon im Anfang, ohne es sichtlich gelernt
zu haben, oder wenigstens ohne daß ihm das Lernen schwer
fällt; dasjenige, dessen Erlernung ihm schon im Anfange
Verdruß macht und nicht recht von statten gehen will,
kommt ihm nicht zu. Unfähige Lehrer können allerdings

manche täuſchende Störung und Umdrehung dieſes Verhält=
niſſes bewirken, indem ſie im einen Falle unverdient ein=
ſchüchtern, im andern aufmuntern: der ſchließliche Erfolg
wird immer der gleiche ſein. Daß das eigentliche Lernen
erſt dort beginnt, wo die Schulbank ihr Ende hat und die
Stilfrage auftritt, iſt eine Sache für ſich. .

In ſehr früher Zeit, ſchon mit dem fünfzehnten Jahre,
wendete ich mich der Kunſt zu; ſo viel ich beurtheilen kann,
weil es dem halben Kinde als das Buntere und Luſtigere
erſchien, abgeſehen davon, daß es ſich um eine beruflich
beſtimmte Thätigkeit handelte. Denn ein „Kunſtmaler“ zu
werden, war, wenn auch ſchlecht empfohlen, doch immerhin
bürgerlich zuläſſig. Der Zufall, daß nur angebliche Land=
ſchafter am Orte zugänglich für mich waren, entſchied für
die Landſchaftsmalerei, bei welcher ich denn auch bis un=
gefähr in's dreiundzwanzigſte Jahr verblieb, ohne jenes
Selbſtkönnen und Leichtlernen in den Anfängen und dazu
noch ſtets übel berathen. Vor ein paar Jahrzehnten durfte
man noch nicht eine glänzende Kleckſerei für eine Landſchaft
oder überhaupt für ein Bild ausgeben. Daſſelbe mußte
mit Verſtändniß gezeichnet und techniſch wohl vorbereitet
und fertig gemacht ſein. Auf der anderen Seite geriethen
juſt um jene Zeit die gelehrten Landſchaften, welche ohne
Farbe mehr einen literariſchen Gedanken als ein gutes Stück
Natur darſtellten, welcher Richtung ich mich eben wegen
des Nichtkönnens mit Energie zuwendete, außer Kurs, und
es war nicht mehr möglich, mit dergleichen zu Anerkennung
oder gar zu einer akademiſchen Profeſſur zu gelangen.

Während dieſer ganzen Zeit und vielleicht ſchon vom
zwölften Jahre an war ich ein fleißiger Leſer und Schreiber;

ersteres in der Weise, daß ich ganz früh von einem Buche zum andern literarhistorische Stichworte der damals schon verwichenen Periode ablauschte und die entsprechenden Schriften aufsuchte. Zu jener Zeit entleerten sich noch eine Reihe von alten Familienbibliotheken in die Auktionslocale der Antiquare, so daß aus dem reichen Erbe der Vergangenheit junge Adepten leicht zu Büchern gelangen konnten. Es war dies jedoch keine specifisch Zürcherische Erscheinung. Noch jetzt kommen z. B. aus den alten Bergschlössern Graubündens zahlreiche Werke der französischen und spanischen Literatur des siebenzehnten und achtzehnten Jahrhunderts auf den antiquarischen Markt. Bern und Basel werden kaum nachstehen und im Ganzen wird man sagen können, daß das schweizerische Patriciat der alten Zeit mit Büchern gut versehen gewesen ist. Dagegen habe ich während meiner amtlichen Thätigkeit bei Steuer- oder Vormundschaftssachen, die vor die Regierung kamen, manche Nachlaßinventare reicher Leute der Gegenwart gesehen, in welchen für einige tausend Franken Silbergeschirr und für dreißig Franken Bücher figurirten.

Was die Schreiberei betrifft, so trat ich, wo sie nöthig oder ich durch irgend einen Umstand gereizt wurde, ohne Besinnen jeden Augenblick ein, als ob sich das von selbst verstünde, und lieferte bei jedem Anlaß den verlangten Stiefel. Als ich im dreizehnten Jahr mit Nachbarssöhnchen die üblichen Puppenspiele betrieb und die Stücke zu fehlen begannen, erfand und schrieb ich ohne Anstoß sofort eine Anzahl kleiner Dramen, zu denen ich gleich die Scenerien herstellte. Das größte Vergnügen gewährte der Schmelzofen für einen „Fridolin oder der Gang nach dem Eisenhammer".

Hinter dem schwarzen Ofenloch glühte ein rothes Feuermeer, hervorgebracht durch bemaltes Strohpapier und dahinter ein stehendes Lichtchen. Dort wurde der Bösewicht unnachsichtlich hineingeschoben. Dieser Effekt gefiel mir so gut, daß noch jetzt ein Manuscriptchen da ist, welches eine eigentliche Teufels- und Höllenkomödie enthält, deren Decoration ganz aus feurigen Wänden mit einem dunklen Höhleneingange bestehen sollte, bekleidet mit Todtengerippen 2c. Das Titelblatt lautet: „Kleine Dramen. I. Der Hexenbund. Nebenspiel für kleine Theater." Die drohende Fruchtbarkeit hielt jedoch nicht lange vor; denn in demselben Büchlein finde ich nur noch den Anfang eines Schauspiels „Fernando und Bertha oder Geschwistertreue", in welchem ein Schildknappe Hugo gleich in's Zeug geht, indem er auftritt und zu einem Andern sagt: „Nun willkommen also noch einmal, alter Waffenbruder!" und eine längere Rede verständig also endet: „Und nun laß uns fröhlich zusammen den vollen Becher leeren, wie wir vor sechs Jahren es thaten!" Und schließlich erscheint noch ein „Plan zu einer Tragödie": „Elinzene". Der Plan besteht aber nur aus einem Personenverzeichniß, worunter ein „Osmann, Oberhaupt der Geistlichkeit, Mufti" und eine „Elinzene, seine einzige Tochter". Etwa ein Jahr später wurde ich durch ein dramatisches Projekt „Herzog Bernhard von Weimar" in ernstere Aufregung gebracht. Ich war von einer vorzüglich geschriebenen Novelle, die in irgend einem Almanach stand, so erschüttert worden, daß ich dem Helden mit einem recht schönen Trauerspiele glaubte beispringen zu müssen, und die Anfertigung eines ausführlichen Scenariums nach Vorbild der Schiller'schen Nachlaßwerke verursachte mir, wie ich mich deutlich erinnere, eine tragisch mitfühlende und gehobene Stimmung. Freilich ließ ich zur Abwechselung mir beikommen, unter meinen vier= zehnjährigen Schulgenossen mit allerlei possenhaften Reimereien aufzutreten, was mir leider Beifall und Aufmunterung einiger bösen Nachbarn am Schwanzende der Klasse eintrug.

Mit allen diesen Kindereien war ich jedoch in einer ge= wissen Selbständigkeit und Ursprünglichkeit geblieben; es war daher keineswegs ein Fortschritt, als ich mit sechszehn Jahren als Kunstschüler einen schriftstellerischen Rückfall verspürte und, nachdem ich die „Emilia Galotti" gelesen hatte, plötzlich wochenlang ein dickes Manuscript mit der krassesten Nach= ahmung anfüllte. Alle Gestalten, der Fürst, der Höfling, die Maitresse u. s. w. fanden sich vor. Nur war der Vater des virginischen Opfers ein furchtbar ernster Historienmaler mit republikanischer Gesinnung und Witwer, so daß er ganz allein über die Tochter wachen mußte. Indem mein Mari= nelli dem Fürsten den furchtbar ernsten Charakter des Alten beschrieb, hielt er ihm einen ziemlichen Vortrag über den Unterschied zwischen der Historien= und der Landschafts= malerei, wie diese ein sorgloses lustiges Völklein hervor= brächte, während jene nur von düsteren, wo nicht blut= gierigen Graubärten betrieben würde, mit denen sich nicht spaßen ließe. Wenn das traurige Manuscript mir später in die Hände fiel, so war dieß die einzige Stelle, welche mir einige Fröhlichkeit erregte. Noch eine Verbesserung habe ich an= zuführen, die ich erfand. Statt Lessings Einer Orsina schuf ich zwei Maitressen, welche fortwährend miteinander zankten und sich Fußtritte versetzten.

Ebenso wenig original waren einige religionsphiloso= phische Aufsätze und idyllische Naturschilderungen, die ich in

Gestalt Jean Paul'scher Traumbilder in ein dickes Schreib-
buch eintrug.

Ich könnte mich nun mit dem besten Willen nicht ent-
sinnen, daß ich bei all' diesen, von niemand beachteten
Schreibereien irgend einen Zukunftszweck oder eine geheime
Hoffnung gehegt hätte. Es war vielmehr eine aus sich
selbst geborne Uebung, die nur um ihrer selbst willen existirte.
Als einst das Namensfest eines jungen Mädchens gefeiert
wurde und ich meiner kleinen Gabe ein Gedicht beizulegen
wünschte, war mir die Angelegenheit so wichtig und feierlich, daß ich gar nicht daran dachte, dergleichen etwa selbst
zu Stande zu bringen, sondern ein kleines Liedchen in einer
Anthologie aussuchte und sorgfältig abschrieb.

Zehn Jahre später, als ein Bändchen lyrischer Gedichte
von mir herausgegeben wurde, sah man in demselben Dutzende
von Phantasie-Liebesliedern, denen es an jedem erlebten Gefühl gebrach, so daß ich sozusagen aus einem nichts hunderte von Strophen gebaut hatte. Da war ich nicht mehr
so bescheiden und wunderte mich nicht einmal, daß einige
davon nun ihrerseits in Anthologien übergingen. Jene erste
Schreibepoche aber verlief endlich im Stillen, da das reifere
Jugendalter nahte und die erwählte Berufsarbeit doch ihre
Anforderungen geltend machen, namentlich der Gang in die
Fremde angetreten werden mußte. Ohne etwas geworden
zu sein, mußte ich nach fast drei Jahren zurückkehren und
gedachte mich in der Heimat neu zu kräftigen und durch
kühne Erfindungen emporzubringen. Die Kartons zu ein
paar poetischen Landschaften waren so umfangreich, daß ich
dieselben in meinem alten Malkämmerchen nicht aufstellen
konnte, sondern genöthigt war, außer dem Hause einen

eigenen Raum dafür zu miethen. Es war gerade Winter
und jener Raum so unheizbar, mein inneres Feuer für die
spröde Kunst auch so gering, daß ich mich meistens an den
Ofen zurückzog und in trüber Stimmung über meine fremd-
artige Lage, hinter jenen Kartonwänden versteckt, die Zeit
wieder mit Lesen und Schreiben zuzubringen begann.

Allerlei erlebte Noth und die Sorge, welche ich der
Mutter bereitete, ohne daß ein gutes Ziel in Aussicht stand,
beschäftigten meine Gedanken und mein Gewissen, bis sich
die Grübelei in den Vorsatz verwandelte, einen traurigen
kleinen Roman zu schreiben über den tragischen Abbruch
einer jungen Künstlerlaufbahn, an welcher Mutter und
Sohn zu Grunde gingen. Dies war meines Wissens der
erste schriftstellerische Vorsatz, den ich mit Bewußtsein gefaßt
habe, und ich war ungefähr dreiundzwanzig Jahre alt. Es
schwebte mir das Bild eines elegisch-lyrischen Buches vor
mit heiteren Episoden und einem cypressendunkeln Schlusse
wo alles begraben wurde. Die Mutter kochte unterdessen
unverdrossen an ihrem Herde die Suppe, damit ich essen
konnte, wenn ich aus meiner seltsamen Werkstatt nach
Hause kam.

Als jedoch ein Dutzend Seiten geschrieben waren, gab
es unversehens eine klangvolle Störung. Wie früher die
Erzeugnisse der letztvergangenen Literatur, las ich jetzt diejenigen der zeitgenössischen. Eines Morgens, da ich im
Bette lag, schlug ich den ersten Band der Gedichte Herweghs
auf und las. Der neue Klang ergriff mich wie ein Trom-
petenstoß, der plötzlich ein weites Lager von Heervölkern
aufweckt. In den gleichen Tagen fiel mir das Buch „Schutt“
von Anastasius Grün in die Hände, und nun begann es in

allen Fibern rhythmisch zu leben, so daß ich genug zu thun
hatte, die Masse ungebildeter Verse, welche ich täglich und
stündlich hervorwälzte, mit rascher Aneignung einiger Poetik
zu bewältigen und in Ordnung zu bringen. Es war gerade
die Zeit der ersten Sonderbundskämpfe in der Schweiz; das
Pathos der Parteileidenschaft war eine Hauptader meiner
Dichterei und das Herz klopfte mir wirklich, wenn ich die
zornigen Verse skandirte. Das erste Produkt, welches in
einer Zeitung gedruckt wurde, war ein Jesuitenlied, dem es
aber schlecht erging; denn eine konservative Nachbarin, die
in unserer Stube saß, als das Blatt zum Erstaunen der
Frauen gebracht wurde, spuckte beim Vorlesen der gräulichen
Verse darauf und lief davon. Andere Dinge dieser Art
folgten, Siegesgesänge über gewonnene Wahlschlachten,
Klagen über ungünstige Ereignisse, Aufrufe zu Volksversamm=
lungen, Invektiven wider gegnerische Parteiführer u. s. w.,
und es kann leider nicht geläugnet werden, daß lediglich
diese grobe Seite meiner Produktionen mir schnell Freunde,
Gönner und ein gewisses kleines Ansehen erwarb.

Dennoch beklage ich heute noch nicht, daß der Ruf der
lebendigen Zeit es war, der mich weckte und meine Lebens=
richtung entschied.

Ein Band Gedichte, zu früh gesammelt, erschien im
Jahre 1846; er enthielt nichts, als etwas Naturstimmung,
etwas Freiheits= und etwas Liebeslyrik, entsprechend dem
beschränkten Bildungsfelde, auf dem er gewachsen. Ein
freundlicher Kreis, in welchem ich aufgetaucht war, schlug,
wie es zu gehen pflegt, weitere Wellen und Wellchen und
fütterte mich mit den schönsten Hoffnungen. Kurz, ich
lebte in gedrängtester Zeitfrist alle Phasen eines erhitzten

2*

und gehätschelten jungen Lyrikers durch und blieb wohl nur wenige von den Thorheiten und Ungezogenheiten schuldig, die einem solchen anhaften.

Da kam das Jahr 1848 und mit ihm zerstoben Freunde, Hoffnungen und Theilnahme nach allen Winden und meine junge Lyrik saß frierend auf der Haide. Nur einige ernstere Gelehrte und Magistrate, aus Deutschen und Schweizern gemischt, die still zugesehen hatten, zeigten sich und veranlaßten nun, daß ich mit einem Staatsstipendium auf Reisen gesandt wurde, um nachträglich auch noch etwas zu lernen. Mein Malkasten war längst zugeschlossen und jenes unheizbare Atelier verlassen, und so zog ich zum zweiten Male aus, um an deutschen Schulen, wo es gut schien, meinen Aufenthalt zu nehmen.

Auf diesen Fahrten nahm ich den einst angefangenen Roman wieder zur Hand, dessen Titel: „Der grüne Heinrich", schon existirte. Ich gedachte immer noch, nur einen mäßigen Band zu schreiben; wie ich aber etwas vorrückte, fiel mir ein, die Jugendgeschichte des Helden oder vielmehr Nichthelden als Autobiographie einzuschalten mit Anlehnung an Selbsterfahrenes und Empfundenes. Ich kam darüber in ein solches Fabuliren hinein, daß das Buch vier Bände stark und ganz unförmlich wurde. Ursache hiervon war, daß ich eine unbezwingliche Lust daran fand, in der vorgerückten Tageszeit einen Lebensmorgen zu erfinden, den ich nicht gelebt hatte, oder, richtiger gesagt, die dürftigen Keime und Ansätze zu meinem Vergnügen poetisch auswachsen zu lassen. Jedoch ist die eigentliche Kindheit, sogar das Anekdotische darin, so gut wie wahr, hier und da blos, in einem letzten Anfluge von Nachahmungstrieb, von der konfessionellen

Herbigkeit Rousseaus angehaucht, obgleich nicht allzu stark.
Es gibt Leute, welche fast alle möglichen Untugenden in
blinder Kindheit anticipiren und wie Kinderkrankheiten aus-
schwitzen, während z. B. zu wetten ist, daß ein recht fleißiger
und solider Gründer, der Millionen stiehlt, als Kind niemals die Schule geschwänzt, nie gelogen und nie seine Spar-
büchse geplündert hat.

Dagegen ist die reifere Jugend des „grünen Heinrich"
zum größten Theile ein Spiel der ergänzenden Phantasie und
sind namentlich die beiden Frauengestalten gedichtete Bilder
der Gegensätze, wie sie im erwachenden Leben des Menschen
sich bestreiten.

Endlich aber mußte das Buch doch ein Ende erreichen.
Der Verleger, welcher sich erst über die unverhoffte Aus-
dehnung und das langsame Vorrücken desselben beschwert
hatte, interessirte sich zuletzt für den wunderlichen Helden
und flehte, als Vertreter seiner Abnehmer, um dessen Leben.
Allein hier blieb ich pedantisch an dem ursprünglichen Plane
hangen, ohne doch eine einheitliche und harmonische Form
herzustellen. Der einmal beschlossene Untergang wurde
durchgeführt, theils in der Absicht eines gründlichen Rech-
nungsabschlusses, theils aus melancholischer Laune. Ich
nahm die Sache auch insofern von der leichten Seite, als
ich dachte, man werde den sogenannten Roman eben als
ein Buch nehmen, in welchem mancherlei lesbare Dinge
ständen, wie man sich Lesedramen gefallen läßt. So wurde
der grüne Heinrich also begraben.

Allein er schläft nicht sehr ruhig; denn wie ich höre
wird der arme Kerl in den Mädchenpensionaten, wenn der
Sprach- und Literaturlehrer auf das Kapitel das Romanes

kommt, stets heraufbeschworen und vor die unaufmerksamen
Schülerinnen hingestellt, herumgedreht, hin= und hergeführt
und muß als abschreckendes Beispiel dienen, wie ein guter
Roman nicht beschaffen sein soll, und es hilft gegen diese
grausame Belästigung nicht der Umstand, daß der Aermste
ja mittelst der eigenen Vorrede die Erklärung in der Tasche
mit sich führt, daß er kein rechter Roman sei.

Wenn auch ein schlechter, so war ich bei der Dicke des
Buches nun doch ein Schriftsteller und begab mich mit
dieser letzten verspäteten Jugendstudie wieder über den Rhein
zurück.

Erinnerung

an

Xaver Schnyder von Wartensee.*)

(1869)

Wer das Bild des hingeschiedenen alten Herrn noch in sich trug, wie er, halb Weltmann, halb Sonderling, allem „Guten und Schönen" lebendig zugewandt, in allem ein wenig seine Hand hatte, der mußte, ob er auch sonst keine Kunde davon besaß, doch eines Bändchens nachgelassener Gedichte oder etwas dergleichen gewärtig sein. Da sind sie denn nun wirklich gekommen und entsprechen ganz dem freundlichen Bilde. Ein ferner Sommer, ein noch fernerer Lenz leuchtet uns mild aus diesen Blättern herüber. Nicht ein verbitterter Süßholzraspler von heute steigt vor uns einher; sondern der lächelnde feine Mann in seinem unsterblichen Nanking sommerlich gekleidet, die Nankingkamaschen mit artigen, aber soliden Messingkettchen unter den Sohlen befestigt, wandelt vor uns über blühende Auen und darf

---

*) Neue Zürcher-Zeitung 49. Jahrgang Nr. 23 und 25 vom 23. und 25. Januar 1869. (Beim Erscheinen der Gedichte Schnyder's. Leipzig J. J. Weber. 1869.)

über ein Wiesenbächlein springen, ohne daß ihm die Steg=
reife reißen.

Eine gute Spanne Zeit schlummert in dem bescheidenen
Buche; seine Epigramme sind, gerade wie vor hundert
Jahren, noch an Harpagon, an Arist, Babus, Raps, Star
und dergleichen Ehrenleute gerichtet, während ein deutsches
Schützenlied an die letzten Jahre streift. Es mag daher
auch schwierig gewesen sein, die Blüthen, welche ein so lang=
lebiger Herr gelegentlich pflückte und bald da bald dort
zwischen die Blätter eines Almanachs legte, aufzufinden und
zu sammeln. So finden wir in den verschiedenen Serien
der „Alpenrosen“ vom zweiten bis zum vierten Dezennium
dieses Jahrhunderts Schnyder'sche Dichtungen zerstreut,
darunter viele der in vorliegendem Bändchen enthaltenen,
aber auch manche, die in letzterem fehlen.

Bei Erwähnung genannter „Alpenrosen“ können wir
die beiläufige Bemerkung nicht unterdrücken, wie müßig die
Erfindung und Inbetriebsetzung der sogenannten schweize=
rischen Nationalliteratur durch den literarischen Pater Brey
aus Wien in den fünfziger Jahren abhin gewesen ist;
denn was dabei herauskam, überbietet in keiner Weise den
schöngeistigen Bildungsstand und die gemüthliche, obgleich
anspruchslosere Produktivität jener Tage. In der That, wenn
wir, abgesehen von den mancherlei schweizerischen Museen
und Zeitschriften, nur eine Anzahl Jahrgänge der „Alpen=
rosen“ durchblättern, so erinnern uns die Namen der Salis,
Martin Usteri, Ulrich Hegner, David Heß, J. C. Appen=
zeller, der beiden Wyße, Kuhn, dann des Salomon Tobler,
A. E. Fröhlich, Tanner, Reithard, Follen, Hagenbach, Wacker=
nagel, zwischen denen sich dichtende Elisen, Lotten, Dorotheen,

Karolinen u. s. w. gar zierlich herum bewegen, — so erinnern
uns diese Namen, begleitet von einer Unzahl seither ver-
schollener, wohl daran, daß keineswegs eine öde Wüste vor-
handen war, als jener Prophet seinen „nationalliterarischen"
Gewerbsfleiß importirte. In dem witzigen Thierzeichner
D. Rudolf Meyer von Aarau besaßen wir sogar eine klassische
Einzigkeit, die seither wohl nachgeahmt, aber nicht erreicht
worden ist. Wenn wir dann die kleinen Bände jener
„Alpenrosen" noch von Ludwig Vogel, Disteli, Martin
Usteri, Lory, König, Freudenberger auf bescheidenst kleinem
Raume zum Theil köstlich illustrirt finden, so erhöht sich
unsere Achtung vor Leistungen, welche dabei aussehen, als
ob sie so nebenher an einem schönen Sonntag Morgen entstanden wären. Uebrigens war stofflich alles, was man jetzt
immer wieder neu entdeckt, merkwürdigerweise schon vorhanden: die Freude am Gebirge, Volksgebräuche und =Feste,
Dialektsachen, Landessagen.

Was nun die Schnyder'schen Poesieen betrifft, so zeugen
sie von einem stets gebildeten, heiteren, weltverständigen,
sprach= und formgewandten Geiste, der in den Versen wohl
nichts anderes suchte, als eine Verschönerung seines eigenen
Daseins. Er bezeichnet das Verhältniß selbst im „Abschied
von der Poesie":

> So lebe wohl, du hehre Himmelsgabe,
> Der ich so manches Glück zu danken habe.
> Ich fühl' mich abgenützt und alt,
> Doch nicht für Schönes, Gutes kalt.
> Sag', Echo, war ich ein Genie?
> (Echo:) „Nie!"

Das Büchlein enthält folgende Abschnitte: Lyrische Gedichte, poetische Erzählungen, Sonette, Allegorisches und
Didaktisches, Gelegenheitsgedichte, Epigramme, wobei das
Allegorische u. s. w. füglich hätte zu den Erzählungen,
die Sonette zu den lyrischen Gedichten gethan werden
können.

Der lyrischen Gedichte, d. h. hier wohl der eigentlichen
Lieder, sind bloß fünfe, der poetischen Erzählungen drei.
Von letzteren sind zwei, „Conrad Hart und die gute Liese"
und das „Schwert" düster dämonischen Inhalts und zeigen
eine ganz tüchtige Gestaltungskraft, wie man sie von einem
Manne, dessen Hauptbegabung auf einem anderen Gebiete
lag, nicht zu erwarten berechtigt war. Die dritte Erzählung
schildert, wie Gott nach Erschaffung der Welt der Kreatur
zu allem Genuß als beste Gabe den Schmerz verliehen habe.
Dieses Gedicht wurde im Juni 1867 auf dem letzten Kranken-
lager gemacht und hat folgenden naiven Schluß:

> Mit diesem Werk, das heut' ich hab' vollendet,
> Erklär' ich meine Dichtzeit für geendet.
>
> (Gedichtet im 82. Lebensjahre.)

Die Sonette sind nach Form und Inhalt das Gelungenste
und durchweg schön; sie erinnern an den romanischen
Süden, wo jeder Tüchtige, wenn er leidenschaftlich oder
heiter erregt war, sich gleich in einem guten Sonett auszusprechen wußte. Doch sind nicht alle, welche sonst gedruckt
worden sind, in der Sammlung vorhanden; vielmehr fehlen
einige hübsche Stücke.

Auch die unter der Bezeichnung Allegorisches und Didaktisches erscheinenden Stücke sind gehaltvoll. Im größten derselben, die „neue Semele" überschrieben, staut sich jedoch die

poetische Aber an einer kleinen Hauptsache. Indem nämlich
die Geschichte von Zeus und der Semele einfach zwischen
den Sonnengott Phöbos und eine — Rose in einem Garten
verlegt wird und im übrigen ganz ähnlich verläuft, entsteht
ein übles, uneigentliches Verhältniß, an welchem die aufge=
wendeten Mittel verschwendet sind. Dies Gefühl wiederholt
sich denn auch am Schlusse des reichen Gedichtes, welches
den seltsamen Untergang der Rose ganz pathetisch schildert,
wenn der Dichter humoristisch versichert, daß er sich vorge=
nommen habe,

> nie die Wünsche ganz genau
> zu erfüllen seiner Frau.

Läßt man aber die strengere Kritik bei Seite, so empfiehlt
sich auch dies Gedicht durch anmuthige Form und geistreichen
Fluß der Rede. Es entstand im Jahr 1833, erschien aber
erst im Jahr 1837 und erweckte nach einem vorliegenden
Briefe in einem damaligen Frankfurter Rezensenten die kuriose
Idee, daß unter Phöbos und der verbrannten Rose Goethe
und die Bettina zu verstehen seien.

Die Gelegenheitsgedichte zeugen von wohlwollendem
Sinne und freundlichen gesellschaftlichen Beziehungen. Die
Epigramme entsprechen ungefähr den oben angeführten
Ueberschriften und enthalten bei munterer Laune manche
bloße Spielerei. Doch erweckt es immerhin Lachen, wenn
er einem schnurrischen Amtsmanne sagt, derselbe sei doch
noch besser, als die poetischen Werke, zu denen er sich
versteige, oder zu einer böslichen Dame, die nach Schlangen=
bad gehen soll, sie könne ruhig zu Hause bleiben, da
ja jedes Wasser, in welches sie sich setze, ein Schlangen=
bad sei.

Da wir uns hier in der Stadt befinden, welcher der Verewigte mit der bekannten Stiftung sein besonderes Gedenken zugewendet hat, so mögen noch ein paar persönliche Erinnerungen diese Zeilen ergänzen und vielleicht auch zur Ergänzung des Bildes beitragen, welches mancher Leser schon von ihm besitzt.

Es war etwa um das Jahr 1846, als ich in Schnyder's und eines Dritten Gesellschaft den Zürich- und Wallensee hinauffuhr, um einen Gang durch die Viamala zu thun, welche noch keiner von uns gesehen hatte.

Das Wetter war herrlich, bis wir an Ort und Stelle, d. h. am Eingange der Schlucht waren; dort wurde es trübe und da meine beiden Gefährten sich schon an dem bisher Gesehenen satt bewundert hatten, so schien ihnen jetzt jener Zweck erreicht und die wohl unterhaltene Straße zwischen den nahen Felswänden gerade bequem, sich in musikalischen Gesprächen darauf zu ergehen. Keines Blickes wurde der tief unten schäumende Rhein, keiner Bemerkung die kühnste Form in der Höhe, die schönste Vegetation gewürdigt; nur spezifisch musikalische Streitreden hörte man unter öfterem Stillestehen und Gestikuliren. Auf meine Zerstreutheit endlich aufmerksam geworden, sagte Schnyder: „Kommen Sie, lassen Sie uns jetzt aber auch ein anderes Thema berühren! Lassen Sie sich mein Zusammensein mit Rückert erzählen!" Nun beschrieb er uns, wie er vor langen Jahren eines Tages auch bei dem Dichter gewesen, zur Zeit, als Matthisson noch lebte; wie da gerade eine Art Huldigungsgedichtchen von diesem an den Meister der Lieder und der Sprachen angekommen sei, Rückert es stumm gelesen, Schnydern gezeigt und das Papier dann langsam mit zwei spitzen Fingern in

seinen Papierkorb habe sinken lassen. Ein Schauder habe
ihn, Schnyder, bei'm Anblick dieses Wechsels der Dinge,
dieser Vergänglichkeit durchrieselt. Mich erboste die nach=
träglich erzählte Exekution vollends und ich rief: „Nun, da
kann man von Rückert jetzt schon ganze dicke Dramen, z. B.
seinen ‚Columbus‘ (der unlängst erschienen war) in den
Papierkorb werfen; denn der Papierkorb deutscher Nation ist
tief wie dieser Abgrund hier!" Wir hatten eben das „ver=
lorne Loch" passirt und standen gerade zur Seite des tiefsten
Absturzes der Viamala. „Sehen Sie, so wird der ‚Columbus‘
hinunter säuseln, gerade wie jenes arme Gedichtchen!" Ich
nahm eine fußlange Steinplatte, wie man uns in Chur ge=
rathen hatte, vom Gerölle am Weg und ließ dieselbe über
die Brustwehr hinunterfallen. Wir guckten dem Stein alle
drei nach und wirklich war das „Loch" so tief, daß der
Stein zuletzt langsam wie ein von der Luft getragenes
Papier zu schweben schien, eh' er, an einen Fels schlagend,
über dem Rheinschaum unten zerstäubte.

„„Gut, rief nun Schnyder, dieses verlorne Loch, dieser
schlechte Weg, Viamala, soll der deutsche Papierkorb sein;
da wollen wir gleich Eure ganze Dramatik, Euren Herrn
so und so und den und den, Euere Modernsten allesammt
hinunterthun! Und hier Euere Gedichtchen, Euere Zeitungs=
artikel, Eueren ganzen Schmerz, so tief wie ein Papierkorb!""
Damit ergriff er Steine und Steinchen, dieselben lustig in
die Tiefe sendend und jeden mit dem Namen eines modernen
Geräuschmachers benennend, wozwischen ich dagegen nicht
säumte, eine Zahl Autoren aus seiner Jugendzeit oder ein=
zelne Erzeugnisse derselben nachfolgen zu lassen. Durch diese
Posse waren wir jedoch alle auf die Größe der uns umge=

benden Natur aufmerksam geworden und es wurde ihr von
nun an die gebührende Aufmerksamkeit gewidmet.

Aber als wir, auf dem Rückwege, am nächsten Tage
in Ragaz übernachteten, beschloß Schnyder, die Naseweis=
heit der Jugend noch extra zu bestrafen. Zahlreiche Gäste
befanden sich schon an der Heilquelle. Hinten in Pfäfers
badete Lamartine, vorn in Ragaz waren auch zwei oder drei
oft genannte Personen, so daß eine gewisse Neugierde und
ein Gethue in der Luft steckte. Namentlich war da irgend
eine berühmte Sängerin oder Schauspielerin, welche im „Hof"
logirte und die Schnyder zu kennen behauptete. Dieser ver=
sprach er uns nun vorzustellen; aber es müsse, sagte er, auf
originelle Weise geschehen, durch das Mittel eines Ständchens,
das er bestreiten wolle. Nachdem in der Dunkelheit das
erleuchtete Fenster der berühmten Schönen aufgesucht war,
stellte sich Schnyder mit uns darunter, zog plötzlich ein
Flageoletchen von Ebenholz, von dessen Vorhandensein wir
keine Ahnung gehabt, aus der Tasche und blies eine aller=
liebste Weise auf dem kleinen Instrument. Verwundert über
diese unverhoffte Kunst, gafften wir jedoch fleißig in die
Höhe: das Fenster that sich auf und die Dame schaute
gleichfalls verwundert auf uns hernieder vom ersten Stock=
werk. Wir sahen uns nach unserm Schnyder um, daß er
das Wort ergreife; allein der Schalk hatte sich schon mit
größter Gewandtheit im Dunkel verloren und ließ uns be=
schämt im Stiche, so daß wir plötzlich Reißaus nahmen und
mit langen Sätzen um die Ecke flohen.

In den gleichen Sommermonaten hörte ich ihn noch
ein selteneres Instrument spielen, das vielleicht zu dieser
Stunde niemand mehr spielt.

Ich saß in einer schönen Mondnacht in Luzern auf
dem Balkon des Gasthauses zur „Waage", dicht über der
Reuß, mit ein paar Freunden meines Alters und beschäftigt,
einer Bowle nicht gar schwachen heißen Getränkes die
Schwindsüchtigkeit des Daseins zu beweisen. Der freund=
liche Schnyder, der bei Luzern seinen Sitz und außerdem
noch eine Wohnung in der Stadt besaß, suchte mich bei der
beschriebenen Beschäftigung auf und setzte sich eine Weile zu
uns, ohne jedoch zu trinken, da er meistens nur ein Glas
Milch oder dgl. zu sich nahm. Hier wußte er mich nun
etwas auf die Seite zu locken und flüsterte mir in's Ohr,
wir wollten einen Geniestreich machen (denn er nannte aller=
hand schalkhafte, aber harmlose Einfälle gern Geniestreiche),
ich solle mit ihm nach seiner Stadtwohnung kommen. Ich
hegte den Verdacht, daß Schnyder nur bezwecke, mich von
dem Gelage zu entfernen und mich an würdigeres Thun zu
fesseln, vielleicht im Einverständnisse mit gewissen andern
würdigen Grauköpfen; dennoch ging ich neugierig mit ihm
nach Hause, wo er mir erklärte, daß er mir ganz allein
auf seiner Harmonika vorspielen wolle, was ich für etwas
Rechtes halten könne. Es war dies nämlich die damals
schon zur größten Seltenheit gewordene Harmonika von
Glasglocken, welche an einer sich drehenden Walze kla=
viaturartig aufgereiht waren und mit den Fingerspitzen,
aber durch Reibung, wie ein Klavier zum Tönen gebracht
und gespielt wurden, das Instrument, auf welchem weiland
die schöne Angelika Kaufmann in Rom ihre Verehrer ent=
zückte und rührte.

In jüngeren Jahren hatte Schnyder etwa noch öffentlich
darauf konzertirt, allein mit Vorsicht, da namentlich zarte

Frauen gerne in Thränen ausbrachen oder gar Nervenzu=
fälle bekamen beim Anhören der ergreifenden Töne.

So wurde nun das Geräthe, ein klavierartiges Möbel,
abgedeckt und es zeigte sich die in einander geschobene
Glockenreihe, an welcher sich Rand an Rand legte, von der
Größe einer Waschschüssel bis zu derjenigen eines kleinen
Täßchens. Durch sachte Fußtritte drehte sich die Walze
langsam unter der Serviette, mit welcher Schnyder die
Glocken zart sorglich abrieb und vom letzten Hauche befreite.
Dann wusch er, immer leise und andächtig sich bewegend,
die Hände und trocknete sie mit Kleie, bis auch sie in reli=
giöser Reinheit erglänzten.

Jetzt erst setzte er sich an die Harmonika, lang und
hübsch, wie er war, in fast ganz weißem Hausgewand, mit
seinen silbernen Locken. Durch's offene Fenster strahlte der
im Mondlicht ruhende See, schaute der mächtige geheimniß=
volle Umriß des Pilatusberges herüber, und nun begann
das Spiel mit den geisterhaftesten Tönen, die ich je gehört,
bis sie in voller Harmonie zusammenflossen und mit wunderbar
sanfter Gewalt von einem schönen Adagio in's andere gingen,
bis fast eine Stunde vorüber war.

„So!" sagte er, endlich abbrechend, und stand auf.
Gütig legte er mir die Hand auf die Schulter und sagte:
„Nun wollen wir aber zu Bett gehen. Gehen Sie jetzt
auch schlafen, hören Sie! und träumen Sie was Gutes!"

Ich schritt wieder nach der „Waage", wo ich wohnte,
durch die stillen Gassen, glücklich über das Genossene, aber
auch berechnend, ob die Bowle wohl schon ganz geleert sein
möge? Denn Jugend hat nicht viel Tugend, obwohl nicht
weniger, als das Alter. Als ich ankam, war die Bowle

leider zu Ende; allein vorsorglich hatten die Freunde noch
eine andere bestellt, die eben aufgetragen wurde, und nun
spielten wir auf unsere Weise auch noch ein kleines Allegro
auf der Glasharmonika. Deswegen aber vergaß ich jene
Stunde bei Schnyder doch nicht mehr.

Es war, dicht vor dem Sonderbundskriege und dem
Jahr 1848, wie der scheidende, melodisch klagende Gruß
einer früheren Kultur.

Am Mythenstein.*)

(1860)

„Wer vieles bringt, wird manchem etwas bringen."

Dieses Sprüchlein, sonst nur auf anmuthige Gesell=
schaftsverhältnisse anwendbar, hat sich zwischen Schiller und
den Schweizern als eine Thatsache im großen Stil erwahrt.
Ein großer Dichter schüttet aus dem Füllhorn seines Reich=
thums ein Schauspiel hervor, und einem alten Bundesstaate,
der eine stattliche Vorzeit und eine Geschichte hat, welche er
noch nicht zu liquidiren Willens ist, dem aber eine verklä=
rende Nationaldichtung fehlt, ist diese in der schönsten klas=
sischen Form geschenkt, die seine Entstehung vor aller Welt
bestrahlt und typisch macht.

Lange schon hat da und dort das Schweizer Volk, zur
Erhöhung seiner Frühlingslust, Schillers „Tell" in fröhlichem
Versuch auf offenen Dorfgassen, auf Matten und luftigen
Höhen in die braune Hand genommen und keck aufgespielt;
aber durch die vorjährige Schillerfeier auf dem Rütli und
durch die neuliche Weihe des Mythensteins zu einem Denk=
mal des Telldichters haben die drei Länder der Urschweiz

*) Morgenblatt für gebildete Leser. 55. Jahrg. 2. u. 9. April
1861, Nr. 14 und 15.

den Unsterblichen förmlich zu ihrem Landsmann gemacht, und wenn das Diplom noch verspäteter eintraf, als dasjenige der französischen Republik, so ist es dafür dauerhafter und richtiger geschrieben, als jenes Bürgerdiplom.

Ehrsame Philistersleute, die von Malern schmeichelhaft idealisirt werden oder in Dichtung= und Wahrheitsbüchern vortheilhaft und erfreulich Figur machen, pflegen in so günstiger Entstellung niemals ein Haar zu finden, vielmehr mit größtem Ernste zu rufen: „Ja, wahrhaftig, das sind wir!" Wollte man nun lächelnd zu den vergnügten Schweizern sagen, sie seien mit Schillers „Tell" in diesem Fall, so könnten sie erwiedern, sie hätten die Fabeln, wenn auf solche angespielt werden sollte, wenigstens gut ausgeheckt, als sagenfähiges Volk, und Schiller habe das Typische schließlich aus Tschudi und Johannes von Müller geschöpft, die er ebenfalls vorgefunden. Allein die drei Länder sind noch lange nicht bei diesem Zugeständnisse angekommen, sonst würden sie nicht so viel ungetrübte Freude an dem Gedicht haben. In der That haben sie auch, nebst den übrigen Schweizern, seit der Schlacht am Morgarten bis 1798 so viel handgreifliche Schnurrpfeifereien ausgeübt, daß nicht abzusehen ist, wie all das Leben nicht einen konkreten Anfang soll genommen haben. Gewiß ist auch hier die Bemerkung Varnhagens aus den Humboldt=Varnhagenschen Briefen anzuwenden: „Humboldt bestätigt meine auch schon öfters ausgesprochene Behauptung, daß aus dem Schweigen der Autoren nicht zu viel gefolgert werden dürfe. Er führt drei wichtige, ganz unläugbare Thatsachen an, von denen man da, wo man es am meisten voraussetzen müßte, kein Zeugniß findet: in den Archiven von Barcelona keine Spur von dem

Triumpheinzug, den Columbus dort hielt, in Marco Polo
keine Erwähnung der chinesischen Mauer, in den Archiven
von Portugal nichts über die Reisen des Amerigo Vespucci
in Diensten dieser Krone."

Wenn es nun den Gelehrten verboten ist, den Raum
zwischen den beiden Bundesbriefen von 1291 und 1315
auszufüllen oder etwas hineinzudenken, so wird es dagegen
den Laien erlaubt sein, denselben an der Hand der leben=
digen Ueberlieferung zu beleben und anzunehmen, daß die
Leute während dieser vierundzwanzig Jahre nicht geschlafen
haben. Wenn es keine österreichischen Vögte gab in histo=
risch rechtlichem Sinne, so gab es desto wahrscheinlicher
widerrechtliche Annexionsagenten, welche nach mancherlei
Plackerei und Unverschämtheit zum Tempel hinausgeworfen
wurden, und zwar in Folge einer auf germanische Art recht
sinnlich und persönlich stattgehabten, beschworenen Verab=
redung, und da diese irgendwo zweckmäßig stattfinden
mußte, warum denn nicht auf dem Rütli? Wenn die Eid=
genossen hundertsiebenunddreißig Jahre später im alten Zü=
richkrieg selbst sechzig unschuldige Zürcherische Kriegsknechte
an Einem Abend hinrichteten und im gleichen Kriege bei
St. Jakob die größte Kriegsthat der christlichen Zeitrechnung
verrichteten, was soll denn da so Fabelhaftes an jenem
Bischen Leuteschinden der sogenannten Vögte und an dem
Brechen der paar Burgen sein? Weil nichts aufgeschrieben
wurde? Es war eben eines von den momentan unschein=
baren faits accomplis, wie sie, besonders an „abgelegenen
Orten", hundertweise in der Geschichte vorkommen und, weil
sie der übrigen Welt nichts zu entscheiden scheinen, einstweilen
nicht beachtet und auf immer entstellt, verschoben oder ganz

vergessen werden, wenn nicht wichtige Folgen sie später wieder an's Tageslicht führen. An Ort und Stelle, im treuen Ge= dächtniß des Volkes, bleiben sie indessen Jahrhunderte lang aufbewahrt.

Warum überhaupt diese Scheu vor einem spontanen persönlichen Begeben dieser Dinge? Noch in der französischen Revolution sind die massenhaften ungeheuerlichen und schreck= lichen Vorgänge, welche ein blindes Stürmen der Elemente selbst zu sein schienen, bei Nacht und Nebel von wenigen Personen eingeleitet und herangewinkt worden. Auch ist zu wetten, daß in fünfhundert Jahren die Historiker die Er= scheinung unserer Tage, wo ein einzelner Mann mit acht= zehnhundert Gefährten ein wohlbewaffnetes Königreich ange= packt und zertrümmert hat, sehr kritisch beaugenscheinigen werden. Wenn bis dahin die ungeheure Masse bedruckten Maschinenpapiers wird vermodert, unsere auf Postpapier geschriebenen Briefsammlungen werden verduftet sein, so dürfte es sich leicht ereignen, daß z. B. in Sicilien kaum ein handfester Kanzleibogen über diese Ereignisse zu fin= den ist.

So wären wir füglich gezwungen, wenn keine Sage über die Entstehung oder Stiftung der Eidgenossenschaft vor= handen wäre, eine solche zu erfinden; da sie aber vorhanden ist, so wären wir Thoren, wenn wir die Mühe nicht sparten. Mögen indessen die Gelehrten bei ihrer strengen Pflicht bleiben; wenn sie nur das mögliche Nothwendige nicht ab= solut läugnen, um das Unmögliche an dessen Stelle zu setzen, nämlich die Entstehung aus nichts. Auch den Tell geben wir nicht auf und glauben an einen handlichen, rath= und thatkräftigen Schützen, der sich zu jener Zeit zu schaffen machte und unter seinen Mitbürgern berühmt war. Den Apfelschuß freilich geben wir preis, obschon man auch hier noch sagen könnte: sind nicht in neuester Zeit, als direkte Nachahmung des Tellschusses, von verwegenen Gesellen und Renommisten, z. B. in Amerika, dergleichen Schützenstücklein verübt worden? Wenn wir nicht irren, so hat in den letzten Jahren ein Pfälzer seinem Sohne aus purem Uebermuth mit der Pistole einen Apfel vom Kopfe geschossen. Was wäre das nun so Menschenwidriges, Unwahrscheinliches, wenn damals in Uri ein uraltes nordisches Schützenmärchen, auf der Völkerwanderung mitgeschleppt und sprichwörtlich ge= worden, in Muthwillen und höchster Leidenschaft nachahmend ausgeführt worden wäre? Es giebt im Waffenleben über= haupt gewisse, eben deshalb faktisch wiederkehrende Streiche, weil sie sprüchwörtlich sind.

Zu diesen abschweifenden Gedanken verführte mich der bedenkliche Name Mythenstein, den das Denkmal des Tellen= dichters trägt und der mir, so wohlklingend er ist, doch gar nicht recht im Magen lag.

Ich fuhr mit dem Frühboot von Luzern weg in die klassische Gebirgswelt hinein, welche in grauem Morgen= schatten vor uns stand, geheimnißvoll gleich einem Theater= vorhang den goldenen Morgen verhüllend, der im Osten hinter ihr heraufstieg. Da ich nichts als Fest, Tell und Schiller im Kopfe trug, so war es mir wirklich wie in einem Theater zu Muth, so erwartungsvoll, aber auch so absichtlich. Ich gedachte der Telldekorationen, die ich da und dort gesehen, und harrte fast ängstlich kritisch auf das erste Erglühen eines Berghauptes. Da, plötzlich und un= versehens, indem ich mich rückwärts wandte, war die Klip=

penkrone des Pilatus rosig beglänzt und durch Linien des
ersten Herbstschnees fein gezeichnet. Es war ein gar statt=
liches Versatzstück; ich wandte kein Auge davon, vergaß die
mitgebrachte Theaterkultur und verfiel der malerischen. Ich
erwog die technischen Mittel, welche für diesen Effekt auf=
zubieten wären, die Untermalung und die Lasuren, trug das
Pastose auf, überzog es mit dem Transparenten, und indem
ich so mit dem Pinsel um die Formen herum modellirte,
merkte ich, daß es mit meiner Zeichnung nicht gut be=
schlagen war. Ich zog also in Gedanken den Stift hervor und
ging den zerklüfteten Riesengebilden auf den Grund, vom
Schlaglicht des Morgens geleitet.

So zeichnete, wischte, tuschte, kratzte und malte ich mit
den Augen, indem das Schiff weiter fuhr, wie in saurem
Tagelohn, und es war fast nöthlich anzusehen, wie ich mich
befliß, keine der vorüberziehenden Erscheinungen mir ent=
wischen zu lassen. Ganz niedrig und nah am Schiffe saß
noch eine zurückgebliebene Nebelflocke auf einem Felsen,
schief aufwärts um ein Tännchen gewickelt. Sogleich über=
legte ich, auf welche Weise sie am duftigsten anzubringen
wäre, trug etwas Weiß mit Rebschwarz auf und handhabte
eben den Vertreiber, als ein Lufthauch die Flocke losmachte
und wie einen verlorenen Frauenschleier an der Bergwand
entlang wehte. Das Geisterhafte des Anblicks schob mir
nun die Dichterei in das Malen hinein, und stracks war
ich dahinter her, ein Bergmärchen auszuspinnen, als ich
endlich dieser modernen Befangenheit und Machsucht inne
ward.

Was sind wir doch für große Leute! dachte ich. Weil
uns die Errichtung eines fünfhundert Fuß hohen Thurms

unsägliche Mühe verursacht, so betrachten wir das Bischen
geborstene und senkrecht aufgerichtete Erdrinde mit unauf=
hörlichem Staunen und krabbeln mit einem künstlich ge=
schulten Geschmacke darin herum. Ist dieser berühmte See
größer als ein Thautropfen, der zwischen dem aufgerissenen
Schorf einer Baumrinde hängt? Mir kamen die mikroskö=
pischen Thierchen Bernardins de St. Pierre in den Sinn,
welche auf einem Baumblatt eine unabsehbare grüne Wiese
finden, denen die durch die Pflanzenzellen dringende Feuch=
tigkeit als ein Heer von gewaltigen Katarakten und Spring=
säulen vorkommt und denen ein Blumenkelch ein ungeheurer
Purpurdom mit elfenbeinernen Säulen und goldenen Kapi=
tälen ist. Ein Thautröpfchen ist für sie ein unermeßliches
geballtes Krystallmeer, an dessen Rundung sie ehrfurchtsvoll
in die Höhe staunen, ein unerschöpflicher Gegenstand für
ihre Begeisterung und ihren Geschmack; und es fehlt nichts,
als daß sie zum Schillerfest reisen, das auf der Höhe der
nächsten Blattrippe stattfindet. Aber wir sind große Leute,
keine Blattläuse! Zwar sind wir in dem erhabenen Schorf
unserer Erdrinde noch etwas abhängig von einem Strahl
von Licht, der von auswärts kommt, unser Brot reift, den
Tropfen Wein kocht und uns das Weib erkennen läßt, mit
dem wir unsere Tage leidlich hinbringen und unsere herrliche
Zukunft begründen. Zwar muß uns dieß Bischen Morgen=
und Abendlicht erst unsern gewaltigen formenreichen Schorf
bestreifen und beleuchten, ehe wir unsere komplicirte Aesthetik
daran wetzen können; aber es steckt einmal in uns, wir sind
Düftler, wir sind dennoch große Männer!

　　Von diesen skeptischen Empfindungen befreite mich die
Ankunft in Brunnen und die Einfachheit der Vorbereitungen

zum Feste. Die Hauptanstalt war der blaue wolkenlose
Himmel, der wahrhaft sonntägliche Sonnenschein, der nach
langer Regenzeit von goldrothen Bergwäldern aufflammte
und vom glatten Seespiegel aufblitzte. Im übrigen lagen
noch drei mächtige Lastschiffe am Ufer, von uralt einfacher
Bauart, Nauen genannt, in denen schon manche rehfarbige
Kuhheerde nach Flüelen gefahren war und die mit kräf=
tigen, lang gezogenen Ruderstößen über den See geschoben
werden.

Diese Nauen von unbemaltem Holz mit dem Banner
der drei Länder, mit einigen Flaggen und etwas Grünzeug
zu schmücken, war eben das Faktotum von Schwyz, der
Landammann, Ständerath, Kriegsoberst und Gastwirth Auf=
dermaur in aller Gemüthsruhe eigenhändig beschäftigt.
Kaum flatterte das Bischen bunte Seide, sich leuchtend von
den blauen tiefklaren Schatten der Bergwelt abhebend, so
waren die Bucentauren der drei alten Landgemeinden fertig
und die Freude durchwehte die reine Luft. Ueber dem See
am Mythenstein wurde auch noch hantiert; ein großes
Schiffsegel, mit Immergrün besäumt und mit den Kantons=
wappen besetzt, wurde als Verhüllung über die Inschrift
gezogen, und auf ein Föhrchen, welches aus der Rückseite
des Steines emporsproßt und ihn malerisch überragt, steckte
Einer mit Lebensgefahr ein Schweizerfähnchen; denn das
Gewicht eines Mannes konnte das schwanke Bäumchen
leicht aus der Ritze ziehen, in die es seine Wurzeln ge=
schlagen.

Das war nun aber auch alles, wenn man nicht noch
etwas Laubwerk hinzurechnen will, das um die naiven
Fresken befestigt wurde, so an der Suft zu Brunnen zu

sehen sind: die drei Eidgenossen und der Gründer von
Schwyz, Switer, der den Swen erlegt. Im übrigen zog
das Volk gelassen thaleinwärts zum Morgengottesdienst;
und da ich nicht allein am Hafen herumgaffen mochte, wan=
derte ich ebenfalls gegen Schwyz hin, die Pyramiden des
Hackenberges im Auge, um welche herum sich dieser rühm=
liche germanische Völkerzweig in grauer Vorzeit gelagert hat
und noch fortblüht, zum Theil mit den gleichen Amtstiteln
und Geschlechtsnamen. Die Kirchgänger grüßten mit mil=
dem, landfreundlichem Wesen; nichts Eisenfresserisches lag
in ihrer Haltung; die Glocken verklangen und bald war ich
allein auf der Straße. Nichts war mehr zu hören, als
fernes Heerdengeläute und hier oder dort das Jauchzen eines
Hirtenbübchens.

Wer hätte es dieser Stille, diesem sonnigen Frieden
angesehen, daß nur aus den Thälern von Schwyz seit vier
Jahrhunderten so viele Tausende von Kriegsmännern und
Todtschlägern hervorgegangen sind? So weit man blickt,
steht kein Haus, kein idyllisches Hüttchen auf den Höhen,
hängt an den Halden, aus dem sie nicht herausgetreten
sind, den Spieß in der Hand, voll Unruhe und Leidenschaft,
ihr Blut auf ferne Schlachtfelder zu tragen, entweder Ruhm
und Gold oder Tod zu finden, und ihre Geschichte mit einer
Schuld zu beladen, die mehr als Einmal den Untergang
gerechtfertigt hätte. Fürwahr, der Mensch ist ein wunder=
liches Wesen! Aber schmähe nur kein Deutscher über diesen
wildkriegerischen Wandertrieb, denn er ist deutsches Mutter=
erbe. Und wer weiß, ob man die Schweizer so lange un=
geschoren gelassen hätte, wenn sie nicht so andauernd außer=
halb ihrer Grenzen als militärische Klopffechter auftraten?

Es war noch in der Zopfzeit höchlich zu überlegen, ob man ein Völkchen in seinem Nest aufsuchen wolle, das im Ausland so schöne Regimenter stehen und in allen Armeen seine Offiziere zerstreut hatte. Noch während des bayerischen Erbfolgekrieges, als die Schweiz von Invasionen bedroht war und eifrig rüstete, wurde ein Zürcherischer Angehöriger laut neuerlich hervorgesuchten Akten zu 400 Gulden Buße, Einthürmung, kirchlicher Abbitte vor Gott und der Obrigkeit und zu dem feierlichen Versprechen besserer Gesinnung verurtheilt, weil er, in einem Wirthshause kannegießernd, bezweifelt hatte, daß man sich gegen die Franzosen werde halten können. Uebrigens legte der Kriegsdienst den Grund zu der Weltkenntniß der Schweizer, die heutzutage durch ihre Industrie und ihren Handel festgehalten wird, und ohne welche ihre Republik längst ein werthloses Kuriosum geworden wäre, unfähig, an der Erreichung allgemein menschlicher Ziele mitzuarbeiten.

Nach Brunnen zurückgekehrt, fand ich das Ufer und den See bereits lebendig. Die Dampfboote waren als schwimmende Galerien mit Zuschauern von nah und fern herangekommen, eine Menge kleiner Schiffe tummelten sich dazwischen herum, und bald fuhr die ganze Flotte, die drei großen Nauen voran, langsam nach dem Mythenstein hinüber. Ich war noch rasch in den Schwyzer Nauen geschlüpft und ragte da im Volke mit dem Hut kaum über den Rand empor; man stand dicht in einander wie in einer großen Bauernstube. Wenn die Herren und Geistlichen der Urkantone ihre Landleute am Bande zu halten wissen, so thun sie ihnen dafür auch die Ehre an und verstehen trefflich mit ihnen umzugehen. Es waren Buben und arme

Leute ohne weiteres mit in die officiellen Schiffe gedrungen
und setzten sich behaglich auf den Bord, ohne daß jemand
sie beschnarchte. In den Städten hätte man mindestens
elegante Festkarten drucken lassen, und bebänderte Komite-
glieder hätten den Eintritt überwacht und keine Maus hin-
eingelassen ohne Karte.

Es mußte nun einen hübschen Anblick gewähren, als
alle die bewimpelten Fahrzeuge sich um den hochragenden,
achtzig Fuß hohen Stein drängten, an die geist- und poesie-
reichen Bilder des Zürchers Ludwig Vogel erinnernd, welche
ähnliche Feste zum Gegenstande haben. Freilich war von
jener malerischen Trachtenwelt hier nicht mehr viel zu sehen;
außer einigen Unterwaldnerinnen in ihrem feinen Gewand,
mit reicher Stickerei und schönem Haarschmuck, war nichts
vorhanden.

Der Schwyzer Staatsanwalt Krieg, der den Gesang-
meister machte, gab nun den Ton an, schlug den Takt,
und als der begrüßende Wechselgesang und der Chor der
drei Schiffe an den Felsen widerhallte, da waren mir
die Berge nicht mehr gemalt, sondern die unvergänglichen
Zeugen eines uralten und nun wieder neuen Schauplatzes.
Drüben baute sich die Frohnalp in den Himmel mit ihren
mächtigen grünen Terrassen und der grauen Felsenstadt auf
ihrem Haupte. Hinter den Bergen aber zu Einsiedeln saß
der poetische Mönch abgeschieden in seinem Kloster, welcher
den Sängern freundlich das maßvolle Lied gedichtet hatte
zum weltlichen Spiele.

Der einfache Vorgang ist übrigens hinlänglich beschrieben worden. Ein rührender Augenblick war das Vorlesen eines anmuthigen und freundlichen Briefes der Frau

von Gleichen, da das Gefühl eines unmittelbaren Zusam=
menhanges mit dem längst gestorbenen Klassiker die An=
wesenden ergriff. Ganz in meiner Nähe flüsterte ein halb=
erwachsenes Bürschchen, dessen Galanterie größer sein mochte,
als seine literarhistorischen Kenntnisse, auf dem Schiffsrande
hockend: „Ach, das wäre so schön, wenn sie jetzt hier wäre!"
Er stellte sich unter der berühmten Dichterstochter irgend
eine jugendlich reizende Fee vor. Als ihm ein älterer Bursch
erwiederte: „Ich schätze, es wird eine fast Alte sein!" schwieg
er etwas betroffen, doch ehrerbietig.

Des Seelisberger Völkchens, das kaum sichtbar auf
seinem Himmelsrande stand und in das Lesen des Briefes
herniederjauchzte, ist schon anderswo gedacht worden; ebenso
der drei Ziegen, welche in Thurmeshöhe an der Wand über
uns hingen und kein Auge von dem Vorgange verwandten
in völligem Erstaunen. Aber nur wenige sahen das Hirten=
mädchen, das unweit davon stand, träumerisch und regungs=
los, wie ein auf den Kalkfelsen gemaltes Marienbild, ein
zartes Bäumchen in der Hand haltend, wie ein grün seidenes
Fähnchen. Als das verhüllende Segel vom Steine fiel und
das Geschütz durch die Berge donnerte, verschwanden die
Thiere mit weiten Sätzen, man wußte nicht wohin; das
Mädchen aber regte sich jetzt ein Weniges, beugte sich sachte
vor und sein Augenpaar hing verwundert an dem großen
goldenen Wort Schiller, das unten über den See hinglänzte.
Es war, als ob das Auge der großen Natur selbst sich die
Neuigkeit betrachtete.

Landammann Styger von Schwyz hatte die Enthül=
lungsrede gehalten. Nun trat Lusser, der Landschreiber von
Uri, auf, das katholische Gewissen zu verwahren. Er er=

klärte, wie es gekommen sei, daß die katholische Urschweiz
dem protestantischen Dichter Deutschlands ein Denkmal setze,
und daß sie nichts desto weniger am Glauben der Väter
festhalten werde. Mochte sich daran ärgern, wer überall
hin seinen Nicolai im Busen mit sich trägt. Mir störte es
das Vergnügen nicht im mindesten, und wenn ich mit einem
Batzen zehn katholische Seelen hätte abspenstig machen kön=
nen, ich hätte ihn lieber in den See geworfen. Es erschien
mir ganz artig, daß der Weltmann dem klösterlichen Fest=
dichter so den Rücken frei hielt. Landammann Wirz von
Unterwalden hielt die letzte Rede, indem er die fortdauernde
Verbrüderung und Eintracht der Urkantone erhob.

Sämmtliche Redner sprachen mit vielem Feuer und
schienen mir, mit Ausnahme derer von Schwyz, etwas hef=
tiger und theatralischer, als unsere Redner der repräsentativen
Kantone, theilweise mit förmlich einstudirter Technik in Wen=
dungen und Geberden; wohl ein Beweis, daß sie gewöhnt
sind, ihren Landsgemeinden in's Gewissen zu reden, und
daß ihnen die Lenkung ihres Volkes nicht ohne rhetorischen
Aufwand zu gelingen pflegt. In den größeren industriellen
Kantonen verhält es sich gerade umgekehrt; da ist dermalen
ein so übertrieben farbloser und nüchterner Ton beliebt, daß
selbst solche, die Geist haben, ihn verbergen und einen kurz
geschnittenen Philisterwitz hervorkehren, um beim Volke als
recht praktische Gesellen zu gelten und oben auf zu bleiben.
Allein sie werden schließlich doch die Rechnung ohne den
Wirth gemacht haben; das Volk will zuletzt immer wieder
lebendige Farben sehen.

Der schönste Abendschein begann nah und fern auf dem
Berglande zu glühen, als die Flotte in höchster Zufrieden=

heit und mit Hörnerklang nach Brunnen zurück fuhr. Diese
Zufriedenheit verwandelte denn auch die zufällig geborstene
Erdrinde wieder in eine Landschaft, welche im schönsten
Verhältnisse stand zu der menschlichen Stimmung. Doch
erweckte der Anblick abermals eine nüchterne Betrachtung.
Der Brief von Schillers ehrwürdiger Tochter enthielt eine
Stelle, worin sie das Bedauern ausdrückte, daß ihr Vater
„leider“ nie diese Gegenden gesehen habe. So statthaft es
nun ist, daß die edle Frau dem Verewigten nach der Zeit
noch einen erweiterten Weltgenuß wünscht, so können wir
dennoch sagen: und doch hat Schiller einen „Tell“ geschrieben,
wie ihn kein anderer geschrieben hätte, der die Schweiz wie
seine eigene Tasche gekannt.

Dieß ist nicht ohne tiefere Bedeutung. Es war eben
noch die Zeit, wo große Dichter Jahre lang nicht dazu
kamen, die alte Mutter zu sehen, die im nächsten deutschen
Ländchen wohnte, und dennoch Welt und Leben mit einer
so sichern Ahnung, mit einem Hellsehen erfaßten, wovon
der, so die Nase unmittelbar in alles stecken muß, seinerseits
keine Ahnung hat. Unsere heutigen Dichter verreisen jeden
Thaler, den sie aufbringen können. Das ist ein ewiges
Hin= und Herrutschen, man muß sich ordentlich schämen zu
sagen: „ich bin noch nie da und bin noch nie dort gewesen,
ich bin diesen Sommer nicht von Hause weggekommen!“
Durch ein abgetriebenes Touristenleben suchen sie sich die
höchste Weihe, den letzten Schliff zu geben. Mit den Kell=
nern aller Nationen wissen sie geläufig zu schwatzen, und
schon sind sie praktischer und erfahrener in allen Reisekünsten,
als die verpichtesten Weinreisenden. Und was ist die Frucht
von all der rastlosen Bewegung? Hier ein Reisebildchen,

dort ein Genrebildchen und zuletzt ein schwindsüchtiges
Drama, dessen tacitesche Kürze lediglich der Deckmantel ist
für die verlorene Intuition, für das verzettelte Anschauungs=
vermögen. Die unmittelbare Beschreibung, sobald sie sich
für Dichtung geben will, bleibt immer hinter der Wirklich=
keit zurück; aber die dichterische Anschauung, die sich gläubig
und sehnsuchtsvoll auf das Hörensagen beruft, wird sie ge=
wissermaßen überbieten und zum Ideal erheben, ohne gegen
die Natur zu verstoßen.

Schiller war, als er abscheiden mußte, zu der Reife
gediehen, von jedem gegebenen Punkte aus die Welt treu
und ideal zugleich aufzubauen. Der „Tell" war nicht ein
einzelnes Ergebniß günstiger Umstände; wie er fortgefahren
hätte zu schaffen, lese man in der zweiten Scene des zweiten
Aufzugs im „Demetrius", wo er den Anblick russischen
Landes im Frühling beschreibt. Man lese die Schilderung
des polnischen Reichstags, und ferner den einzigen Zug,
wie das eine Dorf vor den Polen landeinwärts flieht,
während das andere ihnen entgegen eilt und beide durch
einander irren. Der hatte nicht nöthig nach Rußland zu
gehen, um dort „Studien" zu machen. Nein! mögen
sich unsere Dichter rüstig unter ihrem Volke herumtummeln,
sogar mehr, als sie es vor sechszig Jahren thaten. Wer
es haben kann, der gehe auch sein Jahr nach Italien;
wer's aber nicht haben kann, der halte sich darum nicht
für einen unglückseligen Tropf, sondern mache sich Haus
und Garten zu seinem Morgen= und Abendland. Fort mit
dem abgegriffenen Allerwelts=Bädecker, zwischen dessen Blät=
tern die poetischen Entwürfe liegen wie quittirte Gasthof=
rechnungen!

Dieß waren die Betrachtungen, die mir aus dem Bedauern der Schillerstochter erwuchsen. Schiller hat die Schweiz nie leiblich gesehen; aber um so gewisser wird sein Geist über die sonnigen Halden wandeln und mit dem Sturme durch die Felsschluchten fahren, auch nachdem der Mythenstein endlich lange verwittert und zerbröckelt sein wird.

Die ungewöhnliche Menge belebte nun das stille Brunnen und füllte seine Wirthshäuser von unten bis oben. In einem bescheidenen Saale des „Adlers" nahm die Besatzung der drei Nauen ein Abendbrot ein und zahlreiche Trinksprüche ergänzten das kleine Fest, freilich ohne dessen Gesichtskreis erheblich zu erweitern. Denn die Telldichtung war und blieb selbstherrlich abgeschnitten von dem ganzen übrigen Lebensgebiete des Dichters und bildete die Grundlage eines neuen Freundschaftsbündnisses zwischen den drei Waldstätten. Schillers Schatten saß mit am Tisch, aber lediglich als Sänger des „Tell". Doch wurde auch kein unzartes Wort, keine Verwahrung gegen seine allgemeine Geistesfreiheit laut, und das Unbefangenste sagte vielleicht ein lebhafter geistlicher Herr, welcher schon an der Rütlifeier am 11. November 1859 sich den Namen Rösselmanns, des Pfarrers, erworben. Bekanntlich halten sich die drei Gemeinwesen für blutsverwandt, für die Abkömmlinge derselben germanischen Männer, die einst in das Thal von Schwyz eingewandert und von da sich über die andern Orte verbreitet haben. Ihr starkes Zusammenhalten bis auf den heutigen Tag wurde gepriesen und die Meinung verkündigt, daß, sobald sie einst nicht mehr zusammengehen würden, ein Riß durch die ganze Schweiz ginge. Dieß war etwas kitz-

lich anzuhören für einen Schweizer der äußern Kantone;
allein etwas ist an der Sache. Die Urkantone haben in der
schweizerischen Gesammtpolitik ihre souveränen Stimmen ver=
loren und zählen fast nur noch nach Köpfen. Dennoch stellen
sie durch ihr zähes Beharren bei ihrer uralten Landesver=
fassung, bei ihrem engeren Bunde, ein wohlthätiges mora=
lisches Element vor gegenüber dem ewigen Auf= und Ab=
wogen der äußern Schweiz, die mitten im Weltverkehr steht
und deren Verwaltungskreise sich von fünfzehn zu fünfzehn
Jahren gewöhnlich abnutzen und dem Volke aus irgend
einem Grunde langweilig werden. Hier hat man ein Princip
einseitig zu Schanden geritten, dort wurden unglückliche
Finanzversuche gemacht, an einem dritten Ort gab es große
Rhetoren und kleine Arbeiter, welche die Geschäfte in Rück=
stand brachten, während sie eine Idee verkündigten; wieder
anderswo zankt man sich um das Glück, dessen das Vater=
land theilhaftig ist, und mag sich den Erfolg nicht gönnen,
und in irgend einer Ecke endlich ist man aus lauter Selbst=
vergnügtheit eingenickt und purzelt plötzlich vom Stuhle wie
Einer, der ein unzeitiges Tagschläfchen macht. Kurz, es
gibt immer etwas zu streiten, zu revidiren, zu lärmen, bis
der scharfe Wind einer äußern Gefahr das gesegnete, aber
zerzauste Aehrenfeld wieder glatt kämmt und die Halme
nach Einer Richtung hinstreicht. Dann athmet man auf,
wenn es heißt: die Urkantone stehen wie Ein Mann da
und sind guter Dinge! Sie sind so wenig idyllische Tugend=
helden wie die übrigen Schweizer; sie haben schon allerhand
Wüstenei begangen; aber sie sind die Bewahrer der ältesten,
noch lebendigen Form unserer Freiheit, so wie eines reli=
giösen Glaubens an Vertheidigungsrecht und Kraft. Nur

die Flegelei, nicht des Radikalismus, sondern des Philisters, der sich für radikal hält, kann darauf ausgehen, sie unter dem freien Himmel von ihrem alten Grund und Boden wegzulocken und in die bureaukratische Schreibstube hinein-zudrängen.

Ihr theokratischer Zug geht nicht tief; sie sind weder Kopfhänger noch Fanatiker; ihr Katholicismus scheint haupt-sächlich auf ihrem souveränen Staatsgefühl zu beruhen: car tel est leur plaisir. Im Glanz ihrer früheren Tage war es ein Vehikel ihrer Herrschsucht, ihrer Regierungs- und Wirkungslust nach außen; heute ist es die Vertheidigung ihrer Selbstbestimmung innerhalb ihrer Grenzsteine. Als sie durch den Sonderbund sich das Recht wahren wollten, ihre Jugend durch die Jesuiten erziehen zu lassen, unterlagen sie nicht sowohl den Exekutionstruppen der Bundesmehrheit, als der öffentlichen Meinung der gebildeten Welt, und sie verloren mit diesem Recht zugleich einen Theil ihrer Landes-hoheit, oder vielmehr den Einfluß derselben. Sie verloren das Gut an gute Hand, an den Bund, dessen Mitglieder sie selbst sind. Dagegen ist es räthlich für die übrigen Kantone, sie in der Behauptung des Eigenthümlichen, das ihnen geblieben ist, zum Muster zu nehmen und sie darum zu ehren, statt mitleidig über sie hinwegzusehen.

Es wurde nun der gefährlichen Zeitumstände, der Neu-tralität und ihrer unbedingten Vertheidigung, des lauernden Westnachbars gedacht und ohne Herausforderung, aber auch ohne alle Furcht vor den Verhältnissen, die Bereitschaft zum Kampfe ausgesprochen, und die Sprüche aus dem „Tell" welche so schön die menschliche Gefaßtheit gegenüber wilder Menschenmacht ausdrücken, wurden alle mit Bewegung

4*

wiederholt und angehört. Auch des blutigen und tragischen
Widerstandes der Waldkantone gegen die Franzosen und
die aufgedrungene Abklatschverfassung von 1798 wurde ge=
dacht, und mit vollem Rechte; denn die Tage dürften kom=
men, wo jener hoffnungslose Kampf dennoch als ein noth=
wendiges bedeutungsvolles Vorspiel und geschichtliches Mit=
telglied seine ganze Geltung erringt. Aber auch ohne dieß
gebührt ihm ein immergrüner Kranz, als einer ruhmwürdigen
Uebung germanischer Selbstherrlichkeit. Denn für was soll
der Mann sich wehren, wenn nicht für sein ureigenes Gesetz
gegen eingedrungene Falschmünzer?

Am nächsten Morgen wurde in die Nauen richtig
wieder eine Heerde Alpenvieh eingeschifft, um nach Uri ge=
führt und über den Gotthard nach den Pächtereien der
Lombardei gebracht zu werden. Dieses alte Wahrzeichen
der Schweizer, die Kuh, ist übrigens nicht so lächerlich, wie
es unsere Nachbarn, die Schwaben, seit Jahrhunderten uns
aufgesalzt haben. Thiere, die leicht und anmuthig über
Planken setzen und sich, dem Rothwilde gleich, mit dem
Hinterfuß am Ohre kratzen, sind etwas ganz anderes, als
die trägen Stallbewohner der Ebene.

Eine unschönere Heerde war über den Gotthard herge=
trieben worden und füllte den Dampfer, den ich bestieg,
nämlich einige Hundert verfrorener Päpstler=Soldaten ohne
Kleider und Gepäck, ein Stück Brot in der Hand, geringes
Volk, sogar Buben dabei. Martialisch sahen nur die Unter=
offiziere aus. Man fühlte, daß der edle Geschäftsstern dieser
letzteren und ihrer Vorgesetzten bis zum General hinauf im
Erbleichen ist. Wenn man die armen, unrühmlich heim=
kehrenden Bursche mit denen verglich, die am Ufer standen

ober die Kähne führten, in welchen die einzelnen Soldaten
ihre Hütten aufsuchten, so war wohl zu bemerken, daß das
Kernvolk, auch äußerlich genommen, zu Hause sitzt, und daß
der Alp, der so lange auf dem Bewußtsein des Landes ge=
legen, sich allmählig löst. Wenn sie sich keinen sterbenden
Löwen von Thorwaldsen mehr verdienen, so wird die Nach=
frage von selbst aufhören, und das ist gerade recht. Die
Schweizer haben dann nicht mehr mit überlebter Hand=
werkshaltung, sondern mit dem schuldlosen Zorn eines fried=
lichen Volkes an den Feind zu gehen und das Unvorher=
gesehene zu thun. Das ist das Beste gegen Zuaven und
andere eisenfresserische Seiltänzer. Das eidgenössische Heer,
wenn es an den Tanz kommt, wird ein wesentlich neues
sein und hoffentlich die Eigenschaft eines neuen Besens be=
währen.

Meine kriegerischen Gedanken lösten sich bald auf in
ein neues, friedliches Träumen von Kunst und künstlerischen
Dingen, ähnlich wie auf der Herfahrt, doch nun in so keck
zuversichtlicher Weise, daß es unbescheiden aussähe, wenn
das Ziel dieser Träumerei nicht gemüthlich einer fernen
Zukunft zu überlassen wäre. Das einfach liebliche Fest,
dem ich beigewohnt, war eine Dankesfeier gewesen des
„Bundes der oberdeutschen Lande" für ein mustergültiges
Schauspiel, welches die Gründung ihrer alten Republik ver=
herrlicht. Diese Feier war selbst wieder ein kleines Drama
geworden; wenigstens enthielt der Wechselgesang, den die
herangefahrenen Chöre der drei Länder aufführten, den be=
scheidenen Keim dazu, und es hätte nur etwas Kostüm,
vielleicht etwas Verwendung der Landestracht gebraucht,
um das noch mehr in's Licht zu stellen.

So geht das Bedürfniß nach Schauhandlung wie ein rother Faden durch alle Lebensäußerung der Völker und ihr Genius wird nicht eher beruhigt, als bis dieses Bedürfniß die goldene Frucht eines fertigen, reinen nationalen Spieles gereift hat. Inzwischen ringt und drängt alles nach der Komödie und alles spielt Komödie, und wenn keine Reinigung der Leidenschaften erzielt wird, so gerathen sie wenigstens in Fluß, von der Dorfscheune bis zum Residenztheater. Alle Stände, Bauern, Philister, Weltstädter und Hofleute suchen gleich beharrlich ihren Durst nach einem erhöhten Spiegelbild der Existenz, nach poetischer Gerechtigkeit oder auch nach Rechtfertigung ihrer Laster zu befriedigen; ein unendliches Gewimmel von Ueppigkeit und Hunger, Hoffen und Fürchten, Unverschämtheit und Sklaverei und von jeglichem Schmarotzerthum lagert sich um diesen Trieb, und das Schauspiel aller Schauspiele ist die Unberufenheit, welche sich allerwärts beweglich macht, die paar Bretter erstürmt und das Zerrbild des Lebens noch einmal verzerrt, so daß es aus lauter Dummheit manchmal fast wieder zurecht gezogen wird; aber freilich nur fast, und dieses fast ist ein Abgrund.

Wenn aber irgendwo ein öffentlicher Zustand durch politischen Fleiß und Glück gelungen ist und seine Genossen zufrieden macht, so läßt die Frage nach volksmäßigen Spielen, welche die entscheidenden Momente des Gelingens kunstgerecht fixiren und das Gewordene, von der Schwere der Noth und Sorge befreit, noch einmal werden lassen in schöner Beschaulichkeit, nie lange auf sich warten. Seit die Schweiz, nach fünfzigjährigen Kämpfen, ihren Schwerpunkt wieder in sich selbst gefunden hat, haben ihre Volksfeste

einen neuen Aufschwung genommen und die Lust zu Auf=
zügen und öffentlichen Spielen ist überall auf's neue erwacht.
Da brachte der frische Luftzug denn auch die Frage von
selbst mit sich, und ein eingewanderter Unternehmungslustiger,
der gern, was gemacht werden kann, gleich machen möchte,
schrieb auch gleich die „Nationalbühne" aus, wie man eine
Rettungsanstalt für verwahrloste Kinder ausschreibt. Hinz
und Kunz wurden aufgefordert, sich ja recht fleißig an's
Dramatisiren zu machen und einzusenden, und der neue
Pater Brey belobte alles, verlangte noch mehr „Manuscripte"
und ging selbst mit rüstigem Beispiele voran, alle möglichen
Stoffe in Scene setzend, nur keinen, in dem ein dramatischer
Keim steckt.

So leicht ist nun freilich der gewaltige Vorhang einer
neuen Nationalbühne nicht in die Höhe zu ziehen; nur die
Zeit selbst vermag ihn zu bewegen, daß er majestätisch sich
aufrollt.

Dennoch dürfte gerade das Schauspiel diejenige Kunst
sein, in welcher das Schweizervolk mit der Zeit etwas
Eigenes und Ursprüngliches ermöglichen kann, da es die
„Mütter" dazu besitzt, nämlich große und ächte National=
feste, an welchen Hunderttausende sich betheiligen mit dem
ausschließlichen Gedanken des Vaterlandes.

Die alten Städtetheater können der künftigen Volksbühne
nichts abgeben, als ausrangirte Kleider, eine grundverfälschte
Deklamation und sonstige schlechte Sitten. Ueberdieß bedarf
sie neuer Voraussetzungen und moralischer Grundlagen:
Feierlichkeit, Mäßigkeit, Selbstbeschränkung und Unterordnung
unter die allgemeinen Zwecke. Ein Theater, das Jahr aus
Jahr ein wöchentlich sieben mal geöffnet ist, entbehrt jeder

Feierlichkeit, das Festliche ist zum gemeinen Zeitmord herab
gesunken. Die Unmäßigkeit im Theatergenuß hat ein eigenes
Publikum geschaffen, welches einem Volke gleicht, wie eine
Katze einem Löwen, und, obgleich mit stumpfem Ekel erfüllt,
dennoch hungerhohl verschlingt, was ihm in unseliger Hast
täglich neu geboten wird. Von Selbstbeschränkung im Ge=
nuß und Unterordnung unter das Allgemeine ist vor und
hinter dem Vorhang keine Rede; alles schießt auseinander
und durcheinander in ewigem Kriege, und eine Unzahl
kleinlicher Zwecke und Interessen, eine von Kindern geführte
Kritik vertritt die Stelle einer einfach großen National=
ästhetik. Schlagt die Bretter einmal vor einer Versammlung
von zehntausend ernsthaften Männern auf, gleichmäßig aus
allen Ständen gemischt und von allen Gauen eines Landes
herbeigekommen, ihr werdet mit eurer Dramaturgie bald zu
Ende sein und von vorn anfangen müssen!

Von vorn anfangen, das wird in der That auch das
einzige Heil sein für weiter gehende Hoffnungen, und dazu
scheinen die aufblühenden Feste, wie die Schweiz sie hat
und wie sie in Deutschland seit der großen Schillerfeier
und den Coburger Festtagen sich aufthun (auch die Maifeste
deutscher Künstlerschaften dürften leicht zu einem schönen
Baume der Art gedeihen), der geeignete Boden zu sein.
Mag das Talent sich mittlerweile an dem bestehenden
Theaterwesen fortüben; was aus dem Geiste kommt, geht
nie verloren. Auch Euripides lebt noch.

Als das eidgenössische Schützenfest für 1859 in Zürich
vorbereitet wurde, kamen einige Freunde auf den Gedanken,
ob nicht der Versuch zu wagen sei, gewissermaßen ein
Samenkorn zu stecken und eine dramatische Uebung einzu=

führen? Man dachte sich die Zeit nach Sonnenuntergang,
wo das Volk noch die halbe Nacht in anständiger Fröhlich=
keit beisammen bleibt, aber ohne einheitlichen Halt und
ziemlich müßig ist. Entweder unter freiem Himmel auf dem
Platze oder in der großen Festhütte sollte eine einfache
Bühne ohne bildliche Dekoration, oder wenigstens ohne
Veränderung derselben, in tüchtiger Höhe errichtet und
darauf allabendlich ein höchstens halbstündiger Schwank
aufgeführt werden, voll Handlung und von klarem und
bündigem Texte in gereimten Versen. Kräftige und gewandte
aufgeweckte Gesellen sollten die Darsteller sein, und die Dar=
stellung drehte sich für's erste, so viel mir erinnerlich, um
eine Allegorie, in welcher alle Arten des unächten Patriotis=
mus, der eigennützige, der unzufriedene, der neidische, der
affektirte, der durchtriebene, der weinerliche, der beschränkte,
der händelsüchtige u. s. f. in verständlichen, aus dem Leben
gegriffenen Typen ihr Wesen trieben, beherrscht von einer
in einem kolossalen Frankenstück thronenden Münzhelvetia.
Jedes Wort wäre natürlich eine Anspielung auf Vorkomm=
nisse und Zustände gewesen, zum Schluß aber wäre etwa
die wahre Helvetia aufgetreten, dargestellt durch einen hoch=
gewachsenen schönen Jüngling im Purpurgewand, mit mächtig
wehendem Walkürenhaar, einen schattigen Kranz von Alpen=
rosen auf dem Haupt, und hätte ein strenges Gericht mit
den wunderlichen Gesellen gehalten, indem sie sich ihre
Thaten und Früchte der letzten Zeit vorweisen ließ. Da
gab es denn manchen Verweis und große Verlegenheit, bis
sich schließlich herausstellte, daß sie wenigstens Kinder her=
vorgebracht haben, indem sie in ihrer Angst eine Schaar
allerliebster Kinderchen herbei holen in den Trachten aller

zweiundzwanzig Kantone, je ein Knäbchen und ein Mädchen,
die in hellem Jubel dem personificirten Vaterland in den
Schooß geführt wurden, womit sich die stattliche Dame dann
zufrieden gab. Dieses Kindermotiv stammt übrigens aus
den Aufzügen eines bekannten Züricher Frühlingsfestes und
hat als reizende Episode schon mehrmals große Freude
erregt. Wären die Kinder nachher etwa unter dem Volke
herumgeführt und in seiner Mitte abgefüttert worden, ehe
man sie nach Hause brachte, so gab das der Versammlung
eine heiter milde, ja häusliche Stimmung, einen reizenden
Kontrast zu der Oeffentlichkeit und großen Zahl, was freilich
nicht mehr zur Dramaturgie gehört.

Der Festpräsident, so wie der Baumeister zeigten sich
geneigt, die Sache überhaupt weiter zu vertreten; allein der
italienische Krieg stellte das Fest in Frage und seine
Schlachten mußten alle inländischen Pointen abstumpfen;
überdieß benahm uns die bewußte Absicht die Unbefangenheit,
und eine verzeihliche Furcht beschlich uns vor der trockenen
Kritik des wortkargen Schützenvolkes. Denn wenn diese
Herren den Tabak nicht stark genug fanden und dem Spaße
stillschweigend den Rücken kehrten, so war das schlimmer als
das Pfeifen eines Parterres. So unterblieb das Ding.
Würde es aber anderswo wieder aufgenommen, wiederholt
und zuletzt zu einem wesentlichen Moment des Festes ge=
deihen, so wäre kein Hinderniß zu denken, warum aus dem
halbstündigen Schwank im Verlauf der Zeiten nicht zuletzt
eine stattliche zweistündige Volkskomödie werden sollte, alle
zwei Jahr eine neue mit immer neuen Erfindungen und
Bethätigungen der unverwüstlichen Volkslaune. Denn die
Gelehrsamkeit dürfte nur mäßig und vorsichtig eingreifen und

müßte die Entwicklung dem jeweiligen populären Lokalgenius
überlassen, damit eine neue und ursprüngliche Phantasie,
welche in den Volksmassen nie ausstirbt, vorerst den Grund
legte zu neuen dramatischen Möglichkeiten.

Denkt man sich eine Zuschauerschaft von Tausenden,
die in erhobener vaterländischer Feststimmung versammelt
sind, so ist damit auch eine kritische Zuchtschule gegeben,
welche von selbst bald Bedürfniß und Ausführung reguliren
würde. Träte aber der Wendepunkt ein, auf welchem aus
solcher Uebung und Vorschule die einzelnen Meister her=
vorgingen, die mit Bewußtsein solche Uebung zum vollen
Kunstwerk erhöben, so würden auch diese nur so lange
blühen, als sie mit dem Volksgeiste einig gingen und aus
demselben heraus dichteten, indem sie ihn zugleich weiter
führten.

In diesem Sinne brauchte ich das Wort National=
ästhetik, und nicht etwa in der lächerlichen Meinung, daß
jedes Ländchen seinen eigenen Vischer haben müsse.

Das geeignetere Feld für solche Aussichten dürften
jedoch die größeren Gesangfeste sein, da diese schon von
Haus aus auf die schönen Künste gerichtet sind. Sie ent=
halten bekanntlich zwei Abtheilungen: den Wettkampf der
einzelnen Vereine im Vortrage ausgewählter lyrischer Kom=
positionen und die Gesammtaufführung solcher, ebenfalls
lyrischer Stücke, welche sich für größere Tonmassen eignen.
Bei der Preisvertheilung unter die Sieger des eidgenössischen
Sängerfestes 1858, ebenfalls in Zürich, deutete der Vorstand
des Kampfgerichts in seiner Rede an, daß es die Aufgabe
dieser Feste sei, weiter zu gehen und namentlich für die
Gesammtaufführung neue Bahnen einzuschlagen, vielleicht

ein weltliches nationales Oratorium einzuführen, welches solcher vaterländischer Sängermassen würdig wäre und ihren Bestrebungen einen neuen, angemesseneren Inhalt gäbe, als zur Zeit ein Programm der verschiedensten Gesangstücke von oft zufälligem und unbedeutendem Inhalte bietet.

Verweilen wir einen Augenblick bei jenen Wettkämpfen, um auch in ihnen den Baum zu sehen, der neue Blüthen treiben könnte. Der Wettgesang der Sängerfeste wird wohl, wie sich's auch gebührt, die Lyrik, das eigentliche Lied, als sein Feld behalten; und wie es jetzt ist, darf sich dieses Feld sehen lassen, besonders auch, was die Wortdichtung betrifft, auf welche die Tondichtung gebaut ist. Denn bekanntlich gibt es jetzt selten mehr einen Liederkomponisten, der einen trivialen gehaltlosen Text wählt, während eher das Gegentheil vorkommt und manch mittelmäßiger Zeisig zu finden ist, dem die Texte nicht tiefsinnig und pikant und zugleich wohllautend genug sein können, ja dem es am liebsten wäre, wenn der Text sich schon von selber sänge. Was nun die deutsche Lyrik seit Goethe und dem Wiederfinden der alten Volkslieder, dann durch das Erwachen der Vaterlandsliebe und freiheitlicher, männlich nationaler Regungen an klaren und tiefen Tönen erreicht hat, wird in vielfältig blühender Melodie gesungen; ein reicher Vorrath zum Vortrage mannigfach persönlicher, heiterer und ernster Stimmung ist vorhanden, in welchen die einzelnen Vereine sich theilen können, indem sie am Feste wettsingend die subjektive Person darstellen. Horcht man aber aufmerksamer hin, so wird man bemerken, daß diese reiche Lyrik, was das Wort betrifft, bereits stille steht und sich auszusingen anfängt, wo nicht schon ausgesungen hat, wie übrigens schon oft behauptet wurde. Steht aber das Wort still, so werden bald auch die Töne einschlafen.

Es wäre der Mühe werth, wieder einmal zu unter=
suchen, worin die Neuheit in der Poesie bestehe: wahrschein=
lich käme dabei heraus, daß es überhaupt nichts Neues
gibt unter der Sonne. Seit man chinesische Liederchen
kennt, welche eine melancholische Landschaftsstimmung aus=
drücken, genau wie etwa Lenaus Schilflieder, kann man
nicht mehr hoffen, mit etwas menschlich Neuem aufzuziehen,
wenn man nicht die ethnographischen und dergleichen Dinge
für das poetisch Neue halten will. In der That ist selbst
der Weltschmerz, den man für das Moderne hielt, so alt
wie seine zwei Wurzelsilben. Auch in der Form ist es so.
Einer, der z. B. neue Metaphern zusammen sucht, wird da=
durch nicht wahrhaft neu, weil die Metapher überhaupt
etwas Uraltes ist. Das Neue wird überhaupt nicht von
Einzelnen auszuhecken und willkürlich von außen in die
Welt hinein zu bringen sein; vielmehr wird es darauf
hinaus laufen, daß es der gelungene Ausdruck des Inner=
lichen, Zuständlichen und Nothwendigen ist, das jeweilig in
einer Zeit und in einem Volke steckt, etwas sehr Nahes,
Bekanntes und Verwandtes, etwas sehr Einfaches, fast wie
das Ei des Columbus.

Ein grauer Strichregen allseitig gleichmäßig geschickter
Versemacherei, verdrießlich und fast eintönig, bedeckt das
Land; wo ein scheinbar neuer Klang ertönt, da zeigt gleich
das nächste Jahr nach dem Erfolge, daß nichts Nachhaltiges,
Nothwendiges daran war, indem der Glückliche nicht im
Stande ist, fortzufahren, den Klang noch schöner zu wieder=
holen. Der Geist schwebt eben nicht über einem Glas

Wasser, er schwebt über den Wassern. Goethes Lied entstand
aus der kraftvollen Empfindungsfähigkeit und aus der
Sehnsucht des vorigen Jahrhunderts, und so fort. Welche
Bewegkraft wird sich jetzt mit dem Einzeltalent vermählen,
um uns aus jenem Regen zu erlösen?

Ich kann mir recht gut denken, daß auch nach dieser
Seite hin die Feste eine Kardinaltugend erwerben, indem
sie produktiv werden. Führt die Lyriker an Wind und
Sonne des offenen Volkslebens, laßt sie, statt binnen Jahres=
frist ganze Bände zusammenzustoppeln, vorerst Ruf und
Ehre daran setzen, nur Ein gutes Lied zu machen und mit
demselben zu siegen! Laßt eine Kritik entstehen, nicht in
Monatheften gedruckt, sondern von sichtbaren Richtern unter
aufgerichteten Bannern vor allem Volke geübt, welche keinen
Gemeinplatz, keine müßige Zeile, keinen wiedergekauten oder
gestohlenen Gedanken, keine verfehlten Anläufe, die sich mit
einem unlogischen Schluß decken wollen, keine verkrüppelten
Formen, keinen Verhau aufgehäufter Konsonanten durchgehen
läßt, welche zum entlegenen Inhalt und zur blassen Reminis=
cenz sagt: Hebe dich weg, wir wollen nur, was uns rührt
und erhebt, unser Bewußtsein ist, aber dies ganz und voll!
Hat an solcher Oeffentlichkeit Einer wieder gelernt zu dichten,
d. h. seine Lebensgeister wirklich zusammen zu nehmen und
mit bewußtem Willen zu beherrschen, ist ihm ein Lied
ehrenvoll gelungen, so wird auch das zweite und dritte nicht
ausbleiben, aus dem Schwanken zwischen Furcht und Hoff=
nung die volle Freiheit des Schaffens werden und die
Spreu der leeren Vielmacherei von selbst zerstieben.

Würde der Wettgesang so durch allmählig sich ent=
wickelnde Einrichtungen zu einer Pflanzstätte lebendiger

Lyrik, so dürfte sich der große Gesammtchor um so bestimmter
von derselben abkehren; denn es hat schon jetzt etwas
Komisches, mehrere tausend Männer unter fliegenden Fahnen
amphitheatralisch aufgestellt zu sehen, um ein Liebesliedchen,
eine Abendglocke oder die Empfindungen eines wandernden
Müllerburschen vorzutragen. An jenem Sängerfeste waren
viertausend Sänger betheiligt; aber die Wirkung ihres Chors
stand in einem so geringen Verhältniß zu ihrer Zahl und
zum Aufwand des Festes, daß man durch strengere Censur
diesen Gewalthaufen bis zum nächsten Feste auf tausend
Mann zusammenschmelzte, die dann ganz die gleiche Wirkung
hervorbrachten. Damit war dann einstweilen auch die son=
stige Schwierigkeit erleichtert, welche aus dem wachsenden
Umfange der Feste erwuchs.

Allein wenn diese Gesangskultur ihren Zweck erreichen
soll, so ist anzunehmen, daß mit der Zeit jene Tausende
und mehr noch wiederum dastehen und dann wirklich singen
können. Denn wenn eine Uebung einem Volke lieb geworden
ist, so nimmt es sie unversehens auf eine Weise in die
Hand, von der sich die Schulmeister vorher nichts träumen
ließen, und es könnte möglicher Weise eine Zeit kommen,
wo jeder, der Stimme und Gehör hat, sein Lied vom
Blatte singt. Zieht aber einst ein Chor von vier= bis fünf=
tausend taktfesten Sängern auf, so wird die Frage: „Was
soll ein solcher Chor singen?" nicht abenteuerlich lauten, und
ebenso wenig die Antwort: Ein solcher Chor soll das pro=
duktive Bedürfniß und die Kraft haben, seinen Gesangs=
gegenstand selbst hervorzurufen, zu bedingen und auszubilden.
Hier dürfte dann ins Leben treten, was der besagte Redner
eine nationale Cykluskomposition in Kantatenform oder das

weltliche Oratorium nannte, mit Einem Worte: das Lyrische
trete vor dem Epischen und Oratorischen zurück. Große
geschichtliche Erinnerungen, die Summe sittlicher Erfahrung
oder die gemeinsame Lebenshoffnung eines Volkes, Momente
tragischer Selbsterkenntniß nicht ausgeschlossen, fänden Aus=
druck und Gestalt in Wort= und Tondichtungen, die aufs
innigste in einander verschmolzen und durch einander bedingt
wären, ohne an Gedankenselbständigkeit zu verlieren. Es
wäre die Aufgabe des Dichters, durch die Zucht der Musik
wieder eine rein und rhythmisch klingende Sprache zu finden,
ohne in Gehaltlosigkeit zu verfallen und sein Gedicht für die
Lektüre werthlos zu machen, die Aufgabe des Komponisten
dagegen, für ein solches Gedicht die entsprechenden Tonsätze
zu schaffen und nicht vor der größeren Gedankentiefe und
dem Reichthum wirklicher Poesie zurückzuschrecken. Er müßte
vor allem die jetzigen Schrullen und Ansprüche auf eine
besonders für ihn zugestutzte kindische Reimerei aufgeben.
Richard Wagner hat den Versuch gemacht, eine Poesie zu
seinen Zwecken selbst zu schaffen, allein ohne aus der Schrulle
der zerhackten Verschen herauszukommen, und seine Sprache,
so poetisch und großartig sein Griff in die deutsche Vorwelt
und seine Intentionen sind, ist in ihrem archaistischen Ge=
tändel nicht geeignet, das Bewußtsein der Gegenwart oder
gar der Zukunft zu umkleiden, sondern sie gehört der Ver=
gangenheit an.

Wenn nun dieses Tonmeer erbrauste und auftauchend
aus demselben eine Reihe fünfhundertstimmiger Halbchöre
einander die Erzählung oder die großen Fragen und Ant=
worten einer Musik gewordenen Ethik abnähmen, so wäre
ein Dialog im Entstehen, der seinen Maßstab in nichts

Vorhandenem hätte, und die Frage des Dramas in ein neues Stadium getreten. Auf diesem Punkte der Entwicklung wäre die Angelegenheit reif genug, um auch die Musikfeste mit ihren Frauenchören und ihren Orchestern hinzutreten zu lassen, und nun erst wäre der Kreis der neuen Möglichkeiten geschlossen, das ganze Leben beisammen, und das gemeinsame Element der Bildung umfaßte die Blüthe der Nation vom anständigen Arbeiter und Bauernsohn bis zum Staatsmann und Kaufherren, vom taktfesten Dorfschulmeister bis zum gelehrten Kapellmeister der Hauptstadt.

Jetzt würde sehr wahrscheinlich die Lust und das Geschick zu kostümirten Aufzügen hinzutreten. Entweder in die konkrete Tracht des Gegenstandes, oder in eine nach Stimmen oder Gauen verschiedene Festtracht ge= kleidet, würden die Singenden festlich einherschreiten in symmetrischen, einander begegnenden und wiederkehrenden Zügen und sich in glänzenden, aber ruhigen Farbenmassen aufstellen.

Doch noch mehr! Wer einmal Luftschlösser baut, kann nicht kühn genug sein. Steht man jetzt auf den Uebungs= plätzen größerer Schulanstalten, in welchen das Freiturnen eingeführt ist, so sieht man zuweilen vier= bis fünfhundert Knaben symmetrisch aufgestellt oder durch einander gehend, welche alle zugleich sich beugen und aufrichten, den Ober= körper drehen, die Arme heben und schwenken auf gegebene Zeichen, und die Ahnung einer künftigen allgemeinen Kultur körperlich = rhythmischer Bewegung ist bei diesem Anblicke durchaus nicht abzuweisen, um so weniger, als auch in der Soldatenwelt, also auf der breitesten Grundlage, dergleichen eingeführt werden soll. Auch ist es offene Absicht der

Schulbehörden, nicht nur Gesundheit und Rüstigkeit, sondern auch Anmuth und Zierde dadurch zu fördern.

So stelle ich mich denn ohne Aufenthalt wieder vor die zum Dache des Hauses hinaufsteigende, von dem Sänger= heere besetzte Bühne. Das große Festlied erhebt sich eben zum Ausdruck der reinsten Leidenschaft und Begeisterung. Sie reißt den Körper der auswendig singenden Tausende von Männern, Jünglingen und Jungfrauen mit, eine leise rhythmische Bewegung wallt wie mit Zauberschlag über die Menge, es hebt sich vier= bis fünftausendfach die rechte Hand in sanfter Wendung, es wiegt sich das Haupt, bis ein höherer Sturm aufrauscht und beim Jubiliren der Geigen, dem Schmettern der Hörner, dem Schallen der Posaunen, unter Paukenwirbeln, und vor allem mit dem höchsten Ausdrucke des eigenen Gesanges die Masse nicht in Tanzen und Springen, wohl aber in eine gehaltene maßvolle Bewegung übergeht, einen Schritt vor= und rückwärts oder seitwärts tretend, sich links und rechts die Hände reichend oder rhythmisch auf und nieder wandelnd, ein Zug dicht am andern vorüber in kunstvoller Verwirrung, die sich un= versehens wieder in Ordnung auflöst.

Klima und akustisches Bedürfniß würden nun der Bau= kunst die Aufgabe stellen, ein bleibendes monumentales Ge= bäude zu errichten, welches ein solches Spiel würdig zu fassen im Stande wäre. Da die innere Einrichtung jedesmal nach Bedürfniß neu aus Holz zu beschaffen wäre, so handelte es sich bloß um Herstellung eines hohlen länglichen Baues, dessen ganzer Aufwand auf die vier Außenseiten sich bezöge und auf entsprechende Umgebungen, welche mit ihren Terrassen und Baumgängen sowohl zu festlichen Aufzügen, als zu

fröhlicher Bewegung sich eignen und mit dem Hause zu=
sammen ein Kunstwerk bilden müßten. In den Zwischen=
zeiten würde der Raum zu Ausstellungen und Versamm=
lungen aller Art dienen. Entweder ein Bundesort oder ver=
schiedene Städte in gastfreundlichem Wetteifer zugleich
würden ein solches Haus bauen. Es müßte noch vorgesehen
sein, daß die Lichtmassen des Tages beliebig auf einen Theil
des Innern gelenkt werden könnten, so daß nur die Bühne
im hellen Lichte stände, oder auch umgekehrt vielleicht, daß
in entsprechenden Augenblicken das Gesangsheer von dunkler
Dämmerung bedeckt würde, während die Zuschauer im Hellen
säßen. Solche Grundzüge einer einfachen Maschinerie wür=
den eine reinere Wirkung thun, als alle unsere Ballet=
scenerien.

Wären die Farbenreihen der Gewänder nach bestimmten
Gesetzen berechnet, so gäbe es Augenblicke, wo Ton, Licht
und Bewegung, als Begleiter des erregtesten Wortes, eine
Macht über das Gemüth übten, die alle Blasirtheit über=
winden und die verlorene Naivetät zurückführen würde,
welche für das nothwendige Pathos und zu der Mühe des
Lernens und Uebens unentbehrlich wäre; denn ohne innere
und äußere Achtung gedeiht nichts Klassisches.

Es wäre genug, wenn der Mann während seiner guten
Jahre bei drei bis vier Festen mitwirkte, die Frauen bei
einem, höchstens bei zwei, damit sie ihnen wirkliche Licht=
punkte des Lebens blieben, aus welchen sie eine edlere ge=
weihtere Haltung schöpften, ohne daß sie zu perennirenden
Festkoketten gediehen oder herabsänken. Alle fünf Jahre —
denn das eigentliche Völkerleben soll haushälterisch sein mit
seinen Schritten — dürften sich somit diese Feste wieder=

5*

holen. Drei Jahre befruchtender Ruhe, ein Jahr zur Vor=
bereitung des neuen Spiels und das letzte Jahr zur all=
seitigen Einübung — so könnte das Land dabei bestehen
und das Ding aushalten. Die Wirkung solcher Spiele
würde die gehaltlose Geräusch= und Vergnügungssucht ver=
drängen, und die Zwischenzeit wäre in der That eine Zeit
ruhiger Arbeit und des Friedens, der aus der gleichmäßigen
Bildung und Veredlung des Menschen und aus dem ge=
meinschaftlichen Wirken ungleicher Stände hervorginge, eine
Erscheinung, die jetzt schon bei Liedertafeln u. dgl. zu beob=
achten ist.

Aber alles geht vorüber. Aus diesem Stadium der
Feste, der Blüthe der Volksherrlichkeit, würde sich endlich
die persönliche Meisterschaft der Einzelnen, so zu sagen,
aristokratisch ausscheiden; die Menge, gesangesmüde, würde
sich in passiv Genießende verwandeln, und nun erst, auf
abwärtsgehender Linie, würde sich das Festgedicht in eine
eigentliche Handlung verdichten, die Soli und Halbchöre zu
recitirenden Personen werden (zwar immer noch Leute mit
mächtigen klangvollen Stimmen), und auf dem gewaltigen
Umwege wäre die Tragödie wieder da als etwas Neues und
Verjüngtes, bis auch diese immer noch tüchtige Zeit vorbei
wäre und der Kleinmalerei und dem täglichen Vergnügen
das Feld räumte.

Das ist einer der Wege, den diese Sache gehen könnte
und den ich während der Rückfahrt vom Mythenstein träumte.
Der ungeheure Aufschwung des Schillerfestes von 1859 hat
gezeigt, daß solche Träume nicht zu verwegen sind; aber ein
sittlicher Halt gebietet, nicht voreilig und eigenmächtig er=
zwingen zu wollen, was aus dem Ganzen und Großen her=

vorgehen und werden soll. Noch manche Ernte muß ge=
schnitten werden, bis das Dasein solche Feste zu ertragen
vermag. Eine einseitige Festvirtuosität ohne dazu gehörendes
Lebensgeschick wäre kein Heil. Wer vom Nationalfeste in
die Unzufriedenheit des bürgerlichen Elendes zurückkehren
muß, dem ist es nur eine niedrige Betäubung, oft die Quelle
neuer Bitterkeit und Schmach. Auch pflegen die Feste die
Folge wohl vollbrachter Kämpfe zu sein, „saure Wochen,
frohe Feste", und nicht ihnen voranzugehen. Freilich könnte
die Weltgeschichte das Ding auch einmal umkehren und sie
zu Müttern des Kampfes machen.

Die Weihnachtsfeier im Irrenhaus.*)

(1879)

Die Heilanstalt Burghölzli hat für ihren Christbaum
einen so reichlichen Gabenzufluß erfahren, daß die Be=
scheerung mit froher Dankbarkeit vorbereitet werden konnte.
Offen gestanden, war uns die Einladung zur Theilnahme
nicht besonders verlockend erschienen; denn wir hatten keinen
rechten Begriff davon, wie es aussieht, wo in ein paar
hundert Kopfhäuschen der Herr nicht anwesend ist und die
Gedanken wie die Mäuse auf dem Tisch tanzen. Menschen=
liebe und Wissenschaft führen aber inzwischen das Regiment;
die Kranken wissen, daß sie krank sind und daß ihr Ge=
brechen heutzutage so natürlich und ehrlich ist, wie jedes
andere, und so würden sie namentlich in einer feierlichen
Versammlung und vor Fremden um keinen Preis das De=
korum verletzen; an der Stelle der Selbstbeherrschung des
Einzelnen scheint ein Gesammtbewußtsein zu wirken und
die tröstliche Weltordnung so gut möglich aufrecht zu
halten.

In dem Festsaale der Anstalt waren an die hundert=
undfünfzig präsentable Patienten nebst einer guten Zahl

---

*) Neue Zürcher-Zeitung 59. Jahrgang, Nr. 16, 11. Januar 1879.

Freunde und Angehöriger, sowie von Mitgliedern der Be=
hörden und der Verwaltung versammelt, und die ganze
Versammlung hielt sich so still, ehrbar und gewärtig, wie
irgend eine zum Gottesdienste berufene Gemeinde, hier die
Männer, dort die Frauen. In der Mitte des hohen Saales
ragte der gewaltige Christbaum bis an die Decke, umgeben
von großen mit Geschenken beladenen Tischen. Das obere
Ende des Saales war von einem gemischten Sängerchor
besetzt, der aus dem Wärterpersonal und einzelnen Pa=
tienten gebildet ist, und vom Geistlichen der Anstalt geleitet
wird. Da dieser Chor durch die Ungunst der Zeit auf=
gelöst worden war, hat er neu zusammentreten und ein=
geübt werden müssen, weßhalb an seine Leistungen nicht der
strengste Maßstab gelegt werden durfte hinsichtlich der Sicher=
heit und Frische des Vortrages. Immerhin haben wir schon
an Bezirksgesangfesten gemischte Chöre gehört, mit welchen
der unsrige wohl hätte wettsingen dürfen. Er eröffnete denn
auch mit einem ziemlich kunstreichen Weihnachtshymnus die
Feier.

Unmittelbar darauf las der Geistliche das Weihnachts=
kapitel aus dem Evangelium des Lukas, die Geschichte der
Geburt des Heilandes mit dem treuherzig historischen Ein=
gang. Die schlicht und ungeschminkt vorgetragene Kunde
von dem Kind in der Krippe, den Hirten auf dem Felde
und dem Friedens= und Lobgesang der Engel klang wie
mit Geisterlauten hinüber in den geheimnißvollen Tannen=
baum, der bis auf den Boden so dicht geästet war, daß
trotz der unzähligen Lichter auf seinen äußern Zweigen das
Innerste des Baumes von einer dunkelgrünen Dämmerung
erfüllt war wie ein Stücklein sterndurchwirkter Waldnacht.

Lautlos hörte die Versammlung zu; selbst ein bleicher Kranker, der sich ab und zu für den lieben Gott hält, lauschte aufmerksam auf den Bericht über die große Heilsanordnung, die er selbst vor 1878 Jahren getroffen oder vielmehr in Vollzug zu setzen begonnen hat. Ja, er lauschte wehmüthig und friedlich, ein milder Herr und kein jüdischer Rachegott wie jener Hünius Deus im alten Spital — jetzt glaub' ich in Rheinau, wenn er noch lebt — der einem Herrn Spitalpfleger einst eine furchtbare Ohrfeige versetzte, als der ihm auf seine unabläßigen Tabakforderungen unbesonnen geantwortet hatte, ob denn der liebe Herrgott wirklich den ganzen Tag rauche? „Das ist für die Gotteslästerung!" fügte Hünius Deus mit feierlichem Ernste hinzu.

Die drei christlichen Hauptfeste tragen von Alters her den Charakter einer unverwüstlichen milden Heiterkeit, welche in allen unbefangenen Gemüthern dogmatische, konfessionelle und kritische Quälerei nicht aufkommen läßt; und nur wo ein schaler Städtepöbel sie von der ersten bis zur letzten Stunde und darüber hinaus zur Befriedigung wirrer Zerstreuungssucht benutzt, fangen sie an, einen unheimlichen und langweiligen Anstrich zu bekommen. Das Weihnachtsfest aber ist durch seinen lieblichen Kinderkultus, gegründet auf den Glauben, daß durch ein schuldloses Kindlein das Heil in die Welt gekommen, so recht das allgemeine Hausfest geworden, an welchem das Vorlesen jenes Lukaskapitels wohl angebracht ist.

Nachdem der fleißige Herr Pfarrer einen zweiten Chorgesang intonirt und zu Ende geleitet, hielt der Vorsteher des Sanitätswesens eine freundliche und von mild bescheidenem Wesen beseelte Ansprache an die ganze Heerschaar, an die

Pfleglinge und die Pfleger, welche Rede mit fortdauernder
Ruhe und Aufmerksamkeit vernommen wurde.

Hierauf wieder Gesang und sodann eine Leistung neuer
Art, wie alles, was der Abend brachte, aus den eigenen
Mitteln der Hausbewohner bestritten. Vier jugendliche Frauen=
gestalten aus der Zahl der Wärterinnen traten in weißen
Idealgewändern als die vier Jahreszeiten auf, mit den ent=
sprechenden Attributen geschmückt, und führten in einem ge=
dichteten Tetralog einen Wettstreit um den Preis des Vor=
zuges durch, welcher schließlich dem Winter zugesprochen
wurde, als Verwalter der schönen Weihnachtszeit. Selbst
die betreffende Dichtung soll als ein wackeres Hausgebäck
den Bemühungen des obersten Ehepaares des Hauses nicht
fremd sein, welches sich, von einem schnöden Lokaldichter im
Stiche gelassen, noch in letzter Stunde hinsetzte, um werk=
thätig einzugreifen, wohl der beste Beweis einer wirklichen
und eifrigen Hingebung an die Leiden und Freuden der
Schutzbefohlenen.

Eine artige Idee war hierauf das plötzliche Erscheinen
des Geistes oder der Nymphe des gefällten Tannenbaumes,
der seine schöne Stellung am Waldrande des Zürichberges
hatte fahren lassen müssen. Wiederum als weiße Gestalt,
einen goldenen Stern über der Stirne, sprach eine dienende
Hausgenossin die Grüße aller Thierlein und Kreaturen des
Waldes an diesem heiligen Abend aus, nebst den eigenen
angemessenen Gefühlen, und zwar in einem mehrstrophigen
Liede, welches in Ton und Weise gar zierlich an die „Trutz=
nachtigall" des Herrn Friedrich von Spee erinnert und eben=
falls eine Art Hausgebackenes sein soll.

Diese sämmtlichen jungen Personen trugen ihren Theil

allerdings nicht mit der Kunst und Energie von Schau-
spielerinnen, sondern mit einer gewissen Schüchternheit braver
Volkskinder vor; aber sie hatten ihre Sache gut auswendig
gelernt, stockten nicht und redeten deutlich und vernehmlich.

Zum ersten Mal wurde die Versammlung jetzt laut
und zwar mit einem humoristischen Gelächter, als abermals
der Winter erschien in Gestalt eines alten von Schnee und
Eis starrenden Kerls mit urlangem Bart und groteskem
Wesen, der ebenfalls einen metrischen Spruch that und als
spezieller Bote die Hausbewohner von Seite ihrer Lieben in
der Heimat, aus aller Herren Ländern und von entlegensten
Meeresküsten her begrüßte und tröstete. Mit Genugthuung
erkannten jedoch die schlauen Angeredeten hinter der Ver-
mummung einen der ihnen wohlbekannten Anstaltsärzte.

Jetzt ging es aber unmittelbar an die eigentliche Be-
scheerung, und was mit langer Mühe und Sorgfalt zube-
reitet und aufgehäuft worden, flog nun wie in einer Post-
expedition nach allen Seiten in die vorbestimmten Hände.
Berge von kleinen und großen Paketen waren in kurzer
Zeit abgetragen, und Hunderte von mit Backwerk gefüllten
Tellern wanderten in bester Ordnung davon und jeder auf
den Schooß und in die Hände eines andächtigen Empfängers.
Ruhe, Ordnung und Anstand blieben ungestört; nur eine
einzige Erscheinung erinnerte uns seltsam daran, wo wir
waren. Manche Gäste hatten sich unter die Kinder des
Hauses gemischt und es summte eine behagliche Unterhaltung durch den Saal. Da bemerkte man nun namentlich
auf der Männerseite, wie jeder, der seinen Teller Konfekt
und Obst auf den Knieen hielt, ohne Unterschied augenblicklich zu essen begann; alte Militärs, Arbeitsleute, ernste

Jünglinge, Reiche und Arme, gewesene Kneipgenies und gestrenge Philister, sie alle, die in gesunden Tagen solche Kinderspeise und sogenannte Süßigkeiten mit stolzer Verachtung von sich gewiesen hätten, vergnügten sich mit gleich eiliger Begierde an dem süßen Futter. Jeder Stolz, jede Verstellung war dahin; sie knusperten und knabberten, schleckten und schlabberten, als ob sie in die Jahre der Kindheit zurückgekehrt wären; und stieß man hier oder dort auf einen alten Bekannten, von dessen Hiersein man keine Ahnung gehabt, so nickte er bloß freundlich, ohne sich stören zu lassen, wie man sich etwa im Gedränge eines Jahrmarktes oder einer Volksversammlung begrüßt, in der Meinung, es sei ja selbstverständlich, sich da zu treffen.

Ueber das vergnügliche Gesumme hin tönte noch der Choral: „Nun danket alle Gott!" worauf die Versammlung sich in ruhiger Ordnung auflöste und ehe man sich's versah, durch die weitläufigen Gänge des Gebäudes verschwunden war, jeder in sein stilles Quartier, natürlich ohne sich von seinem Teller und seinen Paketen zu trennen.

Blickt man bei solchem Anlasse auf das Ganze einer wohlgeleiteten Anstalt dieser Art hin, so erstaunt man über die Unentbehrlichkeit derselben, wenn man an die unlang verflossene Zeit zurückdenkt, wo sie nicht da war und ihre Nothwendigkeit angefochten wurde. Bei der Gründung wurde hervorgehoben, daß der Kanton Zürich zu den Staaten gehöre, welche statistisch die meisten Geistesstörungen aufweisen. Naturhistorisch ist das vielleicht kein Makel, da möglicherweise die gescheitesten Leute am ehesten zur Abirrung disponirt sind. Wir wollen hierüber nicht grübeln. Sicher ist, daß für alle direkt und indirekt Betroffenen

baldigste Rettung oder ein möglichst erträglicher Zustand
ersehnt wird und das wird nur durch berufsgetreue Uebung
und Sachkenntniß herbeigeführt. Es wurde damals schon
auf die niederländischen Irrenheildörfer hingewiesen, in wel=
chen die Privaten sich mit Erfolg dieser Krankenpflege widmen.
Es gibt auch das bekannte böhmische Schachspielerdorf,
wo jeder Bauer ein vorzüglicher Schachspieler ist; in der
Regel aber werden die Bauern nicht für das Schachspiel
da sein, sondern mit dem Feldbau und dem Kampf mit
Wind und Wetter und der eigenen Noth des Lebens genug
zu schaffen haben. Und wo bei jenem System, allgemein
eingeführt, die wissenschaftliche Forschung eigentlich bleiben
soll, scheint gar nicht bedacht zu werden. — — —

In einer auswärtigen Irrenanstalt bemerkte einer unserer
Freunde einst zwei Narren, die damit beschäftigt waren, in
einem Gemüsegarten Kohlsetzlinge zu pflanzen. Im tiefsten
Ernste gingen sie auf gerader Linie vor; der eine bohrte
das Loch in den Gartengrund mit einem spitzen Holz, der
andere setzte die junge Pflanze hinein und befestigte sie sorg=
fältig. Hinter ihnen aber schritt ein dritter Narr einher,
ebenso ernsthaft, zog ein Pflänzlein um das andere wieder
aus der Erde, besah es bedächtig und warf es bei Seite.
Jene aber schauten nie zurück und als sie mit ihrer Arbeit
zu Ende waren, fand sich nichts mehr davon vorhanden.

Diese wirkliche Vorkommenheit hat uns immer an eine
der biblischen Parabeln erinnert, etwa die vom Säemann.
Den zwei guten und fleißigen Narren würden Volk und
Behörden gleichen, wenn sie sich die Frucht ihrer Arbeit und
Mühe durch den bösen Willen des dritten Narren so leichten
Kaufes zu Grunde richten ließen.

Die Weihnachtsbescheerung im Burghölzli hat wohl jeden Anwesenden auf's Neue überzeugt, daß Friede und gute Ordnung in der Anstalt herrschen und dieselbe noch lange in guten Händen gewesen wäre. Es ist nur zu wünschen, daß diejenigen, welche gezwungen sind, einen Ersatz für den scheidenden Direktor zu suchen, hiebei von einem freundlichen Sterne geführt werden.

Niklaus Manuel.*)

(1879)

Vorliegendes Werk bildet den zweiten Band der „Bibliothek älterer Schriftwerke der deutschen Schweiz und ihres Grenzgebietes", welcher Titel die richtige Mitte zu halten scheint zwischen dem Anspruch einer sogenannten Nationalliteratur und der Behauptung des geistigen Antheils an einem großen Sprachgebiete. Denn während die politische Nationalität durch die fünfhundertjährige Entwickelung eines Bundesrechtes und dessen Assimilationskraft als zweifellos dasteht, ist die literarische wenigstens formal schon durch die Bundesverfassung in Frage gestellt, welche drei Nationalsprachen als diejenigen des Bundes konstatirt. Selbst das alpine Element, welches wir für unsere literarische Hausindustrie so unbarmherzig ausbeuten, deckt sich nicht einmal mit der politischen Nationalität, da das republikanische Denken und Leben an den Landesgrenzen aufhört, während die Alpen sich ruhig weiter strecken.

Die einzelnen Publikationen der genannten Unternehmung werden kaum alle von gleichem Werthe sein können; jedenfalls aber wird der „Niklaus Manuel" eine der wich-

---

*) Neue Zürcher-Zeitung Nr. 78 u. 80 vom 17. u. 18. Februar 1879 (bei Anlaß der Ausgabe Manuels von Jakob Bächtold. Frauenfeld, J. Huber. 1878).

tigsten sein und ist dazu angethan, auch für bürgerliche und
Hausbibliotheken ein schätzbares Buch zu werden. Das
ebenso liebenswürdige als reichhaltige Werk des Vorgängers
Grüneisen ist vor vierzig Jahren entstanden und das Mate=
rial seither wesentlich erweitert worden; es versteht sich von
selbst, daß der neue Bearbeiter, der die geringste Beihülfe
mit zierlicher Dankbarkeit erwähnt, jener Grundlage alle
Geltung und Ehrerweisung angedeihen läßt. Es dürfte sich
fragen, ob die philologisch=kritische Behandlung, der allseitige
Gelehrtenfleiß der Popularität des Buches nicht Eintrag
thue? Da es sich indessen um ein Werk in der Mutter=
sprache handelt, die bei uns jetzt noch in alten, dem Gegen=
stande so nah verwandten Idiomen herrscht, so dürfte es
im Gegentheil auch für den Laien gewinnreich sein, zur
Abwechslung einmal ein Buch mit bezifferten Zeilen, An=
merkungen und Kommentar zu lesen, zumal er aus dem
vaterländischen Interesse ja nirgends hinaus, sondern überall
nur tiefer hineingeräth. Schon aus der kritischen Bearbei=
tung des „Hans Salat", welche Bächtold 1876 heraus=
gegeben hat, war ersichtlich, wie unorganisch unsere heutige
Dialektliebhaberei oft verfährt und wie weit namentlich die
künstliche Nachahmung der Sprache des sechszehnten Jahr=
hunderts, die jedem so leicht scheint, vom wirklichen Sprach=
stil jener Zeit entfernt ist. Hier ist aber ein Gebiet, auf
welchem auch der ungelehrte, jedoch bildungsfähige Bürgers=
mann sich zurecht zu finden und seinen Dialektfreuden und
historischen Vergnügungen aufzuhelfen vermag. — — —

Manuel wird mit Recht den vielseitigen Glanzgestalten
der Renaissancezeit verglichen; wenn auch die Proportionen
nicht so kolossal sind, wie z. B. bei den großen Italienern,

so ist doch das Ganze seines raschen, kühnen und frucht-
baren Lebenswechsels um so merkwürdiger angethan, als
man nicht weiß, wo er alles das gelernt und hergeholt,
was er getrieben hat. Daß er als Maler nicht ein Schüler
Titians gewesen, wie man, auf die unrichtige Lesart eines
venetianischen Autors gestützt, früher angenommen, wird nun
durch Vögelin klärlich nachgewiesen und damit auch der
sachliche Zweifel gelöst, der sich doch an eine solche Voraussetzung hängen mußte.   Dennoch ist die Kunstübung
seiner jüngern Jahre die einzige seiner Bethätigungen, die
einen regelrechten handwerklichen Verlauf genommen und
daher wohl auch bestimmte Lehrjahre zur Grundlage hatte.
Noch als Maler begann er sich von den lombardischen
Schlachtfeldern aus, auf denen er freilich zugleich schon als
Feldschreiber stand, um öffentliche Stellen zu bewerben,
wurde in kurzer Zeit Landvogt, Mitglied des Rathes, Ven-
ner, Bote auf den eidgenössischen Tagen und Geschäftsträger
in allen Dingen, hauptsächlich auch als Förderer und Ver-
mittler des Reformationswerkes.   In solchem Verlaufe liegt
nicht sowohl etwas Abenteuerliches, als etwas Naturgemäßes.
Die Entwickelung des Gemeinwesens verlangte in jenen
Zeiten, daß manche seiner Bürger in mehr als einem Sattel
gerecht seien, und wie Wehrpflicht und Kriegstüchtigkeit allgemein waren, so wurde auch jede Intelligenz, wo sie sich fand,
mehrseitig in Anspruch genommen und verwendet. Nicht nur
Künstler und Poeten, auch Handwerker gelangten ja zu den
obersten Aemtern und zu den wichtigsten Staatsmissionen.

Die Einschaltung Vögelin's über Manuel als Maler
schließt mit dem Ausspruche, daß dieser unstreitig der größte
Künstler sei, welchen die Schweiz hervorgebracht habe. Um

diesem Satze beistimmen oder ihm widersprechen zu können,
müßte man Basel und Bern besuchen, wo allein noch nen=
nenswerthe Reste von dem künstlerischen Schaffen Manuels
erhalten sind. Auch ist nicht ganz klar, welchen Umfang
der Kunstgelehrte hinsichtlich der Zeitfolge und der jetzigen
Grenzen der Schweiz letzterem Worte unterlegt; immerhin
scheint der Satz etwas gewagt zu sein. Die künstlerische
Vielseitigkeit, welche vorzüglich hervorgehoben wird, thut's
nicht allein; es kann sich Einer in allen Gegenständen, For=
maten und Manieren rüstig versuchen und herumtummeln,
ohne nach einer einzelnen Richtung hin unbedingt groß zu
sein; und wiederum vereinigen Leute wie ein Gleyre, Ludwig
Vogel, ein Calame oder Rudolf Koller, um nur wenige von
den Neuern zu nennen, in engerm Rahmen ein so durchge=
bildetes und intensives Können, daß der Standpunkt unsicher
wird, den man in solcher Frage einzunehmen hat. Uns ist
von Manuel nichts bekannt, als eine auf Stein gezeichnete
Umrißausgabe des Todtentanzes, die ihrerseits auch nur eine
verkleinerte Kopie des untergegangenen Originalwerkes zur
Grundlage hat; so unzureichend nun die Publikation sein
mag, so will uns doch bedünken, die geistreiche Intention,
die poetische Erfindung in diesen Kompositionen sei ungleich
bedeutender, als der malerische Stil, mit welchem sie behan=
delt sind. Damit möchten wir jedoch um keinen Preis den
künstlerischen Rang Manuel's zu tief heruntersetzen, vielmehr
denselben gern auf einer Höhe belassen, die der energischen
Erscheinung des ganzen flotten Mannes entspricht.

Auf festerem Boden stehen wir, wenn wir den Haupt=
theil unseres Buches betrachten, welcher die poetischen Werke
in den neuen Rezensionen Bächtold's enthält. Nach jetzt=

läufigen ästhetischen Begriffen würde diesen Schriften aller=
dings die Bezeichnung „poetisch" nicht zukommen, da im
poetischen Kunstwerk jede Tendenz und Absicht verpönt sein
soll, jene aber aus der Tendenz geboren und lediglich von
ihr erfüllt sind. Wir wollen uns hierüber keine grauen
Haare wachsen lassen, sintemal wir noch keinen theoretischen
Tendenzenfeind gesehen haben, der nicht alsobald von Ten=
denzen überflossen wäre, sobald er die Feder ansetzte, um
selbst ein Gedichtlein zu begehen. Die Wahrheit ist, daß
eben alles an seinen Ort gehören und der Umgebung nicht
widerstreiten soll; das subjektive Pathos eines politischen
oder religiösen Streitgedichtes ist, wenn das übrige Zeug
daran nicht fehlt, gerade so poetisch, wie die objektivste
historische Ballade und vielleicht oft noch werthvoller wegen
der größeren Unmittelbarkeit.

An den Manuel'schen Dichtungen ist es geradezu cha=
rakteristisch, daß sie ohne den äußern Zweck gar nicht ent=
standen wären; die Zeit war noch so empfänglich und pla=
stisch gestimmt, daß mit einem polemischen Reimspiele, unter
freiem Himmel dargestellt, eine unmittelbare Wirkung erreicht
wurde. So legt denn, wie das Bedürfniß herantritt, der
bewegliche Mann Pinsel, Schwert oder Richterstab bei Seite
und greift zur Feder, nicht ohne häufig sein Opus mit dem
Reime „Schweizerdegen" zu schließen, wie er auch als Maler
seinem Monogramm stets die Waffe beizeichnet.

An der Spitze der Sammlung stehen die Spruchverse
oder Inschriften zu den Todtentanzbildern. Diese Verse be=
anspruchen indessen keinen selbständigen Werth und erheben
sich nicht über das Niveau anderer bekannter Reime dieser
Art; die geistige Wucht liegt eben in der Idee des jeweiligen

Bildes selbst, die bei Manuel immer sinnreich und energisch ist, und, wie oben bemerkt, auch die malerische Form überholt.

Auch das nun folgende Bicoccalied ist literarisch nicht sehr bedeutend; sein Werth beruht freilich auf dem Ausdruck des ritterlichen Zornes über den Hohn der deutschen Lands= knechte wegen einer jener Niederlagen, welche die schweize= rischen Söldnerheere durch unbesonnenen Uebermuth, durch das zu große Selbstvertrauen auf ihr oberstes Kriegsprinzip: im Kampfe nie einen Fuß rückwärts zu setzen und nie dem Angriff aus dem Wege zu gehen, sobald sie den Feind sahen, sich selbst zu bereiten pflegten; aber man wünschte den heroischen Gegenstand, der sachlich vom Dichter trefflich erschöpft ist, lieber in der edlen Sprache des Nibelungen= liedes besungen zu sehen, als in den groben Dialekten des sechszehnten Jahrhunderts.

Desto mehr sind diese am Platze in den Fastnachts= spielen. Die Wirkung muß augenblicklich und drastisch ge= wesen sein, als das erste dieser Spiele: „Vom Papst und seiner Priesterschaft" an der Herrenfastnacht des Jahres 1522 in der Kreuzgasse zu Bern von Burgerssöhnen aufgeführt wurde. Auf dem Schauplatze saß der Papst „in großer Pracht mit allem Hofgesind, Pfaffen und Kriegsleuten, hoch und niedern Stands." Weit hinten standen Petrus und Paulus als verwunderte Beobachter, während allerlei Volk, Edle, Laien und Bettler die Szene füllten und nun eine Sippschaft mit einem Todten im Sarge heranzog und den= selben, ihre Klage beginnend, vor der Pfaffheit niedersetzte. Ueber dieser Leiche baut sich nun das Spiel auf, welches auch die „Todtenfresser" genannt wurde, indem die Kirche in allen ihren Rangstufen, vom Dorfküster bis zum Kardinal

6*

und Papst hinauf ihrer Leichengier Ausdruck gibt und die
Einträglichkeit des Todes preist, das gute Leben durch
Messe und Ablaß; die Vertreter des Laienvolkes aber ihre
Noth klagen, wie sie der Todtengier der Pfaffen kaum ge=
nügen können und Hunger leiden müssen, um sie zu befrie=
digen. Im Verlaufe des Gespräches kommen dann alle
Klagen über die Verderbniß der Kirche unter Herbeiziehung
der Zeitereignisse zur Sprache, wobei indessen nicht an die
phantasie= und handlungsreichen Gebilde eines Hans Sachs
zu denken ist. Es handelt sich mehr um eine ernste und
scharfe Dialektik, mittelst welcher das Thema allseitig und
beziehungsreich erschöpft wird in der Weise, daß die Menge
der satirischen oder humoristischen Gestalten, die alle ihre
lustig symbolischen Namen führen, Schlag auf Schlag ihren
Vortrag hält, der aber durchweg in ein poetisch=plastisches
Element aufgelöst ist und nirgends rein rhetorisch erscheint.
Die Spiele eigneten sich dann um so eher zur allgemeinsten
Verbreitung durch den Druck und zur wirksamen Lektüre
in den Händen des Volkes.

An der darauf folgenden „alten Fastnacht" wurde das
Spiel „Von des Papsts und Christi Gegensatz" aufgeführt,
oder wie der Titel angibt: wie auf einer Seite der Gasse
der Heiland der Welt Jesus Christus ist auf einem armen
Eselein geritten, auf seinem Haupt die Dornenkrone, gefolgt
von seinen Jüngern, den Blinden, Lahmen und mancherlei
Gebrechlichen; auf der andern Seite reitet der Papst im
Harnisch und mit großem Kriegszeug, als hernach verstanden
wird durch die Sprüche, so die zwei Bauern geredt haben,
Ruedi Vogelnest und Cläwe Pflug. Bei diesem kurzen
Stücke handelt es sich nur um einen allegorischen Aufzug,

der den damals verbreiteten bildlichen Darstellungen nach=
geformt war.

Der „Ablaßkrämer", entstanden im Jahr 1525, er=
scheint hier zum ersten Male im Druck nach der in Bern
befindlichen Originalhandschrift Manuel's. Der Herausgeber
gibt von diesem Stücke folgende Schilderung: „Es ist mit
einer Keckheit, mit einem lachenden Humor und mit einer
lebensvollen Natürlichkeit hingeworfen, daß wir uns unter den
vorzüglichsten Erzeugnissen der Reformationssatire umsonst
nach einem Gegenstück umsehen und z. B. die vielgerühmte
ähnliche Szene in „Bileams Esel" hinter diese stellen müssen.
Wiederum ist es der Ablaß, gegen den sich hier die Spitze
richtet; freilich sind die schönen Zeiten, da ein Samson im
Berner Münster seinen Kram auslegte, vorbei: der Ablaß=
krämer hat sich nur noch in ein Dörflein gewagt und ruft
als vollendeter Marktschreier ein gutwilliges Publikum an
seinen Kasten heran. Aber wir stehen im Jahr 1525. Die
derben Bäuerinnen und Bauern wollen ihr Geld, mit dem
sie früher in ihrer Einfalt Vergebung von unerheblichen
Sündchen erlangt, zurückhaben. Umsonst droht der Krämer,
dessen größere Sünden seither an den Tag gekommen, mit
dem Banne. Mit Hohn fallen die Weiber, die ihr ganzes
Geschlecht an dem Schändlichen zu rächen haben, über ihn
her, schlagen ihn zu Boden und ziehen den schreienden
Richardus Hinterlist an einem Seil in die Höhe. Er will
bekennen. Man läßt ihn herunter und erfährt nun, wie
thöricht man sich von ihm die Hölle heiß machen ließ.
Allein, neugierig geworden, will man weitere Bekenntnisse
hören und streckt ihn abermals am Seile. Da kommen
wüste Geschichten an den Tag von Mißbrauch der Frauen,

betrüglichen Reliquien, Knochen, die vom Galgen gekommen
waren. Ja, der Ablaßkrämer gesteht, daß sein Metier, das
sich auch mit dem Bannen des Gewürms befasse, eben nichts
anderes sei, als ein Gewerbe, welches Geld eintrage. Darauf
nimmt man ihm das Geld ab und macht sich unter einander
bezahlt; der Ueberschuß fällt dem Bettler zu, der Gott lob=
preist. Der gründlich geheilte Ablaßkrämer aber macht sich
eilig aus dem Staube."

Das „Barbali" ist nicht sowohl ein dramatisches Spiel,
als lediglich ein Gespräch und Lesestück, welches seit dem
sechszehnten Jahrhundert hier zum ersten Male wieder pub=
lizirt wird und Grüneisen noch unbekannt war. Eine Mutter
will ihr eilfjähriges Kind wegen Armuth zum Kloster be=
reden. Das Mädchen will aber vorher ein Jahr lang die
Schrift studiren über die Thunlichkeit dieses Schrittes, die
ihm schon jetzt nicht einleuchten will. Als die Zeit vorbei
ist, weigert es sich, ein Nönnchen zu werden, und nun schickt
ihm die Mutter einen Haufen Kleriker und Mönche über
den Hals, die es überreden sollen. Allein das Mädchen
hält eine tapfere Disputation mit den Kirchenmännern aus
und schlägt sie nicht nur siegreich aus dem Felde, sondern
bekehrt sogar Einen davon. Diese Komposition scheint etwas
seltsam und unnatürlich und der Herausgeber erklärt sie mit
der Absicht Manuel's, die Psalmstelle: „Aus dem Munde
der jungen Kinder und Säuglinge hast du eine Macht zu=
gerichtet ꝛc." zu illustriren. Die Bibelfestigkeit des Kindes
Barbali, das außerdem von Aristoteles und den alten Heiden
zu sagen weiß, ist jedoch auch diejenige des Dichters selbst,
der mithin die Aehnlichkeit der Situation mit der Lage des
zwölfjährigen Jesusknaben im Tempel unter den Pharisäern

und Schriftgelehrten nicht übersehen konnte. Mit der Ab=
sicht, ein Gegenstück hiezu zu schaffen, gewinnt das Stück
sofort eine gewisse Anmuth und wird das kleine schlagfertige
Mädchen zu einer zierlichen Gestalt. Dem entsprechend ist
denn auch die unschuldig anständige Haltung des Kindes
mitten unter den gröblichen Kuttenträgern mit ihren zuweilen
unfläthigen Reden, und es ist ein zarter Zug, wie es die
anzüglichen Reden gegen den Ehestand, dem es verfallen
werde, ächt mädchenhaft nur mit der Ausmalung des
Vergnügens erwidert, das es als Hausmütterchen haben
werde, wenn es die kleinen Kindlein in den Schlaf singe,
nähre, pflege und erziehe. Ueber dieser Vorstellung ver=
gißt das kluge Mägdlein seine Gelehrsamkeit und stimmt
gleich die Anfänge von ein paar damals üblichen Wiegen=
liedern an.

Aus dem Jahr 1526 stammt das Lied von „Eck's
und Faber's Badenfahrt" in Schilher's Meistersingerton,
was Bächtold für einen Beweis hält, daß der Meistergesang
auch in der Schweiz gepflegt worden sei. Zwei Bauern
wechseln in den Strophen ab mit der drolligen Beschrei=
bung des Herganges auf der Disputation zu Baden, an
welcher die römischen Kampfhähne sich besonders schlecht auf=
geführt hatten. In den reichhaltigen Anmerkungen zu
diesem Stücke scheinen uns die angeführten Interpretationen
der sprichwörtlichen Verheißung eines „häsinen Käses" (gegen=
über einer unmöglichen Unternehmung) nicht auf der richtigen
Spur zu sein. Die Verheißung ist nämlich ebenso unmöglich
zu erfüllen, wie die geforderte Gegenleistung, und die Komik
scheint uns einfach in der Vorstellung von der vergeblichen
Mühe zu liegen, so viele Hasenweibchen im freien Felde

einzufangen und zu melken, als erforderlich wären, um die zur Bereitung eines Käses nöthige Milch zu gewinnen.

„Die klägliche Botschaft 2c. von Krankheit und Testament der Messe" (1528) ist ein in Prosa geschriebener Dialog und unzweifelhaft das Reifste, was Manuel's Muse zu Tage gefördert hat. Nicht nur Bächtold hält wohl mit Recht dieses Werk für die großartigste und durchschlagendste Satire der Reformationszeit; schon Grüneisen sagt: „Hier ist unstreitig das Kräftigste enthalten, was die polemisirende Laune in jener Zeit geschrieben und mit einer originalen Einfachheit der Sprache, mit einem sprudelnden Witz der Bilder und Gegensätze, mit einer, daß ich so sage, derben Eleganz, einem bei aller Ungezogenheit wohlberechneten schönen Maße des Ausdrucks dargestellt, daß nicht bloß die reiche dichterische Gabe des Humors, sondern auch das feine künstlerische Talent des Geschmacks in dem komischen Ernste, in der wahrhaft rührenden Laune dieser kleinen Aufsätze sich zu erkennen gibt, die nur ein ausgezeichneter Geist in glücklichster Stunde so hervorbringen konnte."

In der That ist es Einem zu Muthe, als läse man einen der besten Schriftsteller der alten oder neuern Zeiten, und von Anfang bis zum Ende ist alles so krystallinisch klar und nothwendig zusammengeschossen, daß man den ganzen Text genießt und jedermann alles zu verstehen glaubt auch ohne den Kommentar der Anspielungen, mit denen das Werklein durchwoben ist. Wahrlich, die Schönheit dieser Arbeit entsprach der Wichtigkeit des Vorganges, der Abschaffung der Messe, dem entscheidenden Bruche mit Rom.

Eine unerwartete und nicht unfeine Wendung nimmt der Dichter in der „Klagred der armen Götzen" (1528), welche in die Tage der Zerstörung der Altäre, Ausräumung der Kirchen und der ganzen Bilderstürmerei fiel. Es ist gewiß, daß all das Zerstörte für uns jetzt einen ungeheuren Affektionswerth hätte und daß all das Eingeschmolzene, Zerschlagene und Verbrannte uns jetzt herrlich zu Statten käme für unsere dürftigen Sammlungen und Gewerbemuseen, wenn es nämlich nicht seither zu Grunde gerichtet oder außer Landes getrieben worden wäre. Aber ebenso gewiß ist, daß die Bilderstürmer am besten wußten, was sie thaten, weil sie zugleich wußten, daß sie die Bilder wirklich wie Götzen angebetet hatten; woher hätte sonst der Zorn kommen sollen? Wie stellte sich nun der Künstler und Reformator Manuel in diesem Gefühlskonflikt? Er läßt seine Götzen im Anfang ihrer gereimten Klagrede demüthig bekennen, daß sie hohl, todt und ohnmächtig seien und mit Unrecht ihre Ehrenplätze auf den Altären eingenommen hätten; dennoch sei man jetzt allzu hart gegen die Aermsten, da sie sich ja nicht selber geschaffen und sich ja nie geregt, niemals etwas verlangt haben! Und nun läßt er sie plötzlich den Spieß umkehren und gegen Volk und Obrigkeit die bitterste Strafpredigt richten, die je ein katholischer oder protestantischer Kanzeltyrann gehalten hat: sie sollen nun auch die Götzen in ihrer eigenen Brust zerstören, die unzähligen Laster und Nichtswürdigkeiten, denen sie fröhnen. Alles in reichlicher Ausführung und mit mehrerem. Und da liegt der Gedanke wohl nicht fern, daß es der im Innern schmerzlich verletzte Künstler war, der den emsig am Werke stehenden Mitbürgern durch den Mund der untergehenden Bilder also den Kopf wusch.

Den Schluß der Manuelischen Schriften bildet das Fastnachtspiel vom „Elsli Tragdenknaben", welches hier zum

erſten Mal nach der Originalausgabe vom Jahr 1530 wieder
gedruckt erſcheint. Es hat zum Gegenſtande den Uebergang
der Matrimonialgerichtsbarkeit aus der biſchöflichen Kompetenz
in diejenige des Staates und der Gemeinde. Manuel war,
nachdem er ſelbſt die in Zürich ſchon länger beſtehende Ord=
nung ſtudirt hatte, in das 1528 zu Bern eingeführte Chor=
gericht getreten und die Befriedigung, die er empfand, ver=
anlaßte ihn offenbar, auf der Höhe des erreichten Standes
im öffentlichen und eigenen Leben mit ſo guter Laune, als
es jemals geſchehen, die Schaubühne aufzurichten. Er greift
in die unterſten Tiefen des Volkes. Eine verlorene Dirne er=
ſcheint mit ihrer Mutter, der Kupplerin, vor dem Gericht,
um einen leichtſinnigen Geſellen des gebrochenen Ehever=
ſprechens anzuklagen, der ſeinerſeits von ſeinem Vater, einem
dunklen Ehrenmann und geweſenen Henkersknecht ſekundirt, die
Klage beſtreitet und ſich höchlich verwahrt, ein ſolches Ge=
ſchöpf ehelichen zu wollen. Die Verhandlung bietet nun
ein Bild ſittlicher Verſumpfung, wie es nur der reſoluteſte
Realismus malen kann; die Parteien ſchmähen ſich auf's
rückſichtsloſeſte; Zeugen beſtätigen die Vorwürfe und ent=
hüllen noch Schlimmeres; Richter, Schreiber, Beiſitzer, Für=
ſprecher mühen ſich umſonſt ab, bis ein ſchlichter Bauer
aus der Mitte der Gemeinde mit ächt evangeliſcher Bered=
ſamkeit die Wendung und Läuterung der verſtockten Ge=
müther und die Sühne herbeiführt, ſo daß die Ausſicht auf
eine chriſtliche rechte Ehe und ſittliche Beſſerung vorhanden und
niemand betrogen iſt, als die Kurie und die Advokaten, denen
die gewohnten Sporteln entgangen ſind. Mit ariſtophaniſchem
Uebermuth läßt der Rathsherr und Dichter ſogar noch die
beiden Alten einander heiraten und luſtig zur Hochzeit ſchreiten.

Das Spiel wurde an der Fastnacht 1530 in Bern aufge=
führt. Im April dieses Jahres starb Manuel, erst sechsundvierzig
Jahre alt. So hat er mit diesem letzten Spiel die Durchfüh=
rung des Reformationswerkes in seiner Vaterstadt gefeiert, wie
er dasselbe mit jenem ersten Spiele hatte beginnen helfen.

Unter den beigegebenen Schriften seines Sohnes Hans
Rudolf, der ebenfalls Maler und Poet gewesen, ragt be=
sonders das „Weinspiel" hervor, welches laut dem Titel
der Zürcher Ausgabe vom Jahr 1548 in Zürich aufgeführt
worden sein soll. Eine Rotte liederlicher Zechbrüder sitzt im
Wirthshause beim Frühtrunk, übellaunig, mit Kopfweh be=
haftet vom letzten Abend, theilweise mißhandelt, ja gehauen
von bösen Weibern, ohne Geld und nur mit Aussicht auf
fortdauerndes Unheil. Diese klagen nun den Wein als Ur=
heber des Uebels an. Es wird eine Prozeßverhandlung
hierüber angehoben; der Rebmann oder Weinbauer ver=
theidigt seinen Schützling, die Zechbrüder verlieren den
Handel und erleiden schmähliche Strafe. Das Stück ist mit
so viel Sitten= und Menschenkenntniß und drastischem Humor
geschrieben, daß man es auch ohne die hier gebotenen Aus=
lassungen zu besitzen wünscht.

Beigabe II. „Ein Badenfahrt guter Gsellen" ist ein
Gedicht, das in Zürich um 1523 gedruckt wurde, bis jetzt
aber nur in Einem Exemplar bekannt ist, das sich auf der
Wiener Hofbibliothek befindet. Eidgenossen aus allen Orten
sitzen zu Baden im warmen Wasser, zechend um einen
schwimmenden Tisch, und gehen der Reihe nach dem Zürcher
Felix zu Leibe wegen des Verhaltens dieses Ortes in der
Reformation. Er verantwortet sich gegen alle Angriffe und
Fragen, wobei die allgemeine eidgenössische Lage ziemlich zur

Erörterung kommt. Bekanntlich hat Prof. Gerold Meyer
von Knonau in seinen 1876 publizirten historischen Vor=
trägen und Aufsätzen „Ein eidgenössisches Reformprojekt
als Phantasiestück" beschrieben, welches 1738 erschien als:
„Entretien politique entre quelques Suisses des Treize
Cantons et des Pays Alliés, sur l'état présent, où se trouve
le Corps Helvétique."

Auch in dieser Schrift, in welcher als geistreiches Spiel
die Zeitlage anläßlich der Genfer Wirren besprochen und
ein neues Bundeswesen ausgeheckt wird, befinden sich die
Theilnehmer zu Baden, und es ergreift aus jedem Kanton
successive Einer das Wort, nur mit dem Unterschied, daß
die Herren erst nach gepflogener Unterhaltung zum Weine
gehen, während die Politiker des sechszehnten Säkulums
schon im Bade zechen. Indessen ist dem Verfasser des fran=
zösischen Schriftchens der deutsche Vorgänger schwerlich be=
kannt gewesen.

Um zu endigen, wollen wir nur noch einen Blick auf die
vier Namen Boner, Manuel, Haller und Gotthelf werfen,
welche der Herausgeber im Vorwort zusammengestellt hat. Von
den vier Männern, alle durch Jahrhunderte von einander
getrennt, aber alle Bürger derselben Stadt, hat keiner von
einer sogenannten Nationalliteratur im Winkel etwas ge=
wußt oder gewollt, wie sie von literarischen Hochstaplern
in unsern Tagen als Bettelbrief benutzt wird; und dennoch
hat jeder von ihnen mehr für die Literatur und zur Ehre
seines Vaterlandes gewirkt und gethan, als alle jene Land=
fahrer.

Jeremias Gotthelf.*)

I.

(1849)

Die Verlobten gingen miteinander über die Wiese, da raufte Reinhard jene Pflanzen aus und zeigte Lorle den wundersam zierlichen Bau des Zittergrases und die feinen Verhältnisse der Glockenblume. „Das gehört zu dem Schönsten, was man sehen kann," schloß er seine lange Erklärung. „Das ist eben Gras," erwiderte Lorle, und Reinhard schrie sie heftig an: „Wie du nur so was Dummes sagen kannst, nachdem ich schon eine Viertelstunde in dich hineinrede."

Diese gute Stelle kommt vor in Auerbach's „Frau Professorin". Sie machte mich augenblicklich stutzen. Wie, dachte ich, sollte diese Stelle am Ende bezeichnend sein für die ganze Dorfgeschichten=Literatur? „Das ist eben Gras!" Sollte das Volk vielleicht den Schilderungen seines eigenen alltäglichen Lebens einen ähnlichen Titel geben, nachdem wir Gebildeten und Studirten schon eine Viertelstunde und länger in dasselbe hineingeredet haben? Wenigstens haben wir keinen Beweis vom Gegentheil; denn wir haben überhaupt noch gar keinen Bericht, ob unsere Volksschriftsteller in den Hütten des Landvolks ebenso bekannt seien, wie in den Literatur=

---

*) Blätter für literarische Unterhaltung 1849, Nr. 302—305. (Besprechung von „Uli der Knecht" 1846, und „Uli der Pächter" 1849).

blättern und allenfalls bei den Bürgerklassen der Städte,
und wenn sie es sind, welche Wirkung sie gemacht haben.
Nur von Hebel weiß man, daß er in den alemannischen
Gauen populär geworden ist. Es kann auch nicht anders
sein. Die wohlfeilste Ausgabe von Pestalozzi's „Lienhard
und Gertrud," dem unübertroffenen Muster, kostet, trotzdem
daß das Buch vor einem halben Jahrhundert geschrieben
wurde, heute noch über einen Gulden; Auerbach's verschiedene
Auflagen sind bis jetzt noch sämmtlich von dem gewöhnlichen
belletristischen Publikum konsumirt worden, gleichwie Geßner's
„Idyllen" nicht von Schafhirten, sondern von Marquisen
und Patriziern gelesen wurden, ohne daß ich übrigens eine
weitere Vergleichung hier beabsichtigte. Die angeführten zwei
Bücher von Gotthelf: „Uli der Knecht" und „Uli der
Pächter", kosten zusammen beinahe vier Gulden. Wie lange
es geht, bis ein Bauer für ein Buch, das nicht gerade die
Bibel ist, vier Gulden disponibel hat, weiß jeder selbst, der
mehr in einem Bauernhaus verweilt hat, als bloß um an
einem heißen Sommertage eine frische Milch darin zu essen.
Und vollends ein armer Bauer oder gar ein Knecht! Und
wenn sich endlich ein solcher Sonderling und Verschwender
findet, gewiß eine Vogelscheuche für das ganze Dorf: wie
soll das Buch zu ihm gelangen, oder er zu dem Buche? Er
bekommt keine Bücherpackete „zur gefälligen Einsicht," und
ebenso wenig hat er Muße und Gelegenheit, sich in den
Buchläden herumzutreiben und nach „Novitäten" zu fragen;
und auf den Büchertischen am Jahrmarkt, wo der „Eulen=
spiegel" und der „Gehörnte Siegfried", der „Trenk" und das
Kochbuch liegen, sind obige Volksschriften leider nicht zu
finden. Ich übertreibe zwar: ich weiß wohl, daß hier und

da ein Schullehrer, ein aufgeklärter Pfarrer oder sonst ein
ordentlicher Mann sich dergleichen hält und diesem oder
jenem strebsamen Jüngling oder Mädchen in die Hände gibt;
aber das ist erst ein schwacher Anfang, der auf eine fernere
Zukunft deutet.

Auf obige Stelle nun, das „Gras" betreffend, hat
Auerbach selbst in „Schrift und Volk" (S. 72) sehr gut
geantwortet:

> Das Volk liebt es nicht, sich seine eigenen Zustände wieder vor-
> geführt zu sehen; seine Neugierde ist nach Fremdem, Fernem gerichtet,
> wie sich das auch in andern Bildungskreisen zeigt. Erst wenn sich
> die Ueberzeugung aufthut, daß man in sich selbst neue Bekanntschaften
> genug machen kann, wenn höhere Beziehungen in dem alltäglich Ge-
> wohnten aufgeschlossen werden, lernt man das Alte und Heimische
> neu lieben.

Es handelt sich eben darum, daß das „Volk" so gut
zu sich selbst zurückgeführt werde wie überhaupt alle Mensch=
heit, und auch bei ihm der Geschmack am Fremden und
Sonderbaren vertrieben werde. Denn vieles, was man für
ursprünglich Volksthümliches hält, die Lust an allerlei ge=
pfeffertem Abenteuer= und Sagenspuk, ist ebenfalls nur ein
Hinzugekommenes und in den tiefen Grundschichten und
Spalten länger Hängengebliebenes. Es ist sehr natürlich,
daß der Görres des neunzehnten Jahrhunderts dasjenige
für urvolksmäßig und ewig erkläre, was ein Görres des
zehnten Jahrhunderts ausgestreut hat; aber nicht so natürlich
ist es, daß wir andern Leute darauf schwören. Und was
vor tausend Jahren da oder dort volksthümlich gewesen sein
mag, es ist es jetzt nicht mehr. Das Volk streift zeitweise
alte geborstene Rinden von sich ab, und man wird vergebens
diese Bruchstücke trocknen, zu Pulver stoßen, und ihm wieder

unter die Nahrung mischen wollen; sie werden entweder so=
gleich ausgespieen, oder die gute Natur hilft sich durch Ge=
schwüre und Ausschläge.

Ewig sich gleich bleibt nur das, was rein menschlich ist,
und dieß zur Geltung zu bringen, ist bekanntlich die Aufgabe
aller Poesie, also auch der Volkspoesie, und derjenige Volks=
dichter, der ein gemachtes Princip braucht, um arbeiten zu
können, thut daher am besten, die Würde der Menschheit im
Volke aufzusuchen und sie demselben in seinem eigenen Thun
und Lassen nachzuweisen. Gelingt ihm dieß, so erreicht er
zugleich einen weitern Zweck, und deckt eine Blöße im Ge=
triebe der Kultur. Es ist nämlich die laute Klage der Re=
trograden und wirklich eine häufige Erscheinung, daß durch
die sogenannte Aufklärung, d. h. durch die Verbesserung und
Ausbreitung der Volksschule, ein unnatürlicher Ehrgeiz, allerlei
windiges Wesen und Unzufriedenheit mit seinem Stande ge=
weckt werden. Mancher Bauer, dessen Sohn einen guten
Brief schreiben, eine Wiese ausmessen gelernt, oder in Er=
fahrung gebracht hat, daß die Gewächse sich auch geschlechts=
weise fortpflanzen, oder der über 1812 und 1798 hinauf
noch einige historische Jahreszahlen mehr kennt, der sagt:
„Poß Blitz! Mein Bub muß ein Gerichtsschreiber oder gar
ein Advokat, ein Ingenieur, ein Doktor, ein Lehrer werden".
Und statt eines tüchtigen kundigen Bürgers, der mit Rath
und That bei der Hand und eine Zierde seiner Gemeinde
ist, erzieht er mit seinem sauer erworbenen Gelde dem Staate
ein mißlungenes Subjekt, einen Winkeladvokaten und käuf=
lichen Geschäftsmacher, einen versoffenen Geometer, welcher
nichts zu thun hat, weil er über das Ausmessen der Wiese
hinaus zu nichts Weiterm das Zeug im Kopfe hatte, einen

Quackſalber und einen aufgeblaſenen Schulmeiſter, der ſich
auf alles verſteht, nur nicht auf die Kinder.

An dieſer Kalamität iſt aber nicht die Aufklärung ſchuld,
ſondern die menſchliche Schwachheit, und die Abhülfe liegt
in der Bildung ſelbſt: einestheils dadurch, daß dieſer falſche
Ehrgeiz eben einfach ein erſtes Stadium iſt, welches durch
den ſteten Fortſchritt von ſelbſt überwunden wird; andern=
theils durch die Volkspoeſie, von der wir ſprechen. Wenn
die Bewohner der Bauernhütten erfahren, daß ihr Herz
gerade auf die gleiche Weiſe ſchlägt, wie das der feinen
Leute, wenn ſie ſehen, daß ihre Liebe und ihr Haß, ihre
Luſt und ihr Leid ſo bedeutungsvoll iſt, wie die Leiden=
ſchaften der Prinzen und Grafen, wenn der kräftige Bauern=
burſche fühlt, daß ſeine Fauſt ihr beſtimmtes Gewicht und
Anſehen hat, und daß ſeine friſchen Augen im Lande ſo
guten Schein geben als irgend andere Augen, wenn die ein=
ſame graue Großmutter weiß, daß ein Dorfkirchhof ſo gut
eine adelige Burg der Trauer und des geheimnißvollen
Schickſals iſt, wie der Kreuzgang einer alten Abtei, wenn
das ländliche Dirnchen merkt, daß ſein Kränzlein grüner iſt
und höher im Werthe ſteht als manches andere: — dann
wird endlich jene Sucht nach Carrière und Vornehmheit wie
ein trüber Nebel verſchwinden, und für jeden Kopf, welcher
dennoch, mit Berechtigung, aus ſeinem Stande ſich heraus=
arbeitet, wird alsbann ein anderer aus andern Ständen ſich
einfinden. Aus manchem vornehmen Feldverderber und Brannt=
weinbrenner, der jetzt nicht Fiſch und nicht Vogel, nicht Herr
und nicht Bauer iſt, wird dann ein tüchtiger Ackersmann
werden, wenn die Vorurtheile verſchwunden ſind, und er
nicht mehr gemeiner zu werden braucht, indem er endlich

den Zwillichrock anzieht und die Hand wirklich an den er=
sehnten Pflug legt. Dann wird es hoffentlich auch dahin
kommen, daß es nur noch Eine Poesie gibt.

Man wende nicht ein, daß der fleißige Bauer und
sonstige Arbeiter mit einer veredelten Anschauungs= und
Empfindungsweise, mit einem solchen poetischen Bewußtsein
ein schlechter Arbeiter und Geschäftsmann sein werde. Die
religiösen Sekten verschiedener Art haben bewiesen, daß man
sogar durch unnatürliche fanatische Schwärmerei die Arbeits=
tüchtigkeit nicht verliert, und gerade die Pietisten mit ihrer
krankhaften Empfindelei und näselnden Religiosität sind es
nicht, welche sich ökonomisch am übelsten zu stehen pflegen.
Waren Cromwell's Rundköpfe weniger gute Soldaten, weil
sie vor der Schlacht geistliche Seufzer ausstießen und nach
der Schlacht predigten? Und warum sollte ich auch die
Kraft verlieren, eine Eiche zu fällen, weil ich weiß, daß der
grüne Wald schöner ist als der Salon eines Banquiers?
Warum die Besonnenheit, ein Schifflein zu lenken, weil ich
mit klarem Blick in die Tiefe des Wassers zu dringen ver=
mag? Warum die Fähigkeit, einen Pflug zu führen, weil
ich mich auf dem weiten Acker unter dem blauen Himmel
so recht glücklich und andächtig fühle? Warum mit minderm
Eifer ein Hufeisen schmieden, weil ich weiß, daß ein wohl=
geschwungener Hammer dem Schmied gut ansteht? Und
sollte ich das Geld, welches ich aus zehn Scheffel Weizen
gelöst habe, wohl nicht so gut zählen und zusammenhalten
können, als mancher Schriftsteller das Honorar für seine
empfindsamen Romane? Es gibt Leute, welche in der
Aesthetik drin stecken wie ein Wurm im Mehle, und aus
lauter ästhetischen Gedanken große Häuser bauen und ihr

Pult mit Eisenbahnaktien anfüllen: — und ein Landmann
sollte nicht mit einigem menschlichen Anstand seinen Beruf
erfüllen können?

Wenn man gegenwärtig von Volksschriftstellern spricht,
so stehen Berthold Auerbach und Jeremias Gotthelf (Pfarrer
Bitzius zu Lützelflüh im Kanton Bern) obenan. Auerbach
ist von der Höhe der jetzigen Bildung aus zu der Volks=
schrift gelangt. Er hatte einen philosophischen Roman ge=
schrieben, ehe er an seine „Dorfgeschichten" gerieth, und auch
von diesen vermag ich nicht zu berichten, ob ihn ein bewußter
Beruf, für das Volk zu schreiben, dazu trieb, oder ob es mehr
ein glücklicher Wurf des Künstlers war, welchen Lust und
Talent auf dieß Gebiet führten, wie etwa ein frischer Morgen=
wind eine heitere Wolke am Himmel dahintreibt. Sei dem
wie ihm wolle, die „Dorfgeschichten" sind, mit Ausnahme
des miserabeln Reinhard in der „Frau Professorin", alle
frisch und gesund und ein festtägliches Weißbrot für das
Volk. Sie sind schön gerundet und gearbeitet; der Stoff
wird darin veredelt, ohne unwahr zu werden, wie in einem
guten Genrebilde, etwa von Leopold Robert; und wenn sie
auch ein wenig lyrisch, oder wie ich es nennen soll, gehalten
sind, so thut das meines Erachtens der Sache keinen Eintrag.
Nicht so verhält es sich mit Gotthelf. Dieser besitzt die
gleiche Intensität des Talents, den Sinn für Haushalt und
Leben des Volks, für die Durchdringung besonders ländlicher
Zustände; er vermag vielleicht noch tiefer herabzusteigen in
die Technik und Taktik des Bauernlebens, gibt dasselbe mit
allem Schmutze des Kostüms und der Sprache mit der
größten Treue wieder, und gleicht hierin einem Niederländer.
Aber er ist dabei ohne ästhetische Zucht geblieben, und wenn

7*

er als Pfarrer über seinem Publikum steht, so steckt er wieder
als Schriftsteller wie ein Naturdichter mitten unter demselben
und scheint ohne Nachdenken und Mäßigung zu arbeiten.
Wie Auerbach sich im heimatlich schwäbischen Schwarzwalde
bewegt, so nimmt Gotthelf Stoff und Scene seiner Erzäh=
lungen aus dem Kanton Bern, und sie bekommen dadurch
ebenfalls die lokale Färbung und Wahrheit, welche in guten
Volksschriften von je gefunden worden und, kann man
hinzusetzen, überhaupt eine Lebensbedingung der ursprüng=
lichen klassischen Dichtungen fast aller Zeiten und Völker sind.
Denn es ist ein bedeutsamer Wink, daß alles, was einem
gesunden Volksbuch zu gute kommt, bei Licht besehen jedem
poetischen Produkt, da wo ein reiner Geschmack herrscht, zum
Vorzug gereicht.

Wenn aber bei Auerbach Herz und Gemüth die erste
Rolle spielen, und daher seine Geschichten durch den Konflikt,
in welche jene auch im Dorfe gerathen, zu artigen Romanen,
lieblichen Dichtungen werden, so sucht Gotthelf seinen Beruf
darin, daß er einen der Charaktere, welche im Volksleben sich
am stärksten auszubilden pflegen, herausgreift und dann in
einem etwas eintönigen Verlaufe, ohne künstliche Verwicke=
lungen, zeigt, wie dieser Charakter zum Guten oder Bösen
gedeihen könne. Dabei sind indessen alle andern Personen,
welche sich an denselben anschließen, alle Sitten und Gebräuche
so wahr und schlagend gezeichnet, daß auch der alltäglichste
Lebenslauf und trockenste Haushalt dadurch interessant und
mannichfaltig wird. Gotthelf hat zwar auch „Schweizerische
Sagen und Bilder" geschrieben, worin immer mit der Dorf=
geschichte eine alte Zwingherren= und Gespenstergeschichte ver=
flochten ist. Diese letzern sind aber in einem so übertriebenen

ungeschickten Breughel=Stil geschrieben, er hält sich so gewalt=
sam an einen verdorbenen Volksgeschmack, daß sie keine Be=
deutung haben können. Sein eigentliches Element dagegen
ist z. B. sein „Hans Joggeli, der Erbvetter", und „Harzer
Hans, auch ein Erbvetter". Im erstern schildert er einen
alten reichen Bauer, ein kluges feines Männlein, welches,
umlagert von Erbschleichern aller Art und beiderlei Geschlechts,
durch ihre Zudringlichkeiten und Intriguen schlau hinburch=
steuert, ohne sich verwirren zu lassen, ihre eigennützigen Ge=
schenke und Dienstleistungen sich wohlweislich schmecken läßt,
und am Ende ein armes Pärlein, welches als Knecht und
Magd getreu ihm diente, unbeachtet und ohne Ansprüche,
mit Haus und Hof und dem ganzen reichen Erbe beglückt,
während er jenen Erbschleichern in seinem Testamente, jedem
durch ein anzügliches Legat, noch einen Possen spielt. Im
„Harzer Hans" schildert er einen andern reichen Bauer, der
aber ein gräßlicher Geizhals ist, welcher sich in der abnormsten
Schinderei herumwälzt, seine Frau durch seinen gottlosen Geiz
wahnsinnig macht, und nach dessen Tod die hohnlachenden
Erben die aufgespeicherten Reichthümer auseinanderzerren.
Oder er schildert in „Käthi, die Großmutter" eine Frau,
welche in weiser Sorge und Liebe für ihr Haus ergraut ist.
Alle diese Sachen gründen sich, und darin liegt allerdings eine
tiefe Kenntniß des Bauers und dessen, was ihm mangelt, auf
seine materiellen Interessen, auf seine Gewinn= und Ränkesucht,
und Gotthelf sucht das Volk von diesem trübseligen und
sterilen Boden ab zu einem erhöhten Bewußtsein zu bringen.
Ob er es auf die beste Weise thut, werden wir weiter sehen.

Schon vor mehreren Jahren schrieb Gotthelf „Uli der
Knecht", welcher vielen Beifall fand, und nun hat er eine

Fortsetzung des Buchs herausgegeben: „Uli der Pächter".
Es sind zwei ziemlich starke Bände und können gewisser=
maßen Gotthelf's Hauptwerk genannt werden. Es ist ein
großes Verdienst dieses Volksbuchs, daß die Fortsetzung
nicht etwa ein abgeschwächter zweiter Theil zum „Faust",
oder zum „Meister", oder eine mißlungene Fortsetzung des
„Geisterseher" u. s. w., sondern in ihrem vollen Rechte eine
wahre nützliche Fortsetzung ist. In diesem Uli ist das
Schicksal eines Bauers dargestellt, welcher sich vom armen
hoffnungslosen Knechte herauf zu einem tüchtigen Pächter,
und zuletzt zum großen Bauer und Eigenthümer hinauf=
schwingt. Es handelte sich hier nicht darum, einen brillanten
Charakter zu wählen, welcher im Kampfe mit finstern
Dämonen und feindlichen Mächten Heldentugenden im großen
Maßstabe entfaltet und mit einem Effekt von der Bühne
tritt; sondern mit meisterhafter Hand hat Gotthelf einen
ganz gewöhnlichen Menschen genommen, gesund und kräftig
an Leib und Seele, aber eher etwas beschränkt als geistreich,
wenigstens allen Einflüssen offen, und für das Gute und
das Böse fast gleich empfänglich. Nicht große geniale Thaten
können eine solche Natur auf einen grünen Zweig bringen,
sondern Fleiß, Gewissenhaftigkeit und die unbedingteste Ehr=
lichkeit; ohne diese wird er ein Stümper in seinem Berufe,
ein kümmerlicher Geselle, welcher den Fleiß durch Speku=
lationen, Sachkenntniß durch grundsatzloses Experimentiren,
Gewissenhaftigkeit durch erbärmliche Kniffe und Schlauheiten
ersetzen will und daher zu Grunde geht. Hat der Schrift=
steller einen solchen Charakter zu einem guten Ziele geführt,
so kann jeder Leser ihm folgen, und hat die gerechte Hoff=
nung, ebendahin zu gelangen.

Uli ist ein junges blutarmes Knechtlein, welches, in der Ueberzeugung, daß es sein Leben lang ein solches bleiben müsse, arbeitet, so schlecht und recht es eben muß, seinen spärlichen Lohn durchbringt, spielt, trinkt und sich darein ergeben hat, dieß immer so zu machen. Sein Meister, ein reicher kluger und wohlgesinnter Bauer, welcher den Grund= satz befolgt, einen Dienstboten womöglich bessern zu wollen, ehe er ihn fortjagt, nimmt ihn in die Schule. Uli wehrt sich hartnäckig. „Was soll ich", meint er, „meinen Lohn zur Seite legen und sparen? Aus nichts wird nichts! Was soll ich mir Mühe geben, ein einsichtsvoller und ge= wandter Landwirth zu werden, da ich keinen Menschen auf der Welt habe, und niemals zu einem eigenen Stück Land komme?" Der wackere Meister gibt aber nicht so bald nach, und es gelingt ihm endlich, dem Burschen die schöne Wahrheit beizubringen, daß ein gewissenhafter und tüchtiger Bauernknecht zu sein, keinem Menschen mehr zu gute komme, als ihm selbst, und daß, wer sich Arbeitsliebe und Arbeits= kenntniß erworben habe, und dadurch in seiner Art berühmt sei, schon in diesem guten Namen ein Kapital besitze, welches unschätzbar sei, und er werde, wenn er seinem Rathe folge, dieses schon noch erfahren. Und so wird denn Uli wirklich ein Knecht, welchem man alles anvertrauen darf, zu des Bauern großer Freude; und für sich selbst hat er mit seinem Lohne, welcher mit seinen Leistungen gern vergrößert wurde, eine schöne Summe beiseite gelegt, der erste Grund zu einstiger Selbständigkeit. Aber der Bauer beweist auch, daß er nicht nur auf eigenen Nutzen bedacht ist. Als ein alter Vetter zu ihm kommt, welcher ebenfalls einen großen Hof besitzt, der aber aus Mangel an Leitung und durch angehäuftes

Gesindel von schlechten Dienstboten zu zerfallen droht, als
ihn dieser nach einem zuverlässigen erfahrenen Meisterknechte
fragt, dem er alles übergeben könne: da denkt der brave
Mann an seinen Zögling und daß jetzt der Zeitpunkt ge=
kommen sein möchte, denselben in einen weitern Wirkungs=
kreis zu versetzen und eine Stufe höher zu heben. So un=
gern er den liebgewonnenen Knecht vermißt, so schlägt er
ihn doch dem alten Vetter vor, und so wird Uli als Meister=
knecht, der allem andern Gesinde zu befehlen hat, auf jenem
Hofe installirt. Hier hat er nun volle Gelegenheit zu zeigen,
daß er etwas geworden ist. Ein umfangreiches Bauern=
wesen, aber in der größten Unordnung, böswillige neidische
Dienstboten, welche ihm alle Hindernisse in den Weg legen,
und endlich Bosheiten und Ränke aller Art von Seite des
neuen Herrn selbst, welcher, mißtrauisch und launisch, in
seiner eigenen Unfähigkeit Uli seine Tüchtigkeit nicht gönnen
mag und zum eigenen Schaden die bösen Knechte gegen den
guten aufhetzt. Trotz alledem bringt aber Uli den Hof in
Aufnahme, und es wird auf demselben geschafft und gewirkt,
daß es eine Art hat. Uli bekommt ein Ansehen und wird
berühmt. Da der Bauer selbst mißrathene Kinder hat und
ihm die Oberaufsicht immer schwerer wird, so entschließt man
sich endlich, sich ganz zurückzuziehen und Uli das Ganze in
Pacht zu geben. Man gibt ihm zugleich ein schönes braves
Weibchen zur Frau, welches als Pflegetochter im Hause er=
zogen und als eine Art Magd gehalten wurde. Da diese
Person den Haushalt seit Jahren geführt hat und alles
kennt, was eine rechte Bäuerin wissen muß, so ist die Ge=
schichte nun abgerundet, und der arme hoffnungslose Knecht
ist ein Mann geworden, dem man viele Tausende anver=

traut, der zu befehlen, zu regieren, selbständig zu handeln
und zu entschließen hat, und eine hübsche junge Frau ist
seine Gefährtin. Das ist aber nicht romantisch schnell gegangen, sondern er ist darüber bedächtlich dreißig Jahre alt
geworden, kennt den ganzen Umfang seiner Aufgabe und ist
durchaus nicht sorglos. Indessen steht sein früherer Meister
noch immer mit Aufmunterung und Rath, selbst mit Bürg-
schaft zur Seite.

Damit schließt „Uli der Knecht", und, sollte man denken,
überhaupt dieser Stoff. Denn daß Uli nun im Stande ist,
ein guter Pächter zu sein, wissen wir schon und verlangen
keinen neuen Beweis in Form eines Buchs darüber. Nun
schließt aber Gotthelf mit ebenso unerwarteter als trefflicher
Wendung eine neue Bahn auf. Das Menschenleben ist eine
fortgehende Schule. Der Staatsmann wie der Bauer muß
jeden Morgen die Erfahrungen von gestern sammeln, das
Verbrauchte umwenden und erneuen; unsere Seele muß,
wenn sie nicht verkommen will, jeden Tag ihre Wäsche
wechseln. Der moralische Mensch hat so gut seine Respi-
ration wie der physische, und nur durch dieselbe bleiben wir
lebendig. Wir bleiben nicht gut, wenn wir nicht immer
besser zu werden trachten, und zu diesem Zwecke bedarf es
nicht einmal des Gedankens der Unsterblichkeit; schon für
diese sechszig oder siebenzig Jahre müssen wir immerwährend
wach sein, wenn wir für die Dauer derselben glücklich, d. h.
gut bleiben wollen. Diejenigen, welche dieses leugnen, erfahren es doch täglich an sich selbst am besten, seien sie Ni-
hilisten par excellence, oder seien sie religiöse Heuchler. Uli
ist nun ein blühender Dreißiger geworden. Kinder umgeben
ihn. Arbeits- und Ordnungsliebe sind ihm zur andern Natur

geworden, und er weiß mit fester Hand ein Haus zu führen.
Ist er nun fertig? Nein! Jetzt kommt er erst in die Jahre,
wo der Mensch Gefahr läuft, in die gröbste Selbstsucht und
Engherzigkeit zu versinken, über Arbeit und Sorge alle höhere
Bedeutung seines Wesens zu vergessen, mit Einem Wort:
zum Philister zu werden. Uli, von Natur aus ängstlich und
kurzsichtig, verliert sich in die ärgste Klauberei, und die Sucht,
reich zu werden, quält ihn unaufhörlich. Obgleich er weiß,
daß gute, obgleich theuere Knechte nützlicher sind als schlechte
und wohlfeile, so hat er doch keine Ruhe, da es nun auf
seine eigene Rechnung geht, bis er sein vertrautes solides
Gesinde, welches er sich selbst mit großer Mühe herangezogen,
verdrängt und wohlfeiles fahrendes Gesindel angestellt hat,
in der Hoffnung, dasselbe bald für wenig Lohn ebenso wohl
ausnutzen zu können wie jene guten Knechte. Er verwickelt
sich in jenes ungerechte schmutzige Proceßführen, welches, da
es leider keine Schande ist, die Bauern leidenschaftlich be=
treiben, so lange sie triumphiren können. Seine liebsten
Freunde sind Schwätzer und Ränkeschmiede, welche ihn aus=
saugen, während er glaubt, bei ihnen ein grundgescheiter
Kerl zu werden. Daher geht es überall schief; er wird
mürrisch und unzufrieden, und ist gar nicht 'im Stande, sich
seiner Errungenschaft zu freuen. Seine liebenswürdige und
grundtüchtige Frau redet ihm vergeblich zu, von diesem eiteln
Treiben abzulassen: es entsteht chelicher Kummer, obgleich
von der edlern und feinern Art; denn die gute Gesellschaft,
welche bis unter einen gewissen Punkt nie herabsinkt, ver=
breitet sich durch alle Stände und ist in den niedern Regionen
ebenso oft zu finden als in den hohen. Auch versteht Gott=
helf trefflich, ihre feinen Sitten zu schildern. Man lese nur,

hier nebenbei gesagt, jene Stellen, wo er den diplomatischen
Anstand eines rechten Berner Bauers beschreibt. Ein solcher,
so ungehalten er auch ist, wird nie einen Knecht öffentlich
anfahren und beschämen; sondern er macht nur im Vorbei=
gehen, ohne daß es jemand weiter hört, eine ruhige Be=
merkung, wie zufällig; und wenn das nicht hilft, so nimmt
er ihn nach Feierabend oder sogar erst gelegentlich ins
Nebenstübchen, und sagt ihm daselbst ohne grobe zornige
Worte, aber entschieden seine Meinung. Noch unerhörter
wäre es, daß die Familie unter sich öffentlich zanken würde.
Ebenso wenig wird ein solcher Mann in fremden Händeln
seinen Rath aufdrängen wollen oder nach Verhältnissen
fragen, die ihn nichts angehen. Diese edle Sitte haben
freilich die Bauern vor den Diplomaten voraus.

Uli geräth immer tiefer in sein untröstliches Wesen hin=
ein, bis das Unglück ihn aufrüttelt. Ein Hagelwetter zer=
schlägt seine Jahreshoffnungen, er kann seine Pacht nicht
bezahlen und steht auf dem Punkte, da endlich auch der Hof
verkauft werden soll, gänzlich auf die Straße' gesetzt, und
wieder zum ärmsten Knecht degradirt zu werden, nur mit
dem Unterschied, daß er jetzt Frau und Kinder hat. Durch
dieß Unglück wird er dem Einfluß seiner Frau wieder em=
pfänglich gemacht, er bessert sich, lebt wieder auf und wird
ein vernünftiger Mensch, und alles geht gut, da noch ein
deus ex machina hinzukommt, der ihn zum reichen Eigen=
thümer des Hofs macht.

Fragen wir nun nach dem Princip, zu welchem hinauf
und durch welches Gotthelf seinen Uli gerettet hat, so finden
wir ein strenges positives Christenthum. Darüber ist nicht
mit ihm zu rechten. Etwas ist besser als gar nichts, und

mit einem Menschen, welcher den gekreuzigten Gottmenschen
verehrt, ist immer noch mehr anzufangen als mit einem, der
weder an die Menschen noch an die Götter glaubt. Wo
reine Humanität fehlt, da muß die Religiosität das Fehlende
ersetzen; wenn sie nur erwärmt und erhebt. Aber die Art
und Weise, wie Gotthelf seinen Zweck verfolgt, ist zu ver=
werfen, nicht nur, weil sie pfäffisch und bösartig ist, sondern
auch weil sie seine Schriften verdirbt.

Bitzius sagt in einer Vorrede: man werde ihm wenig=
stens nicht ein gedankenloses und feiles Segeln mit herr=
schenden Winden vorwerfen können. Das ist allerdings sehr
wahr; er verfällt aber in das andere Extrem und sucht mit
dem größten Eigensinn gegen den Strom zu schwimmen,
und das ist für einen Volksschriftsteller auch nicht klug und
weise. Ein solcher hat vom Volke ebenso viel zu lernen, als
es von ihm lernen soll, und es ist seine Pflicht, auch ein
wenig zu merken, was die Stunde geschlagen hat, wenn er
segensreich wirken will.

Von welcher Art die Religiosität ist, welche Gotthelf
zu seiner Verbündeten macht, mag man am besten aus
folgender Geschichte ersehen, welche er in seinem „Pächter" er=
zählt. Ein Bauer hat zur Zeit der Ernte seine ganze Jahres=
frucht geschnitten auf dem Felde liegen. Es ist Sonntag
und ein Gewitter im Anzug. Da macht der Bauer Anstalt,
die Ernte zu retten und heimzuführen, ehe es zu spät ist.
Eine uralte Großmutter beschwört ihn, nichts zu thun, denn
solches sei auf diesem Hofe noch nie vorgekommen; so lange
er bestehe, sei am Sonntag nichts gearbeitet worden. Der
Mann mochte aber etwas von dem Esel, welcher in eine
Grube gefallen und von der Jünger Aehrenrupfen gelesen

haben: er läßt sich durch die Lamentationen der Alten nicht
einschüchtern, und bringt glücklich sein Korn unter Dach.
Kaum ist aber das letzte Fuder in die Scheune gefahren, so
kommt ein Blitzstrahl und verzehrt Haus und Habe, und
der Bauer, ein trauriges Exempel des göttlichen Zorns,
wird blödsinnig. Diese Geschichte schmeckt mehr nach dem
Judenthum als nach dem Christenthum. Gotthelf führt die
Worte Sünde und sündlich fortwährend im Munde; fühlt
er wohl nicht, daß es ebenfalls sündlich sein dürfte, dem
christlichen Gott solch krasse Erfindung unterzuschieben? Ebenso
spielen der Teufel und seine Hölle eine große Rolle in Gott=
helf's Schriften. Folgende Stelle nimmt sich z. B. sehr trüb=
selig aus im Munde eines reformirten Geistlichen:

> Es ist schrecklich, im Feuer zu erwachen; wer es erlebt hat, zittert,
> so oft er dessen gedenkt. Wie muß es den Sündern erst sein, wenn
> sie erwachen in der Hölle: Feuer ringsum und nirgend eine Thür zum
> Entrinnen, gefesselt auf ewig mit feurigen Ketten im ewigen Brand!

und die gleiche Erzählung, wo diese Süßigkeit vorkommt,
(„Harzer Hans") schließt mit der erbaulichen Versicherung,
daß der Teufel eine Seele geholt habe.

Möchte sich Gotthelf doch ein wenig an seinem be=
rühmten und braven Vorgänger spiegeln, an Hebel, welcher
ebenfalls Geistlicher war. Wie verschieden behandelt dieser
sowohl als Künstler wie als Moralist den Teufel in seinem
„Karfunkel"! Diese pietistische Tendenz thut den Volks=
büchern großen Eintrag; auf jeder Seite wird gepoltert und
gepredigt und oft im abenteuerlichsten Stil.

Aus allem diesem geht nun natürlich hervor, daß Gott=
helf auch gegen Volksschule und Aufklärung eifert. Und er
thut dieß bis zum Ueberdruß. Auf jeder Seite eifert er

über Lehrer, Professoren, Seminardirektoren u. s. w. Besonders
führt er immerfort das Wort Professor auf verächtliche Weise
in der Feder. Wenn es nach ihm ginge, so würden heute
noch sämmtliche Professoren und Doktoren aller Fakultäten,
ausgenommen der theologischen, beseitigt; sie sind ihm ein
Dorn im Auge und das mit Recht; denn wenn diese ab=
scheulichen Bücherwürmer nicht wären, so gäbe es auch keine
Volkslehrer mit ihren verhaßten Naturgeschichten, Landkarten,
populären Physikbüchern, astronomischen Leitfaden u. dgl. m.
Man sieht, der gute Jeremias hält sich an die Quelle; er
ist hierin kein gewöhnlicher Aristokrat.

Wenn Gotthelf in Sachen der Kultur überall Oppo=
sition gegen die Zeit macht, so wird er in politischen Dingen
häufig geradezu zum Wühler. Er gehört der konservativen
Partei des Kantons Bern an, welche schon seit mehreren
Jahren gründlich in Ruhestand versetzt ist. Daher wimmeln
seine Schriften von Invektiven gegen die jetzigen Regenten
und alles, was von ihnen ausgeht. Alles Unheil, alles
Schlechte, alles Aergste vindicirt er ihnen. Wenn die Ge=
richtshöfe nach den neuern mildern Grundsätzen verfahren,
und nicht mehr jeden Dieb hängen, der eines Strickes
Werth gestohlen hat, so kommt es daher, daß die Regieren=
den selbst Diebe und Hallunken sind und alle Missethäter
aus purer Sympathie verschonen, und — drückt Gotthelf
sich ziemlich aufmunternd aus — es wird nicht besser wer=
den, bis diese Erzhallunken selbst an den Galgen gebracht,
resp. zum Teufel gejagt sind. Man rechnet es dem Aristo=
phanes nicht hoch an, daß er in ähnlicher Weise die Leute
durchhechelte, welche er nicht leiden konnte; die Athenienser
selbst lachten ihm zu, krönten seine Stücke und — ließen

ihren Kleon am Staatsruder. Aristophanes schrieb aber seine
Komödien absichtlich und allein zu diesem Zwecke, und wenn
sie gut sein sollten, so mußte er die Realität verhöhnen. Wenn
Gotthelf ein satirisches Buch schreiben würde, in welchem er
alle seine Parteiansichten niederlegt, so würde man nichts
dawider haben; daß er aber seine Malice durch alle seine
Schriften gleichmäßig zerstreut, auf der einen Seite das
Pathos von Treu und Glauben hervorkehrt, und hinten her=
um den negativen Hohn und die parteiliche Verdrehung her=
vorschiebt, das ist keine Art und schadet ihm selbst am
meisten.

Der einzige permanente Zorn, welcher an Gotthelf zu
billigen, ist seine Antipathie gegen die Juristen. Der Kan=
ton Bern ist nämlich seit einer Reihe von Jahren durch eine
Unmasse von Advokaten, Rechtsagenten, Schreibern u. dgl.
überschwemmt worden, welche, angelockt durch die neu=
errichtete Universität und einen echt demagogischen Professor,
von der Dorfschule weg einige Semester in Bern herum=
rutschten, und dann als halbgebackene Juristen und Syko=
phanten großen Unfug im Bernischen Volk anrichteten. Diese
Erscheinung ist nun zwar eine vorübergehende, indem der
radikale Große Rath, das Volk im weitesten Umfange ver=
tretend, selbst den Anfang zur Abhülfe gemacht und kürzlich
durch einen Beschluß sämmtliche Rechtsagenten aufgehoben
hat. Er bewies damit, daß die wahre Volksaufklärung sich
selbst von ihren Krankheiten heilen kann ohne reactionäre
Beihülfe. Indessen hat das Uebel einmal seine Wirkung
gethan, und Pfarrer Bitzius, welcher einen unversöhnlichen
Haß auf die ganze Juristerei geworfen, mag sich, wenn er
an einem Orte sich beklagt, daß die Juristen von den Geist=

lichen immer nur per Pfaffen sprechen, erklären, wie es
kommt, daß man einen ganzen Stand mit einer solchen An=
tipathie ansehen kann.

Durch diese Tendenzen Gotthelf's haben nun seine
Schriften das schöne Ebenmaß verloren; die ruhige klare
Diktion wird unterbrochen durch verbittertes versauertes
Wesen; er überschriftstellert sich oft und gefällt sich darin,
überflüssige Seiten zu schreiben, indem er seine eigene Manier
sozusagen nachahmt und damit kokettirt. Man erhält nicht
ein gereinigtes Kunstwerk, durch die Weisheit und Oekono=
mie des geschulten Genies zusammengefügt, man erhält auch
nicht das frische naive Gewächs eines Naturdichters, denn
Gotthelf ist ein studirter und belesener Mann; sondern man
erhält ein gemischtes literarisches Produkt, das sich nur
durch das vortreffliche Talent Bahn bricht, welches sich
darin zeigt.

Von den Unebenheiten des Stils nur einige Beispiele.
Während der Verfasser sich bestrebt, die drastische Sprache
des Volks zu führen und seine Frauen im Scherze mit
„Unflath" tituliren läßt, und fortwährend eine höhere Er=
ziehung und Bildung verhöhnt, gebraucht er selbst, um psycho=
logische Zustände zu bezeichnen, Bilder vom Brechen der
Lichtstrahlen auf verschiedenen Körpern, von elektrischen
Schlägen u. dgl. Wie kann er von dem Volke, das er
haben will, das Verständniß solcher eleganten Metaphern
verlangen? Er beschreibt ferner sehr gut renommistische
Schlemmer, aufgedunsene Hasenfüße:

> Johannes hatte eine von den brüllhaften Naturen, welche die
> ganze Welt voll himmelbonnern, daß man glauben sollte, in ihnen
> sei die Macht aller wahren und falschen Gottheiten, von Saturn bis

auf Hegel, welche bekanntlich darin große Aehnlichkeit haben, daß sie ihre eigenen Kinder auffressen, koncentrirt. Betrachtet man diese Naturen in der Nähe, so sind sie zumeist ohne alle innere Kraft und Macht, ihr ganzes Vermögen geht eben in ihrer Brüllhaftigkeit auf. Man sieht zuweilen Menschen in Kaffeehäusern bei Spiel und Champagner die bedeutendsten Rollen spielen, daß man meinen sollte, sie wohnten in Palästen, schliefen auf Schwanenfedern unter seidenen Decken, und es sind die ärmsten Schlucker von der Welt, wohnen zur Miethe, oder wohnen auch gar nicht, und wenn sie Kinder haben, so haben diese oft gar nichts, um die Nase zu wischen, als was sie auf die Welt gebracht. Hört man sie, so glaubt man, Gott habe einmal statt Frösche, wie er zuweilen thut, Helden regnen lassen, hageldick, die halbe Welt voll; prüft man sie, so sind es lauter Windbüchsen; bläst man nichts hinten 'rein, kömmt nichts vornen 'raus, sind ohnmächtige Wesen, unterthan jeglichem Winde, der über sie hinfährt, haben aber große Fähigkeit, den Wind zu fassen, große Fähigkeit, ihr verfluchtes Ding wieder von sich zu geben; wäre aber kein Wind, so wären sie auch nichts. Es sind moderne Naturen, oder etwas vulgär gesagt, die Schweinsblasen des Zeitgeistes, oder jedes andern Geistes der sein Maul an ihr Röhrchen wagt. Derlei Naturen stolpern zu Tausenden in der Welt umher, vom Himmel geregnete Frösche, brüllen die Welt voll, daß man in Versuchung geräth, sich zu ducken, als wäre eine Heerde von zehntausend Büffeln im Anzug.

Hier liegt nun die Nachlässigkeit des „Stils", sage ich absichtlich, darin, daß er dergleichen Kerle dem Jahrhundert in den Schuh schiebt; hätte er ein wenig nachdenken mögen, so würde er sich ohne Zweifel an Falstaff erinnert und noch weiter hinauf bis in die Bibel genug solche Bursche gefunden haben, wie z. B. den wackern Goliath, welche just nicht moderne Naturen sind. Gotthelf's Stil mit seinem kecken Gepolter ist selbst ein solcher Schreckteufel, welcher einem bange machen könnte, wenn man ihm nicht auf den Leib ginge. In „Uli der Knecht" handelt der Verfasser,

nachdem er von Arbeit und Mühe gesprochen hat, von den
Freuden, welche allerdings auch ein Dienstbote haben müsse
als Erholung nach der Arbeit, und er verweist sie — wieder
auf die Arbeit! Darin nämlich müsse ein rechter Dienstbote
seine Erholung finden, daß er sich am Gedeihen und Floriren
der Angelegenheiten seines Meisters freue, und daß er sein
Vergnügen an einem wohlbestellten Acker, an einem gut=
verpflegten schönen Stück Vieh finde. Wenn man dieß
näher besieht, so heißt es nichts weiter, als man müsse eben
gern und freudig arbeiten, und für die Erholung von der
Arbeit, welche er versprach, ist nicht gesorgt. Ich bin über=
zeugt, daß Bitzius auch noch andere Erholungen braucht,
als daß er etwa seine Predigt wieder liest, wenn er aus
der Kirche kommt, oder daß er sich, nachdem er den ganzen
Tag geschrieben hat, durch die Lektüre seiner eigenen Schriften
erfrischt. Und doch hätte der Verfasser nur einige Seiten
weiter einen prächtigen Ausweg gefunden. Er beschreibt
dort ein gymnastisches Spiel der jungen Bauernbursche und
sagt selbst, es sei eins der schönsten nationalen Spiele, welche
an Sonntagen hin und wieder aufgeführt werden. Auch
stammt es aus der belobten alten Zeit und hat in dieser
Beziehung also seinen gültigen Stammbrief. Wenn irgendwie
eine ehrbare Erholung aufzutreiben gewesen, so war es hier.
Was thut aber Jeremias? Er läßt seinen Uli von dem
Besuche dieses Volksfestes Schaden und Verdruß nehmen,
und räth hierdurch seinen jungen Lesern ernstlich ab, der=
gleichen Ergötzlichkeiten mitzumachen. Es wäre die Aufgabe
des Dichters gewesen, allfällige eingeschlichene Roheiten und
Mißbräuche im poetischen Spiegelbild abzuschaffen und dem
Volk eine gereinigte und veredelte Freude wiederzugeben, da

es sich einmal darum handelt, in der gemeinen Wirklichkeit
eine schönere Welt wiederherzustellen durch die Schrift. Gott=
helf's Scheu vor den Volksspielen mag es auch erklären,
warum man in seinen sonst so ausführlichen Erzählungen
nirgend eine Spur vom Volksliede findet. Auerbach hat
dieß Element reichlich ausgebeutet, und die leichten schwäbi=
schen Liedlein klingen lustig durch Wald und Flur; auf der
einsamen Feldhöhe sind sie der Ausdruck für Wohl und Weh.
Gotthelf hätte uns mit wahren Kabinetsstücken aufwarten
können; denn im Bernervolk sind uralte Lieder mit den präch=
tigsten Mollmelodien gang und gäbe, Lieder, welche die
Zierde des „Wunderhorn" und von Uhland's Sammlung
sind, zum Theil auch noch nicht einmal darin stehen. In
diesem Punkt ist aber das tausendjährige Volk dem konser=
vativen Literaten von heute wahrscheinlich zu modern und
zu weltlich.

Wenn ein tüchtiges Gewitter im Anzug ist, so sieht
man in den weiten Bernischen Matten wunderliche Gestalten
herumhantieren; es sind die Wasserbauern, welche, in uralte
Röcke und Hüte gekleidet, dem zu erwartenden reichlichen
Wassersegen Weg und Bahn durch ihre Wiesen bereiten.
Gotthelf sagt:

Das hat wohl auch zu der Sage Anlaß gegeben, daß, wer ein
Frohnfastenkind sei, vor dem Ausbruch der heftigsten Gewitter alte
längst verstorbene Wasserbauern, welche sich gegenseitig um's Wasser
betrogen, in den Wiesen wässern sehe, Graben aufthun, Bretter ein=
schlagen, dann stehen hinter diesem oder jenem Strauch oder Baum,
Feuer schlagend und ihr Pfeifchen rauchend. Man denkt dabei nicht
an die Sitte der rechten Wasserbauern, die alten hundertjährigen währ=
schaften Röcke ihrer Großväter anzuziehen, und uralte Hüte aufzusetzen,
da modernes Zeug in's Wasser hinaus nichts taugt. So sieht man

8*

von ferne allerdings ein uralt längst zu Grabe gegangenes Geschlecht
in den Wiesen hantiren, und manche Gestalt mag sich vor der andern
fürchten, hinter einen Dornstrauch sich bergen. Ginge man den Gestalten zu Leibe, würde man ganz bekannte Gesichter sehen, deren
Beine noch auf Erden wandeln, aber in den Schuhen der Väter, gehüllt in ihre Röcke, übend ihre Sitten.

Die Sache ist einfach die, daß die Bauern alte ver-
dorbene Kleider anziehen zu diesem nassen Geschäft, um die
neuen zu schonen. Die Besitzer jener alten Gewänder haben
zu ihrer Zeit zu dem nämlichen Geschäfte noch ältere Kleider
angezogen, als diese noch neu waren. Der Stoff, welchen
heute die Bauern zu ihren Kleidern verwenden, ist noch
immer selbst gesponnen und dauerhaft. Wenn man aber
so einfache Geschichten fortwährend verdreht und benutzt, um
Hiebe auf die Gegenwart anzubringen, so nenne ich das
einen schlechten Stil führen. Auch einen unbesonnenen Stil;
denn Gotthelf scheint bei dieser Anpreisung der vergangenen
Zeit schon nicht mehr daran zu denken, wie er soeben erzählt
hat, daß die alten Wasserbauern, die soliden Besitzer jener
„uralten Hüte", die „Väter", einander um's Wasser betrogen
haben und daher in den Augen des Volks noch spuken
müssen.

Man verzeihe mir, daß ich an diesen Kleinigkeiten so
weitläufig herumklaube. Ich halte es aber von der größten
Wichtigkeit, daß gerade ein Volksbuch durch und durch wahr
und klar, in allem Detail ohne Verwirrung und Sophistik
gehalten sei. Das Volk hat ohnehin einen Hang, alles zu
mißverstehen, zu verspotten, was ihm nicht geläufig ist, sich
selbst und seine Ungezogenheiten zu hätscheln, und alles nach
Belieben zu verdrehen, so oder so zu deuten. Das darf nicht
noch genährt werden.

Doch verlassen wir endlich dieß unerquickliche Gebiet und kommen wir auf Gotthelf's Vorzüge zurück. Diese sind die Hauptsache, sonst wäre ich gar nicht im Fall, diese Recension zu schreiben. Daß Gotthelf ein vortrefflicher Maler des Volkslebens, der Bauerndiplomatik, der Dorfintriguen, des Familienglücks und Familienleids ist, daß er Feld und Stall, Stube und Küche und Speicher genau kennt, ist schon gesagt und versteht sich eigentlich bei vorliegendem Stoffe von selbst. Aber, wenn wir doch noch von einer abgeschlossenen Volkspoesie sprechen müssen: er hat Vorzüge darüber hinaus, welche in jeder Gattung, auch der höchsten, wenn es eine gibt, nur dem bevorzugten Talente eigen sind. Er hat gar keine charakterlosen schwankenden Figuren. Jeder ist bei ihm an seinem Platz und gut durchgeführt, und er hat sich einer großen Mannichfaltigkeit zu rühmen, und ganz feine Nuancen kommen vor. Er weiß einen Unterschied zu machen zwischen zwei schlauen verschmitzten Bauern, und, durch die zartesten Linien getrennt, neigt sich der eine auf liebenswürdige Weise zum Guten, der andere zum Bösen. Hauptsächlich auch auf die Frauen versteht er sich sehr gut. Was für vortreffliche alte, dicke Bäuerinnen schildert er, die Zuflucht der ganzen Gegend, wohlwollend und klug! Wie lustig wissen die behaglichen und doch fein organisirten Frauen ihre störrischen Männer zu ihrem eigenen Besten an der Nase herumzuführen, daß Einem das Herz lacht und man sich selbst unter ihre Fürsorge versetzt wünscht! Und wie schön sind die jungen Mädchen und Weiber gezeichnet! Der beste Beweis ist, daß man sich immer selbst mit verliebt, oder wenigstens, um in Gotthelf's Sprache zu reden, sich „sauwohl" bei ihnen befindet. Die Liebesverhältnisse sind überaus fein und meister=

haft angelegt. Sie entwickeln sich vor unsern Augen, ohne
daß ein Wort davon geplaudert wird, und auf einmal — wir
wußten es schon lange, daß es so kommen müsse, ersahen
aber den Augenblick nicht — ist das Glück da. In wenigen
treffenden Zügen wird es abgemacht.

An epischen, lyrischen und dramatischen Momenten der
schönsten Art fehlt es auch nicht. Uli's junge Frau ist, ob=
gleich sie Pferd und Wagen zur Verfügung hatte, in länd=
licher Bescheidenheit und Rüstigkeit mehrere Stunden weit zu
Fuß gegangen, um einer Jugendfreundin ein Kind aus der
Taufe zu heben. Sie hat dieselbe im größten Elend ange=
troffen, hat gemildert und getröstet, wo sie konnte, und ist
nun, gedankenvoll und aufgeregt, auf dem Heimwege. Ihre
Kräfte erschöpfen sich aber doch und die ungewohnten engen
Sonntagsschuhe machen ihr viel Beschwerde; so schleppt sie
sich mühsam auf der einsamen Straße dahin, auf den Boden
schauend und seufzend: da weckt sie eine liebe Stimme, sie
schaut auf, und ihr kräftiger schmucker Mann sitzt, das statt=
liche Pferd zügelnd, auf dem bekannten leichten Fuhrwerke
vor ihr. Er ist aus eigenem Drange ihr entgegengeeilt.
Die einfache, wahrhaft antike Schönheit dieses Moments
fühlt sich übrigens nur, wenn man das Ganze selbst liest.
Vom allerbesten Korn ist ferner die Stelle, wo die jungen
Pachtleute zum ersten mal ein Erntefest geben müssen. An
diesem Tage ist es Sitte, daß nicht nur alle möglichen Ar=
beiter und wer in irgend einer Berührung zum Hause steht
verschiedene reichliche Mahlzeiten erhalten, sondern alle Bettler,
welche sich melden und welche um die Erntezeit eigentlich
darauf reisen, müssen mit Kuchen abgespeist werden. Breneli
hat schon verschiedene Sträuße mit ihrem knauserigen Manne

bestanden, und ihm endlich das Nöthigste, was der Anstand erfordert, abgerungen, und sie glaubt so ziemlich gut zu bestehen. Aber

als das Sieden und Braten anging, die Feuer prasselten, die Butter brodelte und zischte, die Bettler kamen, als schneie es sie vom Himmel herunter, die Pfannen zu alles verschlingenden Ungeheuern wurden, — Breneli, so viel es auch hineinwarf, immer frisch wieder angähnten mit weitem, ödem, schwarzem Schlund: da kam die Angst über ihns; aber sie half ihm halt nichts; wie die Sperlinge den Kirschbaum wittern, welcher frische Kirschen trägt, weit hergezogen kommen mit ihren raschen Schnäbeln und nimmersatten Bäuchlein, so kamen die Bettler daher, vom Duft der brodelnden Butter gezogen, schrien heiß-hungerig von weitem schon: „Ein Almosen, be tusig Gotts Wille", und trippelten ungeduldig an der Thür herum, weil sie vor süßer Erwartung die Beine nicht stille halten konnten. Breneli begann Schnittchen zu backen, daß es sich fast schämte, so klein und so dünn die Kruste, und alles half nichts; es war, als ob sie Beine kriegten und selbst zuliefen einem Schreihals vor der Thür. Es ward ihm immer himmelängster, für die eigenen Leute könne es gar nicht sorgen. In der größten Noth erschien die Base unter der Küchenthür, wahrhaftig wie ein Engel, und zwar einer von den schwerern, denn sie wog wenig unter zwei Zentnern. Sie stellte einen bedeutenden Butterkübel, den sie hinter Joggeli's Rücken aus ihrem Keller stibitzt hatte, dem besten Schmuggler zum Trotz, auf den Küchentisch.

Schön ist auch Uli's Hochzeitsfahrt beschrieben. Allein mit seiner Braut fährt er auf einem leichten Wägelchen in den dämmernden Morgen hinaus. Ihr Gesichtchen blüht in der Morgenfrische wie eine Rose, und die zarten schwarzen Spitzen ihrer Haube sind mit noch zarterm silbernem Reif besetzt.

Welche elegische Stimmung weht durch die Scene, wo der alte Erbvetter Hans Joggeli begraben wird! Die Leiche ist auf dem Wege nach dem weit entfernten Kirchhof, und

der ganze Troß der Vettern und Basen, erblüstern, ist gefolgt, Rührung heuchelnd. Nur das treue Gesinde ist allein
im Hause geblieben und hält aufrichtig trauernd Wache,
obgleich sie nichts zu erben hoffen.

Wenn aus Ost oder Südost der Wind geht, so hört man im
Nibleboden das Geläute von der Kirche her, hört das Mittagsgeläute,
hört die Schläge der Todtenglocke. Von dort her kam am selben Tage
der Wind um's Haus in den Baumgarten hinaus. Jedes für sich,
damit keins das andere störe im Horchen und Sinnen, standen die
Zurückgebliebenen, lauschten auf die Töne vom Kirchlein her, sahen
einander fragend an, schüttelten verneinend die Köpfe. Das Läuten
beginnt, wenn der Sarg dem Kirchhof sich naht. Sie wollten im
Geist bei seinem Grabe sein, wollten beten in's Grab hinein, wollten
mischen ihr Gebet mit der über ihm zusammenrollenden Erde, den
andern gleich, die am Grabe standen. Da hob das Mädchen, welches
als äußerster Vorposten auf einem großen Erdhaufen stand, die Hand
empor und rief: „Hört, hört!" Da klang es wirklich durch die Lüfte,
leise, wie Geisterwehen; lauter schwebten dann einzelne Glockentöne
heran, Geisterstimmen, welche die Kunde brachten, jetzt nahe der selige
Kirchmeier seinem Grabe, jetzt werde der müde Leib in die Erde ge-
senkt, um wieder zur Erde zu werden, aus welcher er genommen
worden.

Dadurch, daß Gotthelf so sehr an der Vergangenheit
hängt, gewinnen seine Darstellungen einen Reiz, welchen
Auerbach's Geschichten nicht haben. Er gleicht hierin vielmehr Immermann, welcher in seiner westfälischen Idylle das
Volk mit seinem ehrwürdigen historischen Roste vorführt.
Das Leben auf den alten großen Bernerischen Bauerngehöften
hatte etwas ungemein Ehrwürdiges, und Gotthelf schildert
mit schöner Wehmuth die alte Art und Weise. Aber alle
Formen wechseln auf Erden, und eben dieser Wechsel ist es,
welches das Vergangene mit einem verklärenden Lichte be-

strahlt. Es würde vor unsern Augen vergehen und verdun=
keln, wenn unsere Sehnsucht erfüllt würde und wir wirklich
zurückkehren könnten. Hin ist hin!

II.*)
(1851)

Pfarrer Bitzius steht als Schriftsteller nicht über dem
Volke, von welchem und zu welchem er spricht; er steht
vielmehr mitten unter demselben und trägt an seiner Schrift=
stellerei reichlich alle Tugenden und Laster seines Gegen=
standes zur Schau. Leidenschaftlichkeit, Geschwätzigkeit,
Spottsucht, Haß und Liebe, Anmuth und Derbheit, Kniff=
sucht und Verdrehungskunst, ein Bißchen süße Verleumdung:
alle diese guten Dinge sind nicht nur in dem Leben und
Treiben seiner Helden, sondern auch in seiner beschreibenden
Schreiberei zu schmecken. Insofern ist er viel mehr, als die
kunstgerechten und objectiven idealisirenden Dorfgeschichten=
dichter, ein wahrer Leckerbissen für jeden Gourmand und
wahren Kenner des Volkslebens. Ob dabei der beste Zweck
hinsichtlich der ästhetischen Forderungen sowohl als der päda=
gogischen erreicht werde, ist freilich eine andere Frage. Er
sticht mit seiner kräftigen scharfen Schaufel ein gewichtiges
Stück Erdboden heraus, ladet es auf seinen literarischen
Karren und stürzt denselben mit einem saftigen Schimpf=

---

*) Blätter für literarische Unterhaltung 1851 Nr. 76—77 (Be=
sprechung der „Käserei in der Vehfreude" 1850 und der „Erzäh=
lungen und Bilder" 1849).

worte vor unsern Füßen um. Da können wir erlesen und
untersuchen nach Herzenslust. Gute Ackererde, Gras, Blumen
und Unkraut, Kuhmist und Steine, vergrabene köstliche Gold=
münzen und alte Schuhe, Scherben und Knochen, alles
kommt zu Tage, stinkt und duftet in friedlicher Eintracht
durcheinander. Er baut ein Berner Bauernhaus mit allen
Vorrathskammern, mit Küche und Keller und den stillen
Gaden der Töchter stattlich auf; aber vor allem fehlen auch
Schweinstall und Abtritt nicht, und besonders in der „Käserei"
ist soviel von dem animalischen Verdauungs= und Sekretions=
proceß die Rede, daß der verzärtelte Leser mehr als einmal
unwillkürlich das Taschentuch an die Nase führt, insonderlich
wenn er hinter der nordischen Theetasse sitzt, deren gern ge=
sehene Zierde Jeremias Gotthelf gegenwärtig zu sein scheint.

Wahrscheinlich hat Bitzius einst Theologie und mithin
auch etwas Griechisch u. dgl. studirt; von irgend einer
schriftstellerischen Mäßigung und Beherrschung der Schreib=
art ist aber nichts zu spüren in seinen Werken. Das edle
Handwerk der Büchermacherei hat verschiedene Stufen in
seiner Erlernung, welche zurückgelegt werden müssen. Zuerst
handelt es sich darum, daß man so einfach, klar und na=
türlich schreibe, daß die Legion der Esel und Nachahmer
glauben, nichts Besseres zu thun zu haben, als stracks eben=
falls dergleichen hervorzubringen, um nachher mit langer
Nase vor dem mißrathenen Produkte zu stehen. Alsdann
heißt es hübsch fein bei der Sache zu bleiben und sich durch
keine buhlerische Gelegenheit, viel weniger durch einen ge=
waltsamen Haarzug vom geraden Wege verlocken und zerren
zu lassen. Beide Disciplinen fließen öfter ineinander, und
Herr Jeremias benutzt alsdann reichlich die Gelegenheit, sie

mit einem Griffe beim Schopfe zu fassen und siegreich in
eine Pfütze zu werfen. Erstlich ist seine Rede so wunderlich
durch: wohl, aber, daneben, jedoch, durch unendliche Referate
im Konjunctiv Imperfecti gewürzt und verwickelt, daß man
oft ein altes Bettelweib einer neugierigen Bäuerin glaubt
Bericht erstatten zu hören. Sodann läßt er sich alle Augen=
blicke zu einer süßen Kapuzinerpredigt, zu einer Anspielung
mit dem Holzschlägel, zu einem feinen Winke mit dem
Scheunenthor verleiten, welcher weit hinter die Grenze der
behandelten Geschichte gerichtet ist. In „Die Käserei in der
Vehfreude", welche nur von Bernern ganz deutlich gelesen
werden kann und wo es sich nur um Käs und Liebe han=
delt, wird wenigstens ein halbes Dutzend mal auf das
Frankfurter Parlament gestichelt. Hat man gelernt, nicht
wie eine alte Waschfrau, sondern wie ein besonnener Mann
zu sprechen und bei der Sache zu bleiben, so ist es endlich
noch von erheblicher Wichtigkeit, daß man auch diejenigen
Einfälle und Gedanken, welche zu dieser Sache gehören
mögen, einer reiflichen Prüfung und Sichtung unterwerfe,
zumal, wenn man kein Sterne, Hippel oder Jean Paul ist,
welches man durchaus nicht sein darf, wenn man für das Volk
schreibt, für das „Volk" nämlich mit Gänsefüßchen eingefaßt.
Denn obgleich wir jene Herren gehörig verehren, besonders
den letzten, so wird uns doch mit jedem Tag leichter um's
Herz, wo ihre Art und Weise zum mindern Bedürfniß wird.
Es war eine unglückselige und trübe Zeit, wo man bei ihr
Trost holen mußte; und verhüten die Götter, daß sie nach der
Olmützer Punktation und den Dresdener Konferenzen noch
einmal aufblühe.

Was die Einfälle betrifft, so ist es eine eigene Sache

mit denselben, und es gehört ein Rafael dazu, jeden Strich
stehen lassen zu können, wie er ist. Wie manche Blume,
die man in aufgeregter Abendstunde glaubt gepflückt zu
haben, ist am Morgen ein dürrer Strohwisch! Wie man=
ches schimmernde Goldstück, welches man am Werktage ge=
funden, verwandelt sich bis an einen stillen heitern Sonn=
tagmorgen, wo man es wieder besehen will, in eine gelbe
Rübenschnitte! Man erwacht in der Nacht und hat einen
sublimen Gedanken und freut sich seines Genies, steht auf
und schreibt ihn auf beim Mondschein, im Hembe und er=
kältet die Füße: und siehe, am Morgen ist es eine lächer=
liche Trivialität, wo nicht gar ein krasser Unsinn! Da heißt
es aufpassen und jeden Pfennig zweimal umkehren, ehe
man ihn ausgibt! Da hilft weder blindes Gottvertrauen
noch Atheismus; es passirt jedem, der nicht feuerfest oder
vielmehr wasserdicht ist. Goethe hat gut sagen: „Gebt ihr
euch einmal für Poeten, so kommandirt die Poesie!" welchen
Spruch ein tüchtiger Prosaiker meiner Bekanntschaft jungen
Dichtern unter die Nase zu reiben pflegte, wenn sie von
Stimmung sprachen. Der wackere Mann dachte nicht
daran, daß Goethe den „Faust", wo selbiges Sprüchlein
geschrieben steht, ein ziemliches Stück Leben lang mit sich
herumtrug, ehe er ihn drucken ließ. Und seltsam! gerade
die Stimmung ist manchmal die gefährlichste Schlange für
hoffnungsvolle Dichter. Wie manches Blatt Papier, wel=
ches man in „guter Stunde" vollgeschmiert, kommt Einem
nach einem halben Jahre so schauerlich vor, daß man vor
sich selbst in die Erde kriechen möchte, roth wie ein Krebs,
und dem Himmel dankt, daß man selbst und nicht etwa ein
Nachlaßherausgeber hinter die Sache gekommen ist!

Von solcherlei Seelenkämpfen scheint der glückselige Jeremias keine Ahnung zu haben. Während der Dichter sonst im Leben unbesonnen, leidenschaftlich, ja sogar unanständig sein kann, wenn er nur hinter dem Schreibtische besonnen, klar und anständig und fest am Steuer ist, macht es Gotthelf gerade umgekehrt: ist äußerlich ein solider gesetzter geistlicher Herr; sobald er aber die Feder in die Hand nimmt, führt er sich so ungeberdig und leidenschaftlich, ja unanständig auf, daß uns Hören und Sehen vergeht. Aber wie gesagt, in diesem Falle gewinnen die echten Liebhaber nur dadurch; sie erhalten um so unverfälschtere Waare, welche sie beliebig verwenden können. So ist z. B. jedes Buch Jeremias Gotthelf's eine treffliche Studie zu Feuerbach's „Wesen der Religion". Der Gott, der diese Bauern regiert, ist noch der alte Donnergott und Wettermacher. Sie hangen ab von Regen und Sonnenschein, von Licht und Wärme und fürchten Hagel und Frost. Sie zittern vor dem Blitzstrahl, der in ihre Scheune schlägt, und halten ihn für die unmittelbare Folge einer bösen That. Besitz und irdisches Wohlergehen verlangen sie von Gott und sind zufrieden mit ihm in dem Maße, als er dieselben gewährt. Er ist der Gewährsmann und Gehülfe aller ihrer Leidenschaften. Ein ruchloses verleumderisches Weib in der „Wehfreude" will ihn durch Gebet zwingen, ihre Feindin zu tödten, und zweifelt an seiner Gerechtigkeit, wenn ihre Dorfintriguen mißlingen. Da ist nie die Rede von der „schönen symbolischen Bedeutung" des Christenthums, von seiner „herrlichen geschichtlichen Aufgabe", von der Verschmelzung der Philosophie mit seinen Lehren.

Dagegen spielt der Teufel eine gewichtige Rolle und

Jeremias Gotthelf läßt uns diplomatischerweise im Unklaren, ob er nur als poetische Figur oder als baare Münze zu nehmen sei. Seine tugendhaften Helden sind alles konser= vative Altgläubige, und der Gott Schriftsteller mit der schick= salverleihenden Feder weiß sie nicht anders zu belohnen, als daß sie entweder reich und behäbig sind, oder es schließlich werden. Die Lumpen und Hungerschlucker aber sind alle radikale Ungläubige und ihnen ergeht es herzlich schlecht. Spott und Hohn treffen sie um so schärfer, je länger ihnen der Bettelsack heraushängt und je dürrer ihre Felder stehen. Dieß ist ganz in der Ordnung; denn nicht anders verhält es sich in der Wirklichkeit. Das Volk, besonders der Bauer, kennt nur Schwarz und Weiß, Nacht und Tag, und mag nichts von einem thränen= und gefühlsschwangeren Zwielichte wissen, wo niemand weiß, wer Koch oder Kellner ist. Wenn ihm die uralte naturwüchsige Religion nicht mehr genügt, so wendet es sich ohne Uebergang zum direkten Gegentheil, denn es will vor allem Mensch bleiben und nicht etwa ein Vogel oder ein Amphibium werden. Und damit wollen wir uns zufriedengeben und es nicht stark zu Herzen nehmen, wenn die weisen Herren vom Stuttgarter „Morgenblatt" unlängst sagten: der Atheismus (oder was sie darunter verstehen) werde in der guten Gesellschaft Deutschlands nun schon nicht mehr geduldet. Wo diese „gute Gesellschaft" zu suchen ist, weiß ich freilich nicht. Vielleicht ist etwa ein Stuttgarter Abendkränzlein damit gemeint, wo man den schwäbischen Jungfräulein aus dem ungeschickten und flachen Buche des Herrn Oersted vorliest; oder vielleicht besteht die gute Gesellschaft aus jenen erleuchteten germanischen Kreisen, in welchen man deutsche Literaturgeschichte in den

lächerlichen und naseweisen Arbeiten des Herrn Taillandier
studirt!

Analog seiner religiösen ist auch Jeremias Gotthelf's
juristische Weltanschauung. Er ereifert sich heftig über den
eingerissenen Humanismus im Rechtsleben und sehnt sich
nach der Blüthezeit des Galgens und der Ruthe zurück. Und
ganz liebenswürdig naiv sind ihm die heutigen Richter nichts
anderes als ausgemachte Schelme und Spitzbuben, welche
mit den ungehängten Verbrechern unter Einer Decke stecken.
Nicht aber, daß er sich sehr um die Gesetze kümmerte, wenn
sie gegen ihn sind. Seine Helden üben ein kräftiges Faust=
recht und prügeln unter dem sichtbaren Beifallslächeln des
Verfassers ihre radikalen Widersacher weidlich durch. Diese
sind natürlicherweise immer höchst erbärmliche und nichts=
würdige Gesellen, und Jeremias Gotthelf schildert sie als
solche mit großer Trefflichkeit. Leider muß man gestehen,
daß es im Gefolge des Zeitgeistes eine Menge solcher
schofeln Hallunken gibt; indem wir aber sagen: des Zeit=
geistes, so ist zugleich gesagt, daß, wenn dieser konservativ
wird, ihm jene armen Teufel ebenfalls nicht fehlen. Sie
schließen sich jeder Partei an, welche an's Agiren kommt
und Aussichten hat oder verheißt. Die deutschen Treubünde
der Gegenwart haben ein schönes Kontingent Ritter von der
traurigen Gestalt in sich aufgenommen. Halbherrenthum bei
hartnäckigem Geldmangel sind ihre Triebfedern. So wenig
der christliche Gott es verhindern kann, daß sich Wucherer,
Heuchler und Erzschelme zu ihm bekennen, so wenig kann
irgend eine Partei solchen Kameraden verbieten, ihre Fahne
aufzustecken.

Doch wollen wir es unserm Dichter Dank wissen, daß

er solche Misère so trefflich zeichnet; denn es ist noch besser,
wenn sie einseitig geschildert wird als gar nicht, da sie ein=
mal vorhanden ist; und selbst unserer Partei kann es nur
frommen, wenn manche ihrer Mitläufer der untern Schichten
sich ein wenig bespiegeln können. Für Charakterisirung der
politischen Tröpfe in den obern Regionen, der unklaren und
eigensüchtigen Gemüther von feinerm Korne, leistet in neuerer
Zeit Gutzkow Ausgezeichnetes in seiner merkwürdigen Durch=
dringungs= und Anempfindungskunst.

Die „Käserei in der Vehfreude" schildert den bäuer=
lichen Associationsgeist, wie er eine gemeinschaftliche Senn=
hütte für ein ganzes Dorf errichtet. Früher wurde der gute
Schweizerkäse nur auf den Alpen von einzelnen Kühern aus=
schließlich producirt, indem man der Meinung war, seine
Feinheit und Würze sei die einzige Folge der Alpenkräuter.
Seit aber die Chemie nachgewiesen hat, daß es, wie bei
mehreren andern Erzeugnissen, so auch beim Käse mehr auf
die Behandlungsweise ankomme, haben in der Schweiz viele
Dörfer der Niederungen sich diesem Produktionszweige zuge=
wendet. Sie bestellen sich einen erfahrenen Senn; jeder
Theilnehmer liefert vom Frühjahr bis zum Herbste alle ent=
behrliche Milch in die gemeinschaftliche Hütte, und die auf
diese Weise den Sommer hindurch entstandene Menge von
Käsen wird dann auf Einen Schlag an einen Händler ver=
kauft und der bedeutende Erlös unter die Theilnehmer ver=
theilt, je nach der Milch, welche sie geliefert haben. Dieses
Thema gab nun Jeremias Gotthelf die Veranlassung, alle
kleinen Leidenschaften des Dorfes spielen zu lassen: die Un=
geschicklichkeit und Naseweisheit bei der Konstituirung und
Vielherrschaft, den Ehrgeiz, Neid, Eigennutz, Mißtrauen, das

durch die Finger Sehen und wie alle die artigen Dinge heißen mögen, nebst vielen komischen Zügen. Vorzüglich zwei Momente ragen aus der Jugendgeschichte vorliegender „Käserei" hervor: die gewaltige Revolution, welche unter den Frauen entstand, als sie, die seit Jahrhunderten über den Ueberfluß an süßer Milch und Butter unbeschränkt gewaltet, darin geschwelgt, Gastfreundschaft geübt und auch ein ansehnliches Nadelgeld bestritten hatten, nun plötzlich sich auf das Unentbehrlichste beschränkt sahen und die reinliche weiße, so ganz weibliche Domäne den harten Händen der industriellen Männer übergeben sollten. Ferner als die Käserei endlich zu Stande gekommen, die volksthümliche oder menschliche Art und Weise, wie jeder einzelne, fast ohne Unterschied, sich beeilte, die Gemeinschaft zu betrügen durch verfälschte Milch, welche er lieferte, und nicht daran dachte, wie er sich nur selbst betrog, indem bald das Ganze darüber zu Grunde gegangen wäre.

Mit diesem Verlaufe ist nun noch eine hübsche Liebesgeschichte verbunden. Ein schöner überkräftiger und übermüthiger Magnatensohn, der Fürst und Herzog der wilden faustgerechten Jugend, liebt ein armes schüchternes, aber überaus feines Mädchen und wird von ihr wiedergeliebt; doch sind sich beide in ihrer Unschuld unklar darüber. Sie erfahren es aber durch einen ebenso überraschenden als hochpoetischen Zug des Dichters. Die Jünglinge des Dorfes kehren in sechs stattlichen Wagen, jeder von vier schweren stolzen Bauerpferden gezogen, von der Stadt zurück, wohin sie den Käse geliefert haben, und sprengen nun, vom Weine aufgeregt, in stolzem Uebermuth auf der nächtlichen Straße daher, der Held voran als ein wahrhaft antiker Wagenlenker.

Er ist bestrebt, das jämmerlich-komische Fuhrwerk eines liberalen Windbeutels, der vor ihnen herfährt, mit seinem
feurigen Gespanne zu überholen und ein wenig auf die
Seite zu drücken, schmettert es aber nicht nur zu Boden,
sondern überfährt auch seine Geliebte, welche in der Dunkelheit ungesehen denselben Weg wandelte. Sie wird ohnmächtig auf seinen Wagen gelegt, schlägt ihre Augen ein
wenig auf und schließt sie wieder ganz selig, als sie ihn er-
blickt; während er durch seinen Kummer um sie ebenfalls
über seine Liebe gewisser wird. Die Lösung des Knotens
wird ebenso originell herbeigeführt, indem der ritterliche
Bursche eines Sonntags in der Kirche, mitten in der Predigt,
eingeschlafen ist und in süßen Träumen laut von seinem
Liebchen einen Kuß verlangt. Um das Mädchen nicht in
Schande zu bringen, muß er sich sogleich erklären und heirathet es.

Die „Erzählungen und Bilder aus der Schweiz" enthalten theils solche ähnliche Geschichten in kürzerer Novellen-
form, meistens das Werben eines rüstigen Bauernsohns um
ein Weib oder umgekehrt, theils Anekdoten und Schwänke
in der Art des „Rheinischen Hausfreundes", auch einige
Visionen à la Jean Paul. Die Anekdoten wie die Visionen
erscheinen nicht so ungezwungen und eigenthümlich und hätten
füglich unterdrückt werden mögen. Die Novellen aber sind
alle vom gleichen guten Stoffe wie die größern Arbeiten
Gotthelf's. Vorzüglich fällt es auf, und jeder Leser wird
es gestehen, wie, abgesehen von der überladenen Polemik
und den Geschmacklosigkeiten in vielen Bildern, es doch so
wahrhaft episch hergeht in dieser Welt. Viele Züge könnten
ebensowohl dreitausend Jahre alt sein wie nur eines, und in

beiden Fällen gleich wahr und treffend. Die Frauen sind
schlau, wohlwollend und vorsorglich; die kräftigen Männer
sind geschwätzig und rühmen sich selbst unbekümmert, gleich
den Homer'schen Helden. Es ist der Stolz der Väter, wenn
sie nach einem Volksfeste einige hundert Thaler an die
von ihren Söhnen Verwundeten auszahlen müssen, und
dieses bringt That und Bewegung in die Geschichten. Die
Söhne sind große Pferdekenner und fahren voll Stolz durch
das Land.

Ein weiterer alterthümlicher Reiz ist in einigen dieser
Geschichten, wo eine Brautwerbung vor sich geht: daß gar
nie von Liebe die Rede ist. Die Leute gehen aus, ein Weib
oder einen Mann zu suchen, der auf ihren Hof paßt, und
doch empfindet der Leser jedesmal am Schlusse eine Genug=
thuung, wie kaum im empfindsamsten Romane. Wenn ein
Mädchen die einer tüchtigen Bäuerin nöthigen Tugenden und
einen schönen Leib besitzt, so ist sie das, was der Werber ge=
sucht hat; und es beruht diese Weise auf der Erfahrung, daß,
wo ein recht gesunder Mann mit einem ditto Weibe zu=
sammenkommt und beide auf einander angewiesen sind, auch
eine gesunde Liebe nie ausbleibt. In den Städten, wo eine
Unzahl Verschiedenheiten in der Geschmacksrichtung und
Geistesbildung ebenso viele „Mißverhältnisse" veranlaßt, wo
eine Frau eine unglücklich Getäuschte ist, weil es sich erweist,
daß der Mann keine Symphonie zu genießen im Stande
ist: — dort ist diese Weltanschauung allerdings nicht mehr
am Platze; aber auf dem Lande, wo alle Bedingungen der
Harmonie noch einfacher und gleichmäßiger sind, ist sie weit
poetischer, als man glauben möchte. Wenigstens ist die
Stimmung des Lesers in Jeremias Gotthelf's einfachen und

9*

hübſchen Werbegeſchichten ſo poetiſch wie in jedem andern
Romane, und bei mir war ſie es mehr, als wenn ich im
Petrarca geleſen hätte.

Zu Bodmer's und Breitinger's Zeiten und bis tief in
unſer Jahrhundert hinein pflegte die deutſche Kritik jeden
Schweizer, der etwa ein deutſches Buch zu ſchreiben wagte,
damit zurückzuſcheuchen, daß ſie ihm die Helvetismen vor=
warf und behauptete, kein Schweizer würde jemals Deutſch
ſchreiben lernen. In jetziger Zeit, wo die Königin Sprache
die einzige gemeinſame Herrſcherin und der einzige Troſt im
Elende der deutſchen Gauen iſt, hat ſich dieß geändert, und
ſie begrüßt mit Wohlwollen auch ihre entfernteſten Vaſallen,
welche ihr Zierden und Schmuck darbringen, wie ſie dieſelben
vor fünfhundert Jahren noch ſelbſt geſehen und getragen
hat. Jeremias Gotthelf mißbraucht zwar dieſe Stimmung,
indem er ohne Grund ganze Perioden in Bernerdeutſch
ſchreibt, anſtatt es bei den eigenthümlichſten und kräftigſten
Provinzialismen bewenden zu laſſen. Doch mag auch dieß
hingehen und bei der großen Verbreitung ſeiner Schriften
veranlaſſen, daß man in Deutſchland mit ein Bischen mehr
Geläufigkeit und Geſchicklichkeit als bisher den germaniſchen
Geiſt in ſeine Schlupfwinkel verfolgen lerne. Wir können
hier natürlich nicht etwa die philologiſch Gebildeten, ſondern
nur diejenige ſchreibende und leſende Bevölkerung Nord=
deutſchlands meinen, welche ſo wenig ſichern Takt und Di=
vinationsgabe in ihrer eigenen Sprache beſitzt, daß ſie gleich
den Kompaß verliert, wenn nicht im Leipziger oder Berliner
Gebrauche geſprochen oder geſchrieben wird.

III.*)

(1852)

Das politische Leben der Schweiz hat lange vor 1848, und als man noch keine Ahnung von der Möglichkeit eines Redwitz in Deutschland empfand, die konservativen und reaktionären Parteien die Brauchbarkeit der Belletristik einsehen lassen, und zu einer Zeit, wo Freiligrath's und Herwegh's gereimter Handschuhwechsel noch ganz vereinzelt bastand, besaßen die Schweizer schon umfangreiche poetische oder vielmehr unpoetische Manifeste, welche mit geharnischtem Zorn gegen den Radikalismus auftraten. Es war beiläufig gesagt sonderbar, daß diese „Dichter" vorzüglich auch gegen die unpoetische Tendenz der radikalen Poesie auftraten und doch wieder diese ihre Tendenz gegen die Tendenz zum nachhaltigen Gegenstande ihrer Ergüsse machten. Diese doppelte Ableitung kommt indessen heute noch vor und ist zuletzt allerdings die allertrockenste und poesieloseste Tendenz. Vorzüglich Fröhlich, der Fabeldichter, nach Bitzius das intensivste und kernigste Talent der poesiebeflissenen Schweiz, warf in den wiederholten Auflagen seines „Jungen Deutschmichels" einen Regen von Invektiven gegen das eingewanderte Fremdenthum, wobei indessen der Schweizer, die dazumal in einem harten Ringen um ein erneutes eidgenössisches Princip begriffen waren, nicht geschont wurde; vorzüglich war es auf das eidgenössische Festleben, auf das Pokuliren und Toastiren, Schießen und Singen abgesehen; und die eid=

---

*) Blätter für literarische Unterhaltung 1852 Nr. 47. (Besprechung von „Zeitgeist und Berner Geist." Berlin, Springer. 1852.)

genössische Schützenfahne, welche zur Zeit jenes wilden Kampfs
unter dem Trotz und Hohn der Sonderbündler, Baseler und
Neuenburger Stabilisten, unter den Drohungen und Noten
der großen Mächte den nach bessern Zuständen sich sehnenden
Schweizern ein Symbol war, das sie mit lärmendem, aber
wahrem und liebevollem Enthusiasmus begrüßten, wo es
sich zeigte, wurde von Fröhlich ein seidener Fetzen gescholten,
von Lumpen getragen oder dergleichen. Nun, der Fetzen
hat seitdem für einmal gesiegt, und der schmollende Poet
hat ihn am großen Schießen von 1849 selbst höflich in
Reimen begrüßt; und ein Extrakt jener liederlichen Toastirer
sitzt dermalen noch in Bern, angenehm beschäftigt dem ur-
wüchsigen Konkretismus der Kantone die Haare zu strählen,
die vornehmen Noten von draußen anständig abzunehmen
und den Boten den nicht wohl angehenden Inhalt der besagten Zettel auf die höflichste Weise zu erläutern, andererseits die muntere Heerde der praktischen Völkersolidaritäler
aller Zonen zu hüten, welche die ebenso einsichtsvolle als männliche Forderung stellen, daß zwei Millionen Schweizer garan-
tiren und ausfechten sollen, was vierzig Millionen Deutsche,
vierzig ditto Franzosen u. s. f. nicht die Lust, den Charakter
oder die Einsicht hatten, aufrechtzuerhalten und zu entwickeln. Es ist überhaupt ein seltsames Ding um diese
Anforderungen von allen Seiten und kommt daher, daß man
immer anderswo kratzt, als wo es juckt, um die eigenen
Sünden zu verbergen. Sogar das Frankfurter Parlament,
soeben aus der Begeisterung von vierzig Millionen hervorgegangen, (diese hinter sich mit der Macht über die Reichs-
armee) behauptete, daß der Heckerputsch von der Schweiz
ausgegangen sei und wollte deßwegen heftig an derselbigen

kratzen, bloß aus Aerger, daß es ein gut deutsches Gewächs war, entstanden aus reinem Reichsblute. Die Reaktion nennt die Schweiz einen Heerd des Kommunismus; die deutsche Demokratie nennt sie ein egoistisches filziges Krämer= nest, mit dem nichts anzufangen sei. Darüber werden die Schweizer selbst in müssigen Stunden unschlüssig und glauben es am Ende auch, so daß sie je nach den Parteien sich gegenseitig für die ausgemachtesten Teufelsbraten halten, bis die Arbeit sie wieder von dem nutzlosen Geträtsche wegruft.

Unterdessen setzt Fröhlich gelegentlich seinen alten Krieg fort und das auf die seltsamste Weise. Er schreibt näm= lich dann und wann eine ästhetische Tendenznovelle, worin viel von gemalten Glasscheiben, altdeutschen Bildern und vorzüglich von Musik die Rede ist. Da werden dann die Radikalen nicht als Schelme wie früher, sondern als künst= lerische Barbaren dargestellt, welche in gemüthlicher Tölpelei und musikalischer Roheit und Frivolität eine gar schlechte Figur spielen müssen, gegenüber den vornehm und streng= gebildeten Conservateurs und ihren Töchtern, welche die Händel'schen Oratorien verstehen und zu schätzen wissen. So kommen die Männergesangfeste, wo radikalisirt wird, schlecht weg gegen die schweizerischen Musikfeste, welche von den zu= sammengetretenen Dilettantenorchestern und gemischten Chören gefeiert werden und wo, da Damen hierzu gehören und der Grundstock schweizerischen Orchesterwesens immer noch an die städtische Aristokratie geknüpft ist, naturgemäß ein exklusiverer Ton herrscht. Da werden die Freiheitslieder singenden plebe= jischen Schweizersänger, welche nach des Tages Hitze einen guten Schluck ziehen aus den silbernen Preispokalen, in ein höchst unvortheilhaftes Licht gesetzt gegenüber den Händel'sche

und Mendelssohn'sche Lieder singenden Fräuleins von Bern
oder Aarau und ihren violinekratzenden Anbetern.

Jeremias Gotthelf aber führt den Krieg mit alter
Energie auf dem alten Boden nicht des ästhetischen, sondern
des moralischen Schlechtmachens fort, wo er als Parteimann
des Kantons Bern vollkommen berechtigt ist; ob er es aber
auch als Schriftsteller, Dichter und Christ ist, wollen wir
ein wenig näher ansehen.

Er sagt in der Vorrede zu seinem „Zeitgeist und Berner
Geist", Freunde hätten ihm gerathen, die Politik endlich
beiseite zu lassen; er aber setze, diesem Rathe schnurstracks entgegen, hiermit ein neues Buch in die Welt, welches von
Politik strotze. Darin hat er als Bürger wie als Schriftsteller u. s. w. durchaus Recht; denn heute ist alles Politik
und hängt mit ihr zusammen von dem Leder an unserer
Schuhsohle bis zum obersten Ziegel am Dache, und der
Rauch, der aus dem Schornsteine steigt, ist Politik und
hängt in verfänglichen Wolken über Hütten und Palästen,
treibt hin und her über Städten und Dörfern.

Jeremias Gotthelf erklärt ferner, daß sein Büchlein kein
Kunstwerk sein soll. Ein solches ist es allerdings nicht, und
wir befürchten, er sei nunmehr unter die Literaten gegangen,
welche dem Teufel ein Ohr wegschreiben; und darin hat er
Unrecht. Denn als Christ hat er die Pflicht, sein Pfund
nicht zu vergraben und ein dem Herrn gefälliges Kunstwerk
zu schaffen mit Fleiß, Reinlichkeit und Selbstbeherrschung,
da er das Zeug dazu empfangen hat; als Bürger und
Parteimann hat er diese Pflicht ebenfalls, weil ein wohl-
proportionirtes und schöngebautes Werk seinen Zweck besser
erreicht als das entgegengesetzte, und gerade beim Volke

allererst. Gebildete können am Ende an einem wilden
Produkte ein pathologisches Interesse nehmen und überhaupt
Roßnägel verdauen, wie die tägliche Erfahrung zeigt; auf
das Volk hingegen wirkt nur solide Arbeit, wenn es darüber
auch keine gelehrte Rechenschaft gibt. Jeremias Gotthelf's
Hauptstärke ist einmal nicht die geistliche und politische
Rhetorik an sich, so fest auch seine Gesinnung ist, sondern
eben das stofflich Poetische; darum sollte er dieses in den
Vordergrund treten lassen, wie er es früher auch gethan,
als er noch nicht so von der Tendenz besessen war. Die
Wahrheiten, welche er gern sagen möchte, alsdann an den
rechten Stellen als Schlaglichter aufgesetzt oder vielmehr als
organische Blüthen nothwendig erwachsen, würden so, wenigstens für den naiven Leser, eher eine überzeugende Wirkung
gewinnen. Hierin liegt aber der Knotenpunkt, wo das
Wollen mit dem Können auseinandergeht und welchem
auch ein Talent wie Jeremias Gotthelf machtlos unterworfen ist.

Ein Parteimanifest zu verfassen, welches, sei es ein
rhetorisches oder plastisch-poetisches, zugleich ein reines und
gediegenes Kunstwerk sein soll (und wie gesagt, noch jedes
aus alter und neuer Zeit ist ein solches gewesen und hat
es sein müssen), dazu gehört eine über der Befangenheit der
Partei schwebende unbefangene Seele, eine über die Leidenschaft sich erhebende Ruhe, welche aber jene kennt, durchlebt
hat und zur Energie veredelt wieder in den Kampf führt;
es gehört so viel guter Grund und Boden dazu als nöthig
ist, nicht zur förmlichen Entstellung und Inkonsequenz greifen
zu müssen; es gehört dazu eine gewisse Achtung des Gegners,
um dessen Gefährlichkeit zu beweisen, ohne die eigene Partei

oder das Volk, welches diese beschützen will, verächtlich und
lächerlich zu machen; endlich gehört dazu eine gewisse innere
Wahrheit und Berechtigung, welche den vorgebrachten Mei=
nungen, seien sie, welche sie wollen, einen anständigen Ernst
verleihen und verhindern, daß dieselben in bloß marotten=
hafte oder gar possenhafte Vorbringungen ausarten, die am
Ende gar nirgend hingehören und nirgend zu Hause sind.

So lange Jeremias Gotthelf die Sache aller rechtlichen
und ordentlichen Leute, die Sache des gesunden Volksthums
gegen die Liederlichkeit und Narrheit verfocht, hatte er einen
guten Grund und Boden und war ein tüchtiger Künstler,
wenn seine schönen Erzählungen auch „strub" und natur=
wüchsig geschrieben waren. Seine Parteiseitenhiebe konnte
man dabei hinnehmen, zumal sie nicht immer ungerecht
waren gegen manche Narrheiten und Lumpereien des Libe=
ralismus, wo dieser mit Renommage und halbgebildetem
Herrenthum Hand in Hand geht; denn Wahrheit schadet
nirgend und ist in allen Dingen gut. So lange er ferner
das Menschenschicksal und dessen Ertragung an sich be=
trachtet und darstellt, wie er es vorfindet, so lange ist er ein
ehrenwerther und verdienstvoller Meister, und auch da müssen
wir es hinnehmen, wenn das Uebel, welches von mißver=
standenem politischen Leben hereinbricht, deutlich beschrieben
wird. Seit er aber alle Rechtlichkeit und Weisheit, alle
Ehre und Wohlgesinntheit, kurz alles Gute Einer Partei
vindicirt und alle Ehrlosigkeit, Schelmerei und Narrheit,
alles Uebel der andern, seit er das Menschenschicksal aus=
schließlich abhängig macht vom Bekenntniß dieses oder jenes
Parteistandpunkts: seitdem hat er den Boden unter den Füßen
verloren und liefert uns leidenschaftlich-wüste, inhalt= und

formlose, stümperhafte Produkte. Denn ohne ein Maß von Weisheit und Gerechtigkeit gibt es keine Kunst; und wenn Jeremias Gotthelf sagt, daß sein Buch kein Kunstwerk sein soll, so ist dieses die Resignation des Fuchses, welchem die Trauben zu sauer sind. Daß sie ihm aber zu sauer sind, ist seiner verletzten Pflicht hart vorzuwerfen; wäre er nicht von dem Schemel der Weisheit und Gerechtigkeit heruntergestiegen, so würden seine Beine nicht zu kurz sein und er könnte heute noch an den schönen Weinstock hinaufreichen.

Als das schweizerische Volk durch die neue Bundes=verfassung im Jahre 1848 einen vorläufigen Abschluß und Sieg errungen hatte nach langen politischen Kämpfen um die schmale Linie, auf welcher Centralisation und Födera=lismus einander am füglichsten die Hand reichen, ruhte es auf diesen Lorbeern nicht träge und selbstzufrieden aus, son=dern es begann in den einzelnen Kantonen sofort ein mun=teres Revidiren der Verfassungen. Seit zwanzig Jahren hatte dieß Volk um Ideen gestritten und seine Verfassungs=produktion vorzüglich den Charakter dieses Streits getragen; es hatte durch das Hinauswerfen der Jesuiten (was eine ehrenwerthe und gesunde That war, welche es wiederholen wird, sobald die zurückgebliebenen Wurzeln wieder geile Schosse treiben, trotz aller zur Mode gewordenen lächerlichen Blasirtheit in Beziehung auf den Jesuitenhaß) und durch die zeitgemäße Beschränkung der Kantonalsouveränetät sein Schwert im Ideenkampfe bewährt und konnte es für einmal einstecken. Hingegen machten sich nun in dem begonnenen Revidiren die materiellen Fragen mit aller Macht geltend; das gemüthliche Schlagwort hierfür hieß: von dem ewigen Politisiren über Formen, wie man die Ideen nannte, habe man

am Ende nicht gegessen! Wie aber dieser Punkt gerade
nicht specifisch=schweizerischer Natur, sondern von allgemeiner
Zeit= und Weltnatur war und von deren Einflüssen her=
rührte, so konnte er auch nicht unabhängig davon, inselhaft
so zu sagen, in's Reine gebracht werden. Es kam auch nicht
viel Rechtes dabei heraus, und der Nutzen dieser muntern
Thätigkeit liegt lediglich in dem wohlthätigen Sauerteige,
den sie in das öffentliche Leben brachte. Man hatte seit
zwanzig Jahren, um nur von dem letzten Abschnitte der Ge=
schichte zu sprechen, Verfassungen gemacht, beschützt, ange=
griffen, gebrochen, geflickt und revidirt, und glaubte in diesem
Metier etwas Erhebliches zu leisten, was man mit Recht
politische Bildung nennt. Diese Bildung zeigte sich aber
urplötzlich als eine echt Sokratische, indem das höchste
Wissen darin bestand, daß man beinahe nichts zu wissen
bekannte, und dieß ist eben der wohlthätige Sauerteig, von
dem wir sprachen. Die Aargauer laborirten vier Jahre an
einer Verfassung, verwarfen den Entwurf ein halbes Dutzend
mal und brachten schließlich noch wenig genug heraus.
Ein allgemeiner Krieg von Grundsätzen gegen Grundsätze
entspann sich auf dem unblutigen Boden der Wahlkirchen und
Vetokirchhöfe und auf den grünen Wiesen der vorzeichnenden
Volksversammlungen. Alte Matadore geriethen in Miß=
kredit; neue liefen sich die Hörner ab; das Volk verharrte
als eine friedlich, aber halb unruhig wogende, halb räthsel=
haft stumme Masse und zeigte in dieser holden Verwirrung
vielleicht zum erstenmal, daß es anfange zu merken, daß eine
Verfassung kein Schuhnagel sei. Dieß ist schon sehr viel;
anderwärts wird man eine Strecke zu laufen haben, bis
man dieß Stadium erreicht; denn nicht sowohl in der Ge=

läufigkeit, mit welcher man ein Gesetz entwirft und an=
nimmt, sondern in der Ehrlichkeit, Ernsthaftigkeit und Ent=
schlossenheit, mit welcher man es zu handhaben gesonnen ist,
zeigt sich die wahre politische Bildung. Daß diese den
Schweizern größtentheils eigen ist, insofern sie auch in einem
richtigen Verhältniß der öffentlichen Arbeit zur Privat= oder
häuslichen Arbeit besteht, haben sie auch auf der Londoner
Industrieausstellung bewiesen.

Im großen Kanton Bern hatte diese Revisionslust mit
materieller Tendenz schon zwei Jahre früher begonnen, in's
Leben gerufen durch die junge Rechtsschule und die allge=
meinst radikal Gesinnten, welche dadurch die etwas stagnirende
und unentschiedene Regierung des ältern Liberalismus aus
dem Sattel warfen. Die großen Bauern sowohl, denen
man Grundzins und Zehnten abnahm, wie die Armen, denen
man gründliche Hülfe versprach, waren bei der Sache, und
die neue Verfassung mit kühnen Aenderungen und Neuerungen
ward fertig. Allein es war eben vor dem Abschluß des
Sonderbundskriegs und vor dem Jahre 1848, daher auch
ohne die Sokratische Weisheit geschehen, welche diese beiden
Erfahrungen erst gebracht haben. Denn wenn die Schweizer
auch den Erscheinungen der letzten Jahre ruhig zusehen
konnten, so mußte doch der Geist der Geschichte über ihre
Grenzen wehen und ihnen ihre eigene Bedeutung und Stel=
lung mächtig zur Erkenntniß bringen. Sie haben sehen
können, daß sie nicht die ausschließlichen Pächter der Frei=
heitsliebe in Europa sind, daß sie aber durch den alten Be=
sitz und Gebrauch der Freiheit die doppelte Verpflichtung
haben, keine Dummheiten zu machen. Die Berner Ver=
fassung ward noch in dem alten unbekümmerten Sinne mit

wenig Respekt gemacht und in's Leben geführt. Man
näherte sich darin der „reinen Demokratie" durch das Ab=
berufungsgesetz, wonach das Volk jederzeit die gewählte
Regierung zwischen den Wahlterminen abberufen kann. Dieß
geschah nicht als Nachahmung der kleinen demokratischen
Kantone, sondern als Ausfluß kosmopolitischer, vorzüglich
deutscher Freiheitstheorien, welche eher auf einem sklaven=
haften Pessimismus als auf einem männlichen Idealismus
beruhen.

Die Berner sind eine schwer in Fluß gerathende grob=
körnige, aber kräftige Masse, welche, einmal in Wallung,
nicht so leicht wieder glatt wird und sich in ungeheuerlichem
Excediren gefällt, am liebsten mit den Fäusten auf den
Köpfen der Opponenten politisirt. Es gab allerlei Unfug
und Unbehaglichkeit; alte konservativ gewordene Volksführer
thaten sich wieder hervor, die Zeitumstände benutzend, und
es entstand jene widerliche Verbindung von ehemaligen libe=
ralen Magnaten vom Lande mit den eigentlichen Aristo=
kraten, die überall, kein reelleres Band zwischen sich vor=
findend, Religion und Sittlichkeit zu ihrem Schibboleth
macht. Sie erzeugten einen Umschwung in der Volksstim=
mung; das Volk wählte 1850 wieder konservativ, zeigte sich
aber bald darauf den Radikalen wieder günstiger, da die
konservative Regierung nichts Absonderliches vorzubringen
wußte. Die Radikalen wollten nun jenes Abberufungsgesetz
benutzen, um das eingedrungene Regiment vollends zu be=
seitigen; es entstand eine gewaltige Agitation, wo auf beiden
Seiten die ausgebildetste Demagogie betrieben wurde. Das
Volk berief nicht ab, nicht sowohl aus reaktionärem Sinne,
als um zu zeigen, daß es Manns genug sei, ein einmal

gewähltes Regiment seine Zeit ausdienen zu lassen, und daß
es aus Respekt gegen seine eigene Wahlfähigkeit sich bis
zum nächsten Termin gedulden wolle. Die radikalen Führer
aber hatten sich durch das verfehlte Manöver im eigenen
Netze gefangen und der Regierung Raum gegeben, um ihre
Klauen zu zeigen und ein Bischen zu krebsen, bis ihre Zeit
ebenfalls wiederum erfüllt ist.

Jeremias Gotthelf's „Zeitgeist und Berner Geist" ent=
hält eine polemisirende Schilderung der Berner Zustände vor
jenem Umschwunge und den Anfang dieses Umschwungs,
indem er das erwachte politische Leben mit den schwärzesten
Farben ausmalt und es den Zeitgeist nennt; während die
Rückkehr zum Bessern, zu patriarchalischen religiösen Zu=
ständen, der Berner Geist sein soll. Der Titel ist allerdings
gut und richtig gewählt, indem er das Verhältniß bezeichnet,
nur nicht wie Jeremias Gotthelf es gemeint hat. Im Zeit=
geist liegt allerdings die Forderung politischen Bewußtseins,
möglichste Ausgleichung drückender und unnatürlicher Zu=
stände, Sicherstellung gegen religiösen Terrorismus; daß diese
Forderungen aber in Bern in's Ungeheuerliche und Plumpe
ausarteten, indem eine halbzugeleckte Generation sich plötz=
lich in einem wilden Rodomontiren und Peroriren gefiel, ist
derselbe Berner Geist, in welchem früher die großen Bauern=
söhne zum Vergnügen halbe Dorfschaften lahm schlugen und
von denen Jeremias Gotthelf mit so viel wohlgefälligem
Stolze sonst zu erzählen weiß. Indessen hat er das Recht,
solch tolles Gebahren zu schildern und zu seinen Zwecken zu
benutzen; nur ist auch hier die Uebertreibung und förmliche
Entstellung unzweckmäßig. Nach seiner Darstellung hat der
Zeitgeist unter dem radikalen Berner Regiment unter an=

dem folgende Ergebnisse hervorgebracht: Advokaten zanken
ungescheut und öffentlich, gleich vor den Richtern, ihre
Klienten aus, weil diese sich sträuben, einen Meineid abzu-
legen; Beamtenfrauen und sonstige weibliche Honoratioren,
an einem Badeort versammelt, erklären unverhohlen, daß
nunmehr, wo die Religion abgeschafft sei, eine Frau ihrem
Manne Hörner aufsetzen dürfe und solle; die Radikalen
veruntreuen nicht nur die Gelder des Staats, sondern auch
als Gemeindevorsteher verkaufen und verhuren sie das ihnen
anvertraute Gut der Wittwen und Waisen, alles mit fortwährend Reden von Humanität und Aufklärung u. s. f.
Diese Thatsachen kommen zwar im Verlaufe des komponirten
Romans vor, welcher diesen Auslassungen als Gerippe dient;
da jedoch der Verfasser an andern Orten bestimmte Namen
lebender Staatsmänner und Parteiführer bezeichnet, so kann
man jene Artigkeiten nicht als poetische Licenzen, sondern
nur als wahren Stoff betrachten, der dem Verfasser vorge-
legen habe.

Wenn man nun die dem Buche zu Grunde liegende
Dorfgeschichte betrachtet, an welche Jeremias Gotthelf seine
Meinungen und Mahnungen knüpft, so trägt diese an sich
schon in ihrem Motiv den Stempel der Unwahrheit. Zwei
Bauern, reich, hoch und ansehnlich, männlich und christlich,
sitzen auf ihren alten großen Höfen, befreundet und ver-
wandt unter sich; einer kann sich auf den andern verlassen
und beide stehen der Gemeinde mit Rath und That vor,
tüchtig und besonnen. Da wird der eine vom Zeitgeist
ergriffen; er geräth, indem er in ein Gericht gewählt wird,
unter die Schriftgelehrten und Phrasenmacher, Regierungs-
statthalter, Präsidenten u. s. f., wird als reicher und einfluß-

reicher Bauer als gute Beute erklärt und in den Schwindel
hineingezogen. Zuletzt wird er Großrath und eine politische
Größe, d. h. ein eitler und aufgeblasener Esel, der zu allen
schlechten Zwecken benutzt wird. Zugleich wird er ein liederlicher Schlemmer, Hurer und Religionsleugner und bringt
sein Haus an den Rand des Abgrunds. Die Frau liegt
schon im Grabe; der eine Sohn, welchen er ebenfalls zu
diesem Leben angeleitet hat, wird über einer Blasphemie
vom Tode ereilt, als er schlemmend und brüllend den politischen Gelagen nachzieht, das Geld von Wittwen und Waisen
in der Tasche. Hierdurch wird die Katastrophe herbeigeführt.
Der niedergeschmetterte Vater weiß sich nicht zu helfen, und
nun tritt der andere Bauer zu ihm, welcher fromm und
konservativ geblieben ist, und richtet ihn auf, mit Rath und
That in dem zerrütteten Hause hantierend.

Das Ausschlagen des gefallenen Sohnes ist nicht unmöglich, hingegen das des Vaters vollständig, insofern es
die Wirkung des politischen und religiösen Zeitgeists auf
einen sonst tüchtigen Bauer vorstellen soll. Wer die Bauern
kennt, weiß zu gut, daß diese sich nicht so leicht aus dem
Häuschen bringen lassen, und es geht gerade über die
schweizerischen Bauern die Klage, daß bei ihnen der Liberalismus keinen sonderlichen Einfluß auf den Geldbeutel aus-
übt. Es gibt aller Orten Leute, welche, von Haus aus
liederlich, das politische Behaben als Beschönigung ihrer
Zerstreuungssucht benutzen; abgesehen, daß solche überhaupt
nicht hierher gehören, sind sie leider bei allen Parteien zu
finden, und ein konservativer betrunkener Heulmeier, der
hinter dem Schnapsglase die Religion für gefährdet erklärt,
ist auch keine anmuthige Erscheinung.

Am wunderlichsten nimmt sich in Jeremias Gotthelf's Buche die geschlechtliche Ausschweifung aus, welche er dem Zeitgeist vindicirt. Er will damit offenbar auf die ländlichen Ehefrauen wirken, indem er die politischen Geschäftsgänge ihrer Männer stark verdächtigt. Ueberhaupt streichelt er den Weibern in einem wahren Hebammenstile den Bart: „Sie kam in die beschwerlichen weiblichen Zustände, welche körperlich und gemüthlich oft große Beschwerden bringen und in welchen oft das arme Weib es besser hat, als das reiche. Das alles mißstimmte Gritli und die Mißstimmungen überwand es nicht." O du feiner Gotthelfli! Wie wahr! Wie muß das den reichen stolzen Bauernfrauen munden, welche ein Bettelweib um seine leichte Niederkunst beneiden! Mißstimmungen! Hoffen wir indessen, daß die ehrenwerthen Berner Frauen männlicher und gesünder gesinnt sind und einen solchen Stimmungsjargon nicht annehmen und solchen den Blaustrümpfen deutscher Salons überlassen. Auch in anderer Weise verfällt Jeremias Gotthelf in's Unmännliche, indem er immer wieder mit breiter Geschwätzigkeit die Interessen von Küche und Speisekammer behandelt und seine genaue Kenntniß der Milchtöpfe, der Hühner= und Schweineställe auskramt. Auch hierdurch glaubt er die Gunst der Hausfrauen zu gewinnen und durch die Küchenweisheit die politischen und religiösen Grundsätze einzuschmuggeln. Es ist aber nicht zu begreifen, wie ein so tiefer Kenner des Volkslebens in letzter Linie das Volk mißkennt und nicht weiß, daß dieses das allzu Nahe und Gewöhnliche kindisch findet, wenn es ihm gedruckt in einem Buche entgegentritt. Das kommt alles von dem unwahren Standpunkte, von welchem Jeremias Gotthelf ausgeht; der krasse Materialismus,

mit welchem seine Religiosität verquickt ist, läßt ihn zu solchen falschen Mitteln greifen.

Er sagt in der Vorrede, daß er ein geborener, nicht
ein gemachter Republikaner sei, daß aber sein Verlangen auf
einen christlichen Staat und daher all sein Schreiben und
Wirken auf dieses Ziel gerichtet sei. So ist denn die Reli-
gionsgefahr der eigentliche Inhalt seines Buchs, vorzüglich
wie sie durch die Berufung des Tübinger Professors Zeller
über den Kanton Bern gekommen und durch die freisinnige
Einrichtung und Leitung des Lehrerseminars befördert worden
ist. Zunächst versteht er unter dem christlichen Staate die
alte Republik Bern, welche aus alten christlichen Bauern-
dynastieen besteht, die so lange auf ihren fetten Höfen sitzen
dürfen, als sie Christum bekennen. Thun sie dieß nicht
mehr, so kommen sie um Haus und Hof. Es steht indessen
im Evangelium kein Wort davon, daß der rechte Christ ein
reicher Berner Bauer sein müsse. Nebenbei haben diese
Bauern noch die schöne Prärogative, einem Armen um
Gotteswillen ein Stück Brot zu geben, „denn“, klagt Einer,
welcher darüber weint, daß er nun seine Religion „abgeben
müsse“: „am meisten könnten mich die Armen dauern, die
um Gotteswillen bitten und denen man um Gotteswillen
gibt und hilft, denen bliebe nichts anderes übrig als Hungers
zu sterben oder Gewalt zu brauchen!“ Wir trauen Bitzius
gern zu, daß er einem Armen, auch wenn er als ein
blinder Heide geboren wäre, doch von Herzen ein Stücklein
Brotes gäbe und denselben nicht unbedingt verhungern ließe,
auch wenn er nicht um Gotteswillen bäte; daß er aber mit
obiger Bauernlogik zu Felde zieht, gibt einen glänzenden
Beweis seiner demagogischen Fähigkeiten. Einen atheistischen,

von der Zeller'schen Aufklärung angefressenen Kerl läßt er
sagen: „Gott ist ein Kalb!" Es hat allerdings schon Jahr=
hunderte vor uns eine Art konfusen Volksatheismus gegeben,
welchem einzelne wüste Subjekte verfielen, die von der all=
gemeinen Idee Gottes nicht loskommen konnten und daher
Blasphemien gegen sie ausstießen, weil sie ihnen in ihrem
Treiben unbequem war. Solche Erscheinungen haben mit der
Geschichte der Religion und Philosophie nichts zu thun und
sind eben krankhafte Auswüchse, die jederzeit vorkommen.
Das Volk hingegen, dieselben im Gedächtniß, stellt sich dann
die freie Denkart, welche vom Zeitgeist herrührt, gern unter
jener Form vor, wozu das unsinnige und boshafte Wort
„Gottesleugner", das es im Munde der Pfaffen hört, das
seinige beiträgt. Lügen heißt gegen seine Ueberzeugung
von der Wahrheit einer Sache aussagen, Gottleugnen also,
Gott innerlich voraussetzen und äußerlich leugnen: daher
der widerliche Klang des schlau erfundenen Worts. Wenn nun
aber Gotthelf die Sache zusammenfaßt in der holdblühenden
Blasphemie: „Gott ist ein Kalb!", dieselbe für eine Folge
der Aufklärung ausgibt, so mag dieß in harten Berner
Schädeln von Wirkung sein, seiner christlichen Phantasie ge=
reicht es aber zu geringer Ehre.

Wenn man das Buch zuschlägt, so hat man den Ein=
druck, als sähe man einen Kapuziner, nach gehaltener Predigt
den Schweiß abwischend, sich hinter die kühle Flasche setzen
mit den Worten: „Denen habe ich es wieder einmal gesagt!
Eine Wurst her, Frau Wirthin!"

Ein Beweis von der frivolen und materialistischen Ader,
die als Religiosität mehr und mehr in Jeremias Gotthelf's
Sachen zu Tage tritt, ist auch ein zu Leipzig erschienenes

Volksbüchlein mit Holzschnitten und in Traktätchenform, also eigentlich für das Volk berechnet. Es enthält die Geschichte zweier Leutchen, welche einander blutjung und blutarm ge= heirathet, durch unermüdliche Thätigkeit und Sparsamkeit aber bis zu ihrem Alter ein artiges Vermögen zusammen= scharren. Sie erreichen ein hohes Alter in Weisheit und Wohlstand; der Mann stirbt aber vor der Frau und sie lebt in seinem frommen Andenken den Rest ihrer Tage hin. Bis jetzt ist sie als ein Muster eines weisen und christlichen Lebenslaufs dargestellt worden. Nun bekommt sie auf ein= mal am Rande des Grabes schwere Sorgen, wem das zu= sammengescharrte Vermögen zufallen solle; ihre Erben kon= veniren ihr nicht, daher heirathet sie noch vor Thorschluß ein blutjunges Knechtlein, welcher sie auf dem Holzschlitten zur Trauung zieht. Nachdem sie also fünfzig Jahre mit dem Manne ihrer Jugend in Eintracht gelebt, benutzt sie das christliche Institut der Ehe, wie man eine Mausfalle benutzt, um ihrer Sorgen wegen ihres zu hinterlassenden Guts ledig zu werden. Schon daß sie diese Sorgen hat als alte weise Christin, die sich vom Irdischen ab= und dem Himmlischen zuwendet, ist ein sonderbares Ding.

Es steht einstweilen nicht mehr in der Macht der Kirche, ihre Gegner körperlich zu verbrennen; daß man hin= gegen mit Vergnügen ein moralisches Scheiterhäufchen unter den Füßen Andersdenkender anzündet, davon ist Jeremias Gotthelf ein neues Beispiel, und dieß moralische Verbrennen ist kaum menschlicher. Doch soll einmal das Geschäft be= trieben werden, so wäre zu rathen, vorher sich nach einem festern und gediegenern Princip und einer eigenen konse= quentern Moral umzusehen; mit Possen und thörichten

Wißen ist nichts gemacht. Wenn solche in dem wirklichen
Kriege der Parteien manchmal Dienste leisten, da es allerlei
Sorten Leute gibt, denen man auf ihre Weise dienen muß,
so ist es am Ende nicht zu verübeln; und wenn Jeremias
Gotthelf, der Pfarrer und Bürger, in seinem Dorfe damit
ausreicht, so fahre er tapfer fort, es gibt was zu lachen
nach der Wahl u. s. w. Nur in einem Buche, welches er ein
paar hundert Meilen weit weg drucken läßt, und in welchem
seine Freunde Erholung und Freude zu finden hofften, sind
sie nicht am Platze. Es herrscht eine solche Unfruchtbarkeit
und Oede auf dem Acker deutscher Gestaltungskraft, daß
man nur ungern eine so schöne ursprüngliche Fähigkeit abscheiden sieht.

IV.*)

(1855)

Die „Erlebnisse eines Schuldenbauers" zeigen die alten
Tugenden und alten Fehler des unerschöpflichen Bitzius im
alten vollen Maße. Er bleibt sich immer gleich, und wenn
man sein neuestes Werk liest, so hat man nicht mehr noch
weniger als bei dem frühesten seiner Bücher. Es ist aber
ein mächtiger Beweis von der Echtheit und Dauerbarkeit
der Gotthelf'schen Muse, daß trotz aller Wiederholung, aller
Einseitigkeit und Eintönigkeit man seine Werke, seien sie
noch so breit und geschwätzig, immer mit der alten Lust

---

*) Blätter für literarische Unterhaltung 1855, Nr. 9. („Erleb-
nisse eines Schuldenbauers" 1854.)

fortliest; sie werden mit Ausnahme einzelner wirklich kopf=
loser Tiraden (welche von dem sophistischen Tendenzfanatis=
mus herrühren) nie langweilig, weil die Natur und die
wahre Poesie selbst eben nie langweilig werden. Die ethische
und politische Grundlage, auf welcher auch dieß Buch auf=
gebaut ist, ist falsch und gedankenlos, da sich wieder die
Frage um den irdischen Besitz mit christlichen Redensarten
und mit der Verleumdung der Liberalen verbindet. Doch
eigentlich gedankenlos nicht; denn es ist ein tiefgreifender
Parteikunstgriff Gotthelf's, daß er in das leichte Geplänkel
seiner frömmelnden und konservativen Schnurren und Unge=
zogenheiten immer diesen schweren Klotz des materiellen Be=
sitzes, der Scholle und des Thalers hüllt: dieser ist es,
welcher auf den Bauersmann wirkt, die wahre christliche
Seligkeit der Gemeinde und ihres Herrn Pfarrers. Sieht
man von diesem unsittlichen Parteikniff ab, welcher die
Grundlage bildet, so wird die üble Absicht sogleich im
Einzelnen zur trefflichsten und wahrsten Ausführung. Werth
und Heiligkeit von Arbeit, Ordnung und Ausdauer, den
Haupttugenden der Ackerbauer, werden so dichterisch ver=
klärt, wie wir es nur in wenigen besten Werken der ganzen
Literatur finden können, und vorzüglich die Ehe, das
Zusammenleben und =Wirken von Mann und Frau, ihr
gemeinschaftliches Arbeiten, Dulden, Hoffen, Sorgen und
Genießen weiß Gotthelf mit unübertrefflichem Reize zu
schildern.

Auch in den „Erlebnissen eines Schuldenbauers" ist
wieder solch ein trefflich gezeichnetes Ehepaar in dem Auf=
bau seiner irdischen Welt, seines leiblichen Glücks mit jener
Bedeutung und Schönheit geschildert, welche jüngst Hermann

Hettner mit Recht als den Schwerpunkt in Defoe's Urbild
des „Robinson" und als den ersten Reiz aller Robinsonaden
nachgewiesen hat.   Schon „Uli der Knecht" und „Uli der
Pächter" besitzt seinen Hauptreiz in diesem Schauspiele,
welches uns das Entstehen, Anwachsen und Gedeihen einer
Familienexistenz fast aus dem Nichts unter günstigen und
schlimmen Einflüssen vorführt; und das sichtliche Gelingen
der Arbeit im unmittelbaren Boden, die sich sammelnden
Vorräthe, der schließliche Besitz eines wohlbestandenen, in
allen Ecken belebten und angefüllten Bauernhofs verursachen
dem Leser das gleiche ursprüngliche Behagen, wie jenes glück=
liche Gedeihen der Robinsone.   Im „Schuldenbauer" ist
wieder der ganz gleiche Vorgang, indem ein Knecht und
eine Magd sich heirathen und von unten auf anfangen,
jedes mit einem individuellen hinzugebrachten Charakter;
allein der Verlauf ist ein verschiedener, indem der Verfasser
hier zeigen wollte, wie sich die Kenntniß und Liebe der Ar=
beit und Ordnung — welche nichts weiter will und zu
müssen glaubt, als sich selbst genügen und ehrlich durch sich
selbst bestehen, welche nicht begreifen kann, wie sie dabei
nicht bestehen sollte, während ein anderer, der nichts thut
und eigentlich auch nichts versteht, den Gewinn davon hat
durch ganz einfältig und thöricht scheinenden Schwindel —
zu eben diesem Schwindel, d. h. zur Spekulation mit
müßigen Händen, verhält.   Der Bauer arbeitet mit seiner
Frau, ist betriebsam, kenntnißreich und fleißig von .früh bis
spät, alles gelingt ihm, aber nicht für ihn, sondern für die
Güterkäufer, Agenten, Spekulanten und Hallunken, in deren
Händen er ist und welche alle Radikale und liberale Lumpe
sind; bis ein alter adeliger Grundbesitzer und Patricier ihn

rettet. Die wilden Bestien und Kannibalen, mit welchen
Robinson sich herumschlägt, sind hier die civilisirten Men=
schen, die Elemente die Menschenkniffe und gesellschaftlichen
Verhältnisse, und das Schauspiel mitten im alten Festlande,
in der alten Republik Bern, das gleiche wie auf jener Insel
des Weltmeers, bis auf die innere Moral, durch welche
Gotthelf's Schriften zu großartigen Parteipamphleten werden.

Das Buch Hiob bestreitet in seinem prachtvollen und
majestätischen Rhythmus und dialektischen Wogenschlag den
althebräischen Glaubenssatz, daß Gott ausschließlich und
zum Kennzeichen die Rechtschaffenen, Frommen auf Erden
glücklich mache und mit Besitz und leiblichem Gedeihen aus=
drücklich vor den Schlechten auszeichne, welchen es auch
schlecht ergehe. Alle Gotthelf'schen Werke nehmen eben diesen
Mosaischen Glaubenssatz in ihrem Kerne gegen das tapfere
Buch Hiob in Schutz, mit einer kleinen Modifikation.
Nach ihnen sind alle Frommen und Gerechten entweder schon
mit Wohlstand und Glück gesegnet und sind zugleich gut
konservativ, oder sie verdienen es zu werden, und es ist er=
sichtlich, daß dieß Gottes Absicht ist; aber die Schlechten,
die Sünder, die Lumpenhunde, welche alle liberal, aufge=
klärt, zugleich aber höchst miserabel, ärmlich, bettelhaft und
unglücklich sind, hindern die konservativen Gerechten an
ihrem irdischen Floriren und bringen sie fortwährend um
das Ihrige. Während also die drei zänkischen und kritischen
Freunde im Buch Hiob diesen grausamerweise damit
trösten wollen, daß er schlechtweg an seinem Unglücke als
Lump und Sünder zu erkennen sei, gibt die linnengeschürzte
Muse Gotthelf's zu, daß allerdings auch der Gerechte zu=
weilen unglücklich sein könne, daß aber hieran nur die Auf=

geklärten und Liberalen schuld seien. Sehen wir ab von
dieser Modifikation, welche wir mit der apokryphischen Ein=
mischung des Teufels im „Hiob" vergleichen können, so
stellen Bitius' Werke vollkommen ein umgekehrtes Buch
Hiob dar, worin die drei streitenden Freunde mit ihrer
Kritik Recht behalten, und zwar zu dem Zwecke, die libe=
rale Hälfte der specifisch Bernerischen Bevölkerung mit
ihren Führern zu verdammen und zu stempeln. Aber der
Weg, auf welchem der Dichter an dieß komische kleine
Zielchen gelangt, ist ein so schöner und reicher, daß er ein
Genuß und Gewinn für uns alle ist, und darum sei ihm
verziehen.

———   — ——

V.*)

(1855)

Seit obige Zeilen geschrieben sind, ist die unerwartete
Nachricht von dem schnellen Tode Jeremias Gotthelf's
(22. Oct. 1854) eingetroffen. Obgleich wir die aufrichtigste
Theilnahme empfinden an diesem unersetzlichen Verluste und
obschon man über einen Todten anders spricht wie über den
rüstig Lebenden, so mag doch obige Expektoration unverän=
dert stehen bleiben, da das Buch, gegen welches sie zum
Theil gerichtet ist, mit seiner vehementen muntern Polemik ja
auch noch da ist und vermöge seiner Vorzüge wohl länger be=
stehen wird als unsere flüchtigen Tadelzeilen. Wer sich bewußt
ist, unparteiisch zu sein, der braucht weder gegen Todte noch
gegen Lebende eine wohlfeile Pietät hervorzukehren.

---

*) Zusammen mit IV. a. a. O.

Einen Nekrolog können und wollen wir nicht schreiben, da uns dieß nicht zukommt. Alles, was wir von dem äußern Leben des verstorbenen Dichters wissen, ist, daß er am 4. October 1797 geboren, Theologie studirte und in der Gemeinde Lützelflüh in seinem Heimatkanton Bern als Pfarrer lebte; daß er erst gegen sein vierzigstes Jahr hin als Schriftsteller auftrat, aber dann eine solche Bedeutung gewann, daß sein Berliner Verleger ihm schon vor einiger Zeit 10 000 Thaler für das Verlagsrecht seiner sämmtlichen Werke anbot, nach seinem Tode aber seiner Witwe, wie wir hören, eine große süddeutsche Buchhandlung sogar 50 000 Gulden für das gleiche Recht.

Dagegen wollen wir versuchen, noch einmal den Gesammteindruck zusammenzufassen, welchen Gotthelf und sein Wirken auf uns machte, und da müssen wir sogleich bekennen, daß er ohne alle Ausnahme das größte epische Talent war, welches seit langer Zeit und vielleicht für lange Zeit lebte. Jeder, der noch gut und recht zu lesen versteht und nicht zu der leider gerade jetzt so großen Zahl derer gehört, die nicht einmal mehr richtig lesen können vor lauter Alexandrinerthum und oft das Gegentheil von dem herauslesen, was in einem Buche steht, wird dieß zugeben müssen. Man nennt ihn bald einen derben niederländischen Maler, bald einen Dorfgeschichtenschreiber, bald einen ausführlichen guten Kopisten der Natur, bald dieß, bald das, immer in einem günstigen beschränkten Sinne; aber die Wahrheit ist, daß er ein großes episches Genie ist. Wohl mögen Dickens und andere glänzender an Formbegabung, schlagender, gewandter im Schreiben, bewußter und zweckmäßiger im ganzen Thun sein: die tiefe und großartige Einfachheit Gotthelf's,

welche in neuester Gegenwart wahr ist und zugleich so ur=
sprünglich, daß sie an das gebärende und maßgebende Alter=
thum der Poesie erinnert, an die Dichter anderer Jahr=
tausende, erreicht keiner. In jeder Erzählung Gotthelf's liegt
an Dichte und Innigkeit das Zeug zu einem „Hermann
und Dorothea"; aber in keiner nimmt er auch nur den lei=
sesten Anlauf, seinem Gedichte die Schönheit und Vollendung
zu verschaffen, welche der künstlerische, gewissenhafte und
ökonomische Goethe seinem einen, so zierlich und begrenzt ge=
bauten Epos zu geben wußte. Und hierin liegt die andere
Seite seines Wesens. Kein bekannter Dichter oder Schrift=
steller lebt gegenwärtig, welcher so sein Licht unter den
Scheffel stellt und in solchem Maße das verachtet, was man
Technik, Kritik, Literaturgeschichte, Aesthetik, kurz Rechen=
schaft von seinem Thun und Lassen nennt in künstlerischer
Beziehung. Und wenn wir uns nicht gänzlich irren, so
liegt der Grund dieser seltsamen widerspruchsvollen Erschei=
nung weniger in einem unglückseligen Cynismus, als in der
religiösen Weltanschauung des Verstorbenen. In der That
scheint es mehr eine Art ascetischer Demuth und Entsagung
gewesen zu sein, welche die weltliche äußere Kunstmäßigkeit
und Zierde verachten ließ, ein herber puritanischer Barba=
rismus, welcher die Klarheit und Handlichkeit geläuterter
Schönheit verwarf. Es hängt damit zusammen, daß er nie
die geringste Koncession machte an die Allgemeingenießbarkeit
und seine Werke unverwüstlich in dem Dialekte und Witze
schrieb, welcher nur in dem engen alemannischen Gebiete
ganz genossen werden kann. Er schien nichts davon nehmen
noch hinzuthun zu wollen zu dem, was ihm sein Gott ge=
geben hatte, und alles künstlerische Bestreben für eine welt=

liche Zuthat zu halten, welche weniger in die Kirche als
vor die heidnische Orcheſtra führe. Aber der gleiche Gott,
der den Menſchen die Poeſie gab, gab ihnen ohne Zweifel
auch den künſtleriſchen Trieb und das Bedürfniß der Voll=
endung, und wenn er ſchon in der Blume, die er zunächſt
ſelbſt machte, Symmetrie und Wohlgeruch liebt, warum ſollte
er ſie nicht auch im Menſchenwerke lieben? Da müſſen wir
jene katholiſchen Dichter loben, welche ihren geiſtlichen Dicht=
werken alle erdenkliche irdiſche Liebenswürdigkeit zu verleihen
ſuchten ad majorem Dei gloriam.

Es wäre hier noch auszuführen, wie dieſe übelange=
brachte Aſceſe doch nur zum Theil der Grund von Gott=
helf's äußerer Formloſigkeit geweſen, wie dieſer Grund ſich
vervollſtändigte in einer nicht durchgebildeten kurzathmigen
Weltanſchauung, inſofern dieſe unſer heutiges Thun und
Laſſen betrifft, wie aus dieſem mangelhaften vernagelten
Bewußtſein von ſelbſt ein mangelhaftes Formgefühl hervor=
gehen muß, da wir heutzutage zu tief mitleidend darin
ſtecken, als daß ein ſchiefes und widerſprechendes ethiſch=
politiſches Princip nicht auf alle geiſtige Thätigkeit einwirken
ſollte. Es wäre ferner auszuführen, inwiefern manche der
Uebelſtände, welche Gotthelf der Zeit zuſchrieb, allerdings in
dieſer vorhanden ſind, wie aber gerade die Ungeheuerlich=
keiten und Auswüchſe, welche er in allen ſeinen Schriften
als das Unglück des Bernervolks und als Liberalismus
zeichnet, nicht ſowohl die Kennzeichen und Attribute des Libe=
ralismus als eben die Art und Weiſe ſind, wie das kräf=
tige derbe, aber etwas ungeſchickte Bernervolk in ſeinem
Parteileben den Liberalismus handhabe, verfocht und be=
kämpfte; wie alſo in dem Umſtande, daß Gotthelf dieß nicht

auseinanderzuhalten wußte, der Zeit zuschrieb, was im gäh=
renden und ringenden Charakter gerade seines auserwählten
Volks lag, und daß er neulich noch zu den leidenschaftlichen
Gegnern der sogenannten Fusion gehörte, d. h. der wahrhaft
bewußten und im antiken Sinne tugendhaften Versöhnungs=
bewegung der Bernischen Parteien, welche in jedem Falle ein
großer Fortschritt im dialektischen Parteileben der Schweizer
ist: — wie also in allem diesem der beste Beweis liegt, daß
Gotthelf als Seher und Dichter nicht über den Gegensätzen
stand, sondern tief in ihnen und unter ihnen steckte. Dieß
alles wäre zu lehrreichem Beispiel zu untersuchen; aber in
diesen Dingen wollen wir dem geehrten Todten das letzte
Wort lassen.

Wir können dieß um so eher thun, als Jeremias Gott=
helf bei aller Leidenschaftlichkeit kein Reaktionär im schlech=
tern Sinne des Worts und mit allen gangbaren Neben=
bedeutungen war. Trotzdem er in seinem Genie und in
seiner gewonnenen Verbreitung die besten Mittel dazu hatte,
that er nie den unschuldigsten Schritt, jenen schlechten
Kreisen der großen Welt, welche für so viele literarische
Reaktionärlinge die Lebensluft liefern, entgegenzukommen;
keinen einzigen derben oder unästhetischen Ausdruck strich er,
um sich für den Salon der hochmögenden Residenzdame
möglicher zu machen; nie schielte er mit servilem Blicke nach
fremder Gunst und nie verleugnete er seinen angeborenen
Republikanismus und das Schweizerthum, welches er meinte,
und nie lobte er anderes auf dessen Kosten. Was er sün=
digte, sündigte er vollständig en famille und mit dem Wahl=
spruch: „Euch andern geht es nichts an!"

Er monärchelte nicht, er katholisirte nicht, jesuiterte

nicht, pietisterte nicht (denn sein Frömmeln war wieder etwas
anderes und ungleich Frischeres und Reineres, gewissermaßen
etwas handwerklich Praktisches); er brummte und grunzte
manchmal, aber er pfiff und näselte nie.

Sehen wir nun davon ab, daß seine Werke für ihr
ganzes Dialektgebiet eine reiche Quelle immer neuen Vergnügens bleiben und durch zweckmäßige Anwendung und
Uebertragung, welche die Zeit früher oder später erlauben
wird, auch für die weitesten Grenzen sein werden; betrachten
wir dagegen, was dieselben uns Literaturmenschen insbesondere für ein bleibendes Gut darbieten, so dürfen wir uns
freudig sagen, daß wir daran ein ganz solides und werth-
volles Vermögen besitzen zur Erbauung und Belehrung.
Denn nichts Geringeres haben wir daran, als einen reichen
und tiefen Schacht nationalen, volksmäßigen poetischen Ur-
und Grundstoffs, wie er dem Menschengeschlechte angeboren
und nicht angeschustert ist, und gegenüber diesem positiven
Gute das Negative solcher Mängel, welche in der Leidenschaft, im tiefern Volksgeschick wurzeln und in ihrem charak-
teristischen Hervorragen neben den Vorzügen von selbst in
die Augen springen und so mit diesen zusammen uns recht
eigentlich und lebendig predigen, was wir thun und lassen
sollen, viel mehr als die Fehler der gefeilten Mittelmäßig-
keit oder des geschulten Unvermögens.

Um anzudeuten, was wir mit der Bezeichnung eines
großen epischen Talents oder, wie man will, Genies eigentlich verstehen, mögen hier statt einer theoretischen Abhandlung nur ein paar empirische Aphorismen stehen. Zu
den ersten äußern Kennzeichen des wahren Epos gehört, daß
wir alles Sinnliche, Sicht- und Greifbare in vollkommen

gesättigter Empfindung mitgenießen, ohne zwischen der regi=
strirten Schilderung und der Geschichte hin= und herge=
schoben zu werden, d. h. daß die Erscheinung und das Ge=
schehende in einander aufgehen. Ein Beispiel bei Gotthelf.
Nirgends verliert er sich in die moderne Landschafts= und
Naturschilderung mit den Düsseldorfer oder Adalbert Stif=
ter'schen Malermitteln (welche uns andern allen mehr oder
weniger ankleben und welche wir über kurz oder lang wieder
werden ablegen müssen); und doch wandeln wir bei ihm
überall im lebendigen Sonnenschein der grünen prächtigen
Berghalden und im Schatten der schönen Thäler und sehen
die dräuende Gewitternacht der tapfern Gebirgswelt über die
hellen Höfe hereinziehen. Und wo er das Naturereigniß an
sich selbst zum Gegenstande epischer Dichtung macht, wie
in der „Wassernoth im Emmenthal", da wird es zur leben=
digen Person und in seinem gewaltigen Einherbrausen Eins
mit den Leidenschaften der Menschen, über welche es herein=
bricht; sowie überhaupt dieß kleine Büchlein ein wahres
Muster= und Lehrbüchlein zu nennen ist für unsere heutigen
Pfuscher und Producenten aller Art. Denn es enthält in
richtig und glücklich abgewogenen Gegensätzen alle Momente
eines reichen Stoffs selbst mit trefflich eingestreutem sach=
mäßem Humor; und nichts fehlt als die gereinigte Sprache
und das rhythmische Gewand im engern Sinne (im wei=
testen Sinne ist Rhythmus da in Hülle und Fülle), um
das kleine Werkchen zum klassischen mustergültigen Gedicht
zu machen. Man lese es und man wird uns Recht geben,
erstaunend, wie arm und unbeholfen die Dutzende von ge=
reimten Büchelchen sind, die uns alle Tage auf den Tisch
regnen, mit und ohne Firma.

Auch mit der behaglichen Anschaulichkeit des Besitzes, der Einrichtung von Haus und Hof, der Zahl und Art der Hausthiere, der fest- und werktäglichen Gewandung, des Essens und Trinkens weiß Gotthelf überall seine einfachen Schöpfungen sattsam zu durchtränken, ohne in das einseitige Schildern zu verfallen.

Von den innern und edlern Kennzeichen wollen wir nur an die Höhenpunkte in seinen Geschichten erinnern, welche immer wiederkehren und immer so neu und schön sind: nämlich an jene schweren oder frohen Gänge, welche seine Männer und Frauen thun in das Land hinaus, wenn sie bei entfernten Blutsfreunden oder bei den ihnen durch ihre guten Eigenschaften erworbenen Freunden und Ge- treuen Rath, Hülfe in der Noth oder Theilnahme an ihrem Wohle suchen. Man betrachte nur eine dieser herrlich ge- zeichneten Wanderungen, und man wird durch ihren aus- führlichen Verlauf und die daraus hervorstrahlende durchaus gesunde und begründete Rührung an die besten Zeiten der Poesie erinnert.

Ueberhaupt ist es der seltene Vorzug unsers Mannes, daß er seinen Stoff immer erschöpft und entweder mit einer zarten und innigen Befriedigung oder mit einer starken Ge- nugthuung zu krönen versteht, mit einer Befriedigung von solcher ursprünglichen beseligenden Tiefe, daß sie mit der Erkennungsscene zwischen Odysseus und Penelope aus einem und demselben Quell zu perlen scheint.

Welch rüstiges und liebliches Gestaltungsvermögen dem Verstorbenen zu Gebote stand, zeigt er fast mehr noch als in seinen größern Sachen in kleinern Erzählungen und Bil- dern aus der Schweiz. Wie durchaus werth, an innerm

Gehalt „Hermann und Dorothea" an die Seite gesetzt zu
werden, nur einen tragischen Verlauf nehmend, ist seine
schöne Erzählung „Elsi, die seltsame Magd". In der auf-
gährenden Zeit der neunziger Jahre, als die französische
Revolution auch die Sitten und die Verhältnisse des Schwei-
zervolks von Grund aus aufwühlt, in dieser Uebergangszeit
geht auch ein hundertjähriges Besitzthum zu Grunde, und
der letzte der bäuerlichen Dynasten zieht als ein Lump in
die Welt hinaus. Mit ihm aber verläßt, eine andere Straße
ziehend, seine Tochter das verlorene Ahnenhaus. Deren Vorfahrinnen alle gewaltet, gesorgt und geherrscht haben, geehrt
im Land, wandert die erste als Magd ihre Straße, ihr
Bündelchen unter dem Arme, alle guten Eigenschaften, alles
Ehrgefühl und allen Besitzesstolz der Mütter in der Brust,
aber ohne Erbe und Vaterhaus, die Tochter eines Herunter-
gekommenen, eines Landstreichers. Daher beschließt sie in
stolzem Sinne, den Namen des alten Hofs untergehen zu
lassen, und niemand ist im Stande, ihre Herkunft zu er-
fragen. Alles ihr entgegenkommende Wohlwollen, alle
Liebe weist sie zurück und hält ihr Geheimniß fest verschlossen, bis der sie liebende und wiedergeliebte Mann den
Tod sucht in dem Feuer der andrängenden Neufranzosen,
welche die alte morsche Bernerrepublik mit blutiger Anstren-
gung über den Haufen werfen und das neurepublikanische
Wesen darauf pflanzen. Im Landsturme zogen bekanntlich
Greise, Weiber und Kinder gegen die Franzosen aus, und
so fand es seine angemessenste Begründung in diesem „historischen Hintergrunde", daß das edle Mädchen in seinem
Leide mit auszog und den Geliebten im Gefecht aufsuchte,
um an seiner Seite zu sterben. Will man die Echtheit des

Gotthelf'schen Stoffs recht schätzen lernen, so vergleiche man damit den „Sonnenwendhof", welchen Mosenthal daraus gemacht hat. Nachdem er erst die Geschichte in steirische Jodelei übersetzt hat, trug er mit eifrigster Wegwerfung aller guten und begründeten Gotthelf'schen Motive ein melo=dramatisches Effektsammelsurium zusammen, wie es nur der Kram des gewinnlüsternsten und verschmitzteften Schacher=juden aufweist.

Auch die heitern Erzählungen Gotthelf's haben schon zur dramatischen Bearbeitung angeregt und mit Recht. Um aber die unsägliche Niaiserie der Herren Modedramatiker bei dieser Gelegenheit einmal recht deutlich zu sehen, müssen wir auf besagten „Sonnenwendhof" und seinen Hauptspaß zurückkommen. In den Gotthelf'schen Schriften kommt im Dialoge oft die Bernerische Redensart „He nu sode" vor, welches ein Ausruf ist, den die Berner mit vieler Anmuth in ihrer Rede verwenden. In allen möglichen Fällen rufen sie: „He nu sode". Bald hat es den Sinn von „also", „gut denn", „nun denn", bald von „ei ei", „à la bonne heure", „allons", „vorwärts"; kurz, es ist ein an sich sinn=loses Wörtchen, welches vollkommen so gebraucht wird wie etwa das „na nu" der Berliner. Manchmal hat Gotthelf die Laune, es hochdeutsch zu geben, nämlich „Je nun so dann" und zwar ohne Komma nach dem „nun", und dieser vollkommen sinn= und bedeutungslose Ausruf, wenn er nicht mit einer Rede verbunden ist, ist es, welchen Mosenthal herausgegriffen hat aus all den guten und bessern Dingen der Erzählung, und aus welchem er das Motto, die Pointe und Moral seines Dramas machte. Wie staunten wir, beim Aufzuge des Vorhangs das unschuldige Bernerische

11*

„He nu sode" als „Je nun, so dann" groß über der Thür
des steirischen Bauernhofs geschrieben zu sehen! Es war
gerade, als ob man über einem Rathhause die Inschrift
„Na nu!" angebracht hätte. Aus diesem „Je nun, so
dann" fließt die Lebensweisheit, die Maxime der Bäuerin
und das Stück schließt bedeutsam mit dem gleichen Wört=
chen. Das heißt, im Gebirge eine jener zierlich geschnitzten
hölzernen Salatgabeln kaufen und auf dem flachen Lande
dieselbe als Theaterdolch verwenden und ist ein hinreichendes
Beispiel von dem Geist und Geblüt unserer Propheten.

Wenn wir in diesen Zeilen alle Bedeutung des Gegen=
standes in einer poetisch allgemeinern und höhern Bezeich=
nung suchten, so wollen wir damit nicht den Charakter
Gotthelf's auch als Volksschriftsteller im engern und gewöhn=
lichen Sinne des Worts verkennen; denn er hat zu absichtlich
und zu ausdrücklich in diesem Sinne gewirkt, als daß es
irgend zu verkennen wäre. Aber er war nur darum ein
guter Volksschriftsteller, weil er ein guter, von innen heraus
produktiver Dichter war.

„Der Trank der Vergessenheit".*)

(1851)

Es ist eine eigenthümliche Sache um den Geschmack; es mag Menschen geben, welche gegen ihr Wissen und Gewissen von irgend einer religiösen oder politischen Meinung überzeugt zu sein versichern: schwerlich aber gibt es Leute (und wenn es welche geben sollte, so sind sie die verworfensten Sünder der Erde), welche, der Falschheit und Schlechtigkeit einer Geschmacksrichtung wohl bewußt, dieselbe dennoch für die ihrige ausgeben und vertheidigen, als ästhetische Tartüffes. Und weil kein ehrlicher Kritikus von der Unrechtmäßigkeit seines Urtheils überzeugt sein darf, so kann, dieß recht betrachtet, eigentlich auch niemand von der Unfehlbarkeit des seinigen recht durchdrungen sein. — Vielleicht hat Voltaire Recht gehabt, Shakespeare einen wüsten Barbaren zu nennen! Vielleicht wird Lessing eines Tags noch ein nüchterner und silbenstecherischer Patron genannt und wir mit unserem Zeitalter, als von ihm her datirend, schlechtweg als der Nach- und Gegenzopf bezeichnet! Vielleicht

---

*) (Berliner) Constitutionelle Zeitung Nr. 437 vom 19. September 1851 (Morgennummer). „Der Trank der Vergessenheit". Volksdrama in fünf Aufzügen von J. R. Bachmayr. Leipzig, F. A. Brockhaus 1851.

beginnt in fünfzig oder hundert Jahren der ein und andere
scharfe Geist Namen wie Kotzebue, Raupach und Birchpfeiffer
aus dem Moder der Vergessenheit zu ziehen, allmälig, leise,
mit Bedacht und Quellenstudium, und schon seh' ich eine
Literatur anschwellen, welche unsere Shakespeareliteratur weit
hinter sich läßt! Ich sehe die Wurfschaufel der künftigen
Kritik und Kunstphilosophie aus den Schachten, die wir
jetzo muthwillig verschütten, Schönheiten auf Schönheiten,
Entdeckungen auf Entdeckungen, Sterne, Perlen und Funken
der Poesie aufwerfen, daß es ordentlich funkelt und blitzt!
„Wir können uns billig nicht wundern" — höre ich den
Gervinus jener Tage ausrufen am Schlusse der Einleitung
seines vierbändigen Werkes: „Kotzebue" — „wir dürfen uns
billig nicht wundern, daß unsere sonst so geistreichen Vor-
fahren des neunzehnten Jahrhunderts solche Urkraft und
lebendig=flüssige Produktivität nicht zu fassen und zu verar=
beiten, ja nicht einmal zu erkennen vermochten und daher
trivial und leer fanden, was uns froh forschende Nachkommen
mit Staunen, mit Siegesjubel erfüllt! Wenn wir nämlich
betrachten, wie ihre beiden gerühmtesten Geister, die aller=
dings wackeren Goethe und Schiller, trotz der intensivsten
Empfindung ihres Wollens es zusammen doch nur zu einem
dürftigen halben Dutzend wirklich aufführbarer Stücke gebracht
haben, so müssen wir den Satz aussprechen: Die Tradition,
das Licht eigentlicher Hervorbringung war dazumal ver=
dunkelt und verloren und nur unser Kotzebue, unser Raupach,
unser Birchpfeiffer (die Sage, daß dieser eine Dame gewesen,
haben wir genügend widerlegt und sie kann sich im Kreise
Unterrichteter nicht mehr halten), sie waren ihrer Bedeutung
selbst unbewußte Nachtwandler und thaten ihren Meteoren=

gang unverstanden und mißachtet. Und wie? War dieß nicht von jeher der Lauf der Welt u. s. w."

In Betracht dieser Unsicherheit der kritischen Zustände wollen wir das vorliegende Drama nicht für ein Wunderwerk ausgeben, sondern einfach die Aufmerksamkeit auf dasselbe lenken, es der Zeit überlassend, was sie aus ihm und seinem Verfasser noch machen wird; gelegentlich dürfen wir dabei die Wiener Herren versichern, daß, wenn Bachmayr auch nicht hoch über das Niveau dessen emporsteigen sollte, was bei ihnen heute verlangt wird, er gewiß auch nicht sehr tief unter dasselbe hinabsinkt, und daß es nicht wohl von ihnen gethan ist, wenn sie ihn zwingen, ein Fremdling unter ihnen zu sein und sein Heil im „Reich" zu suchen.

Das Stück „Trank der Vergessenheit" hat die Bezeichnung Volksdrama erhalten, was wir gerade nicht billigen; denn es ist nicht das Rechte, wenn die Dichter, anstatt es den Schulmeistern zu überlassen, selbst solche Einschachtelungen aufstellen und dadurch unter einander selbst in eine kleinliche Gattungs-Konkurrenz gerathen. So sieht es hier auf den ersten Blick beinahe aus, als ob der Verfasser seinem Landsmanne Mosenthal nach dem Patent-Volksdrama griffe und an seiner Patent-„Deborah" rütteln wollte. Doch führen wir kurz den Inhalt des Stückes an.

Ein reicher österreichischer Bauer, Paul Steinmann, hat eine schöne feine, mit reichem und doch einfachem Geiste ausgestattete Tochter, Gertrud. Er ist Dorfrichter und, als ein Mann, der nachgedacht, nach eigner Bildung gerungen hat und lebhaft fühlt, woran es fehlt, eifrig bestrebt, die Zustände des Landvolkes zu heben und Mannesbewußtsein und Sitte zu erwecken. Er ist aber gewaltsam, ungeduldig,

hochfahrend, und, was bei solchen Leuten meistens der Fall
ist, ehrgeizig; daher macht er ziemlich schlechte Geschäfte
mit seinen Verbesserungen und überwirft sich im ersten Akte
soeben mit seinen Bauern, die ihm wie „dummes Vieh"
vorkommen. Nun tritt der Gutsherr, Baron Mannen, hinzu, welcher, verscheucht von den Weibern und der Gesellschaft seines Standes und an ihnen verzweifelnd, sich der
Natur und dem Volk in die Arme werfen will. Er hat
Gertrud, die schöne und unschuldig frische Tochter des Richters, gesehen, sich in sie verliebt und beschließt, sie zu heirathen und ein gesundes populär-wirksames Leben zu führen.
So treffen der Richter, seiner Bauern überdrüssig und sich
zu den Gebildeten hingezogen fühlend, und der des entgegen-
gesetzten Weges daher marschirende Baron in der Mitte zusammen und erbauen sich gegenseitig höchlichst. Vorläufig
wird ausgemacht, daß der Baron als freundlicher Nachbar
das reichbegabte Mädchen ausbilde und mit allerlei Wissenschaft versehe, wobei der Alte auch noch mitlernen will.
Sie gibt sich dem Unterrichte mit aller unbefangenen Kind-
lichkeit hin und entfaltet sich dabei von Tag zu Tage herr-
licher, so daß es der vornehme Lehrer zuletzt nicht mehr
aushalten kann und mit seiner Erklärung hervorrückt. Der
Vater, der längst darauf gewartet, bricht in Jubel aus,
sieht sich mit Hülfe des Schwiegersohnes schon Deputirter
werden, der Baron aber träumt sich in seinem künftigen
Wirkungskreis an der Seite des naturfrischen und doch so
feinen Weibchens. Nun hat zwar Gertrud schon einen Geliebten, den armen Jugendgespielen Stefan, der ihr auch
von ihrer seligen Mutter schon als Kind zum Mann bestimmt wurde. Sie lieben sich herzlich und tief; allein dieß

wird von den aufgeklärten Herren als Kinderei geachtet, und als sie, verblendet durch ihre edle Tendenz, unverhofft auf einen festen Widerstand stoßen, an welchem die Bauern theilnehmen, und wie sich die ganze Leidenschaftlichkeit unverdorbener und unverbildeter Gemüther enthüllt, da wird der Richter wüthend und wähnt, den vermeinten Troß mit Gewaltsamkeit und Strenge zu brechen. Allein die jungen Leutchen entsagen sich nicht und stehen in ihrer Treue groß da gegenüber dem glänzenden Egoismus ihrer Dränger; erst als äußere Umstände, herbeigeführt durch diese, den Edelmuth und die Aufopferungsfähigkeit Stefan's beanspruchen, reißt er sich los und überläßt, seine Liebe verschließend, Gertrud einem einseitigen Kampfe. Nun wird auch ihre Entsagungskraft aufgerufen. Der Baron, dem es nie in den Sinn kommt, daß die Jugendliebe der beiden Kinder mehr Berechtigung und Gewalt haben könnte, als seine tendenziöse und doktrinäre Neigung, bestimmt den Alten, mildere Saiten aufzuziehen, die Tochter nicht zu zwingen, und schreibt selbst einen hübschen Brief an sie, der ihr Dinge wie „hohe Männerachtung, freies Weib, freier Entschluß“ u. dgl. vorflötet, die Unbefangenheit nimmt und ebenfalls einen Aufklärungs= und Tugendraptus beibringt. Sie wird bestochen, hält sich für „erwacht“ aus kindlich holden Träumen zur kalten, aber bewußten und klaren Lebenshöhe, sie will den Baron nehmen, „er wird ein Vater der Armen, ein Führer der Verirrten, ein Lehrer der Unwissenden, ein Unterstützer der Talente, ein Freund und Wohlthäter der Menschen, ein Gott soll er werden auf Erden! — Und was bin ich mit diesem Entschlusse? Eine Braut. Der Baron wird mich nunmehr zum Altar führen, sein werd' ich sein

mit Leib und Seele! —". Aber bei „diesem Leib und
Seele" durchfährt sie ein Schauder und sie fühlt ganz das
Unsittliche: aus bloßer Absicht und Gemachtheit, wenn auch
zu den reinsten Zwecken, den einen Mann zu umfangen
mit dem andern im Herzen. Der Kampf erneuert sich;
da fällt ihr ein mysteriöses Fläschchen in die Augen,
von einer alten Sibylle herrührend, dessen Inhalt den, der
ihn trinkt, alles vergessen machen soll, was er vergessen
will. Und sie nimmt den Trank, und, indem sie in ihrer
Noth von der kalten Höhe ihrer schnell erlernten Bildung
in die leidenschaftlichen Tiefen des alten Volksglaubens, der
ihr hülfreich ist, sich zurückstürzt, trinkt sie, um Stefan zu
vergessen, mit einem Schlage zu vergessen, um sein leben=
diges Bild in ihrer Seele todt zu machen. Es ist ein ein=
sames nächtliches Geschäft, ein Moment, in dem das Zar=
teste mit dem Furchtbarsten sich wunderbar verschmilzt.
Und dieß ist ihre tragische Schuld. Manche Leute haben
diesen Zug undramatisch und geradezu verrückt genannt.
Dieß ist aber gedankenlos, und eine Aufführung des Stückes
würde sie gewiß widerlegen. Einmal ist dieser Aberglaube
vorhanden und noch heutzutage existiren in jenen Gegenden
dergleichen Fläschchen; ferner entspricht er der sinnlich=plasti=
schen Natur des Volkes; und zuletzt ist er in dieser Anwen=
dung ein neues brillantes Motiv, wie die Maler sagen,
um welches man Bachmayr eher beneiden sollte, und bringt
eine bestimmte unheimliche und dunkle That in das Stück.
Der Entschluß, das Trinken, werden ihre Wirkung nicht ver=
fehlen, wenn auch jedes Kind den Aberglauben einsieht.

Sie kann nun den Stefan doch nicht vergessen, sie
wird angstvoll und flieht in die Kirche: in den Heiligen=

bildern sieht sie seine Züge und ihr Herz erklingt von seiner
Stimme. Sie wird darüber wahnsinnig, und dieß Unglück
öffnet endlich allerseits die Augen. Nur Stefan, indem er
zerrissenen Herzens mit ihr stirbt, bringt sie zu sich selbst;
aber zu gleicher Zeit entdeckt es sich, daß der Trank ein
Gift war, von der alten Sibylle, die im Stücke eine dank-
bare Rolle hat, bildlicherweise Trank der Vergessenheit genannt und ihr als solcher entwendet. So muß das arme
Mädchen sterben. Daß sie ein Gift erwischt hat, ist nicht
ein undramatischer und lückenbüßerischer Zufall, denn der
Verfasser hatte schon im Wahnsinn eine Katastrophe gefunden; allein es kommt ihm zum gänzlichen Schluß zu statten
und, während es der Schuld Gertrud's, die sich gar nicht
mit solchen Dingen hätte befassen sollen, entspricht, mag es
vom Verfasser ganz kühn benutzt werden.

Die Sprache des Stückes ist einfach und anspruchslos,
und es zeugt für den inneren Gehalt, daß z. B. die Rolle
Gertrud's so tragisch wirkt ungeachtet der Naivetät ihres
Charakters und obgleich, was sie sagt, im Anfange manchmal
kindisch ist. Mehrere Episoden erhöhen die Gesammtwirkung,
und alle Rollen, mit Ausnahme eines überflüssigen Intri-
guanten, sind energisch und dankbar. Überdieß hat dieß
Drama einen ethischen Werth. Indem es selbst aufrichtig
die Wege der Humanität und Aufklärung geht, zeigt es,
wie diese fehlgreifen, wenn sie vornehm über das tiefe
ursprüngliche Gemüthsleben des Volkes wegschreiten und sich
allein das richtige Gefühl vindiziren wollen. Insofern ist
hier allerdings Tendenz, aber eine noble; nicht eine, die mit
beliebten Stichwörtern blind nach vorwärts läuft, sondern die
einmal anhält, nach rückwärts schaut, das Gewonnene über-

sieht und mit sich selbst Abrechnung hält, ehe sie wieder
vorwärts schreitet. Und insofern hat es eine tiefe Bedeutung,
daß in dieser Dichtung gerade die Edelsten und Aufgeklär=
testen Unrecht thun und die Armen und Einfältigen Recht
behalten, und die Auffassungsweise Bachmayr's muß eine
ernste und ehrenhafte genannt werden.

Die neuen
kritischen Gänge von F. Th. Vischer.*)

(1861)

Mit dem dritten Heft ist die neue, hoffentlich nicht letzte Folge der „Kritischen Gänge" abgeschlossen, und damit glücklich das Bild eines Mannes erneuert, der an sich selber Disciplin übt, und daher auch berechtigt ist, sie überhaupt an Dingen und Menschen zu üben; der nicht ein Jünglings= alter, sondern ein Mannesalter entlang dieselbe Fahne geistiger Freiheit aufrecht hält, ein Freund seinen Freunden, ein Feind seinen Feinden ist, aber ohne ein blinder Partei= gänger zu sein, weil er weder über der Wahrheit die Schön= heit, noch über der Schönheit die Wahrheit vergißt, da ihm beide Eins sind.

Das erste dieser neuen Hefte ist bisher am eifrigsten besprochen worden. Wir sehen darin einen deutschen Pa= trioten, aufgejagt durch die Unruhe der Tage, einen leiden= schaftlichen Rundgang thun gerade bei den Völkern, welche ihr menschliches Recht, ihre Freiheit erringen, aber durch den westlichen Antrieb, durch die französische Hülfe zugleich damit an Deutschland rütteln und ihm eher feindlich als freundlich gegenüberstehen. Wir erblicken ihn auf den

*) Beilage zur Augsb. Allg. Ztg. No. 143—145 vom 23. bis 25. Mai 1861.

Schlachtfeldern, auf denen Deutschland nicht nur nach seiner Meinung, sondern gewiß auch nach der Meinung der Franzosen, in den österreichischen Waffen geschlagen wurde, und wir hören seine zornige Forderung, daß Deutschland sein Schicksal in die eigene Hand nehmen, und vor allem die Integrität dessen, was man Reich, Reichsboden nennt, wahren solle, um nicht leidend zu gewärtigen, was die handelnden, treibenden und getriebenen Völker schließlich an ihm lassen würden.

Da der Berichterstatter nicht im politischen Verbande Deutschlands bürgerpflichtig ist, so hat er hier seine Stimme in dieser Frage, die den Norden und Süden in Widerspruch bringt, nicht abzugeben; nur die Bemerkung will er sich erlauben, daß eine Haltung wie Bischer's eher geeignet ist, nach Außen hin Achtung zu verschaffen, als die entgegengesetzte. Wenn alte französische Flüchtlinge, die Todfeinde Napoleon's III., die deutsche Rede hören, daß man Elsaß und Lothringen wieder heimholen wolle, so sagen sie kurzweg, in diesem Falle müßten auch sie nach Hause kehren, um selbst unter Napoleon's Fahnen die Grenzen Frankreichs vertheidigen zu helfen. In der That sollen in diesem Punkt alle Parteien eines Volks, selbst die radikalsten, einen gemeinsamen Konservatismus hegen, sonst hört alles Übrige von selbst auf, und der Staat der Vernünftigen wie der Unvernünftigen schwebt sanft empor von der festen Erde nach Wolkenkukuksheim. Das Schwärmen vieler kosmopolitischen Deutschen für den braven Garibaldi sieht daher mehr eigener Thatenscheu ähnlich als irgend etwas anderem, sonst würde diese Sehnsucht nach einem solchen Führer sich in das Bewußtsein verwandeln: „Viele Männer sind auch ein Mann",

was uns, um einen Gemeinplatz zu gebrauchen, eher ger=
manische Weise dünken würde.

Dieser thatlosen Garibaldi=Sehnsucht gegenüber steht die
thatendurstige Sehnsucht nach deutscher Machtentfaltung, die
auch Vischer theilt, und die allerdings nur an solchen
Männern unbedingt kann gelobt werden, welchen diese Macht
die nothwendige Folge der echten deutschen Bildung, Frei=
heit und Einigkeit, und nicht ohne Gerechtigkeit und Huma=
nität zu denken ist. Wo es aber ein bloßes Gelüsten ist,
mit dem Renommirknüppel unter die Völker zu schlagen,
und auch wieder einmal fremde Quartierbauern zu ängstigen,
da können die Franzosen mit Recht sagen: sie sähen nicht
ein, warum sie sich darin ablösen lassen sollten, da sie dazu
gerade gut genug seien.

Aber unerquicklich sind diese Untersuchungen, und fast
könnte man sagen, glücklich seien die kleinen Völkerschaften,
welche, geistig und sprachlich einer großen Kultur ange=
hörend, politisch für sich bestehen und zufrieden sind, nicht
zur tragischen Wahl der Mittel gezwungen zu sein, welche
die Anforderungen der Größe erfüllen sollen.

Über die mannichfachen ästhetischen Gänge, welche der
Patriot in dem ersten Heft noch zu unternehmen gute Laune
genug hat, möge nur eine Bemerkung nachgeholt werden
über das Vergnügen, welches uns die Paul Heyse gewidmete
Aufmerksamkeit gewährt hat. Diese schöne specifisch künst=
lerische Persönlichkeit gehört nämlich zu den Erscheinungen,
welche der schnöden Routine die größte Unbequemlichkeit
verursachen, und von denen sich die weihelosen Konversa=
tionsschriftsteller und die Unkräuter aller Art abwenden, wie
die Hunde von einem Glas Wein. An den ersten Wort=

reihen, welche ein solches Talent hören läßt, erkennen sie die
ihnen fremde Mundart des Schönen, den Wohlklang der
wirklichen Poesie; und sofort wird nach einem Schlag- oder
Scheltwort ausgeschaut, mit welchem das Verhaßte zu verpönen, zu isoliren versucht wird. Da hört man denn
geringschätzige Tadelwörter, wie Formgewandtheit, glatte
Verse, Gelecktheit u. s. f., und am drolligsten nahm sich
Gutkow aus, als er, um die reinliche Sprache, die einfach
schönen Bilder zu verpönen, mit welchen Heyse und H. Grimm
dem wüsten Wirrsal des Zeitungsromans gegenübertraten,
schnell den Ausdruck „akademische Manier!" erfand. Und
das, während er zugleich mit Auerbach, Otto Ludwig u. a.
wegen ihres sogenannten Realismus im Hader lag und sie
des Karaibenthums beschuldigte. Akademisch! Welch lustige
Auskunft! Traurig genug indessen, daß die einfache Korrekt-
heit des Stils einer sprachlichen Wüstenei gegenüber, wie
sie bekanntlich in den ersten Bänden des „Zauberers von
Rom" (die späteren kennen wir nicht) sich ausbreitet, wirklich
akademisch genannt werden muß.

Wahrscheinlich hat auch das Unbehagen über diese
schlimmen Akademiker den Zauberer von Dresden verleitet,
den Topf über das erste Heft unserer „Kritischen Gänge" aus-
zugießen; ob er das fröhliche Werk seither wiederholt, vermögen wir nicht zu sagen. Da wir vorhin das Wort Realismus angeführt, wollen wir noch die Beobachtung hier
einschalten, die man täglich machen kann, daß nämlich die
Herren, die sich selbst zu Idealisten ernannt haben, keine Gelegenheit verschmähen, so realistisch als möglich zu sein, sobald sie nur der Sache so weit Meister sind. Ob man aber
die Dorfschenke oder den Salon, den Branntweinkeller oder

die Berliner Matthäikirche realistisch ausführe, es bleibt das=
selbe Princip; nur die Leute sind verschieden, und da kommt
es eben auf den Liebhaber an. Uns scheint manchmal, es
sei an beiden Orten nicht auszuhalten.

Das zweite Heft, welches zwei Arbeiten über Shakespeare
enthält, wird denjenigen, der über das Anschwellen unserer
kommentirenden und memorirenden Literatur zuweilen unge=
halten ist, sogleich sich fügen lehren, da es aus allgemeinen
und besonderen Gründen noch immer fesselnd genug ist,
einen gedankenreichen Mann über Shakespeare reden zu hören.
Es wäre auch mehr als seltsam, wenn kaum hundert Jahre
nach der Wiederentdeckung des größten Dichters unserer
Zeitrechnung der Mund über ihn geschlossen werden müßte.
Vischer selbst zeichnet richtig: wie die erste Einführung
Shakespeare's in Deutschland eine bloße Formbefreiung war,
und zu einer graßphantastischen und wilden Opposition gegen
den Zopf wurde; wie dann in unsern Tagen der Dichter
von Seiten einer höhern sittlichen Weltanschauung aus, vor=
züglich von Gervinus, neu besprochen und gewürdigt, wie
aber ein eigentliches Buch „Shakespeare als Künstler",
welches ihn im Geheimniß seiner reichen dichterischen, dra=
maturgischen Werkstätte aufsucht, noch immer vorbehalten
wurde. Und wir fügen gleich hinzu: möchte es gerade für
Vischer vorbehalten sein, welcher außer diesem Heft manche
schöne Vorarbeiten über Shakespeare gemacht, und, was das
rein Künstlerische betrifft, zu der wissenschaftlichen Aesthetik noch
eine eigene entschieden künstlerische Ader hinzubrächte; denn
ohne diese soll keiner daran denken, dem Mangel abzuhelfen.
Von dem ersten der beiden Aufsätze: „Shakespeare in
seinem Verhältniß zur deutschen Poesie, insbesondere zur

politischen", welcher zuerst in Prutzens literär-historischem
Taschenbuch 1844 erschien, und in männlich bewegter Sprache
seinem Ziel zuschreitet, wollen wir nur eine für unsere poetisch
Bestrebten tröstliche Notiz beibringen. Es war noch die
Zeit, da auch Gervinus sagte, er möchte lieber ein miau-
schreiendes Kätzlein, denn ein Dichter sein; und so sind denn
auch in Vischers Text noch die alten Aussprüche seines damaligen triumphirenden Abstrakticismus: daß eine politisch
tendenziöse Poesie nicht möglich); dann ferner, daß jetzt überhaupt nicht zu dichten sei; man wolle sich in ein paar
Jahrhunderten darüber besprechen. Dieser letztere Vorschlag
war ein ungeheurer Uebermuth; denn die Kritik sagte damit:
ich werde alsdann noch auf dem Platze, aber ihr werdet
nirgends mehr zu finden sein. Nun, in der Vorrede (alle
drei Vorreden sind liebenswürdige und lehrreiche Kund-
gebungen, welche uns den Mann in seinem Schaffen näher
bringen, wie denn Vischer überhaupt in guten Sitten ehrbar
altväterisch ist) — in der Vorrede bekennt er nun, älter und
milder geworden, daß er selbst eine politische Lyrik der Gegenwart, welche nicht nur das Erreichte, Gelungene, sondern
das Künftige, zu Sollende singt, zugeben müsse, insofern sie
nur ganz in ihrer Leidenschaft aufgehe; und ferner, was die
Dichter überhaupt betrifft, daß die zeugende Natur nicht
nach den Schlüssen der Wissenschaft frage. Dieses Bekenntniß
halten wir für höchst unvorsichtig; denn gewiß wird es
Vischer's Kundschaft als ästhetischer Vertrauensmann und
deutscher Haupt-Manuscripten-Adressat nicht vermindern.
Vischer's „Hamlet" ist eine reiche treffliche Arbeit, in welcher
die Vorzüge moderner, mit allen heutigen Voraussetzungen
bewaffneter Untersuchung mit der erfahrungsfrohen Welt-

und Sachkenntniß eines Michael Montaigne vereinigt er=
scheinen. Das Richtige und Gute, was bisher über diese
geheimnißvolle Tragödie gesagt wurde, scheint uns in diesem
Aufsatz um einen Schritt weiter geführt, wo Charakter und
Schicksal des Gedankenheros in ihrer Nothwendigkeit so in=
einander aufgehen, daß jeder ungeduldige Tadel schweigen
muß vor dem schaueruden Begreifen und dem Mitleid mit
dem Helden, der zu viel von dem göttlichen Licht empfangen
hat, und nun im Glanz dieses Ueberflusses, der Qual eines
fortwährenden Geblendetseins ausgesetzt, nur mit zögernden,
halben und schwankenden Schrittchen vorwärts wandeln
kann. Den Gedankengang des Verfassers hier wiederholen,
hieße die Abhandlung ausschreiben und dem Leser den
größern unmittelbaren Genuß verkümmern. Dafür sei der
Raum einem Paar Bemerkungen vergönnt, welche uns über
dem Lesen angeregt wurden.

Unser Mann, natürlich abermals an das Vaterland
denkend, wiederholt im Verlaufe seiner Rede den Spruch:
„Deutschland ist Hamlet". Der erste, welcher unseres
Wissens dieses Gleichniß in einem schönen Gedicht durch=
führte, war Ferdinand Freiligrath in seinem „Glaubensbe=
kenntniß", also ungefähr 1844. Dann nahm es Gervinus
in seinem „Shakspeare" wieder auf, und neuerdings also
Vischer. So viele nun überdieß noch das bedeutungsschwere
Wort gebrauchen mögen, jeder wird wenigstens theilweise
etwas anderes meinen. Zum Hamlet gehört der Uebelthäter,
der verbrecherische Zustand, gegen welchen er angehen soll,
und eben was und wer dieses Uebel sei, darin gehen die
Meinungen auseinander. Der eine sagt: es ist dieß, der
andere jenes, der dritte alles zusammen. Vischer nennt Frank=

12*

reich). Allein dieses kann es auch nicht sein, sonst wären alle
Völker, welche der Reihe nach von Frankreich beleidigt
werden, Hamlet, und für Deutschland läge dann nichts
Charakteristisches mehr in dem Gleichniß. Ueberdieß bringt
es das Wesen dieser Tragödie mit sich, daß das Uebel im
eignen Hause sei, sonst ist es wieder nicht Hamlet. Hamlet
muß untergehen. Da Deutschland das nicht im Sinne hat,
und auch Vischer selbst sagt: „Es wird zuletzt und am besten
lachen!", so kann es wiederum nicht Hamlet sein, denn einer,
der sich erholt und kurirt, kann nicht so genannt werden.
Wozu diese Silbenstecherei? Man weiß ja, wie es gemeint
ist! wird man sagen. Antwort: Wir meinen, man sollte
eben dergleichen Steckbriefe sich gar nicht ausstellen, indem
man sagt: Ja, so sind wir, wir sind solche Käuze! — Wer
persönlich einen Fehler, ein Uebel zu ertragen hat, der wird
täglich die Erfahrung machen, daß, sobald er es den Freunden
und Gevattern bekannt macht, sich selbst einen Uebernamen
gibt und von andern duldet, er sich alsobald auch die frei-
willige Wandlung zehnfach erschwert hat. Denn wer die
erste Scham des Eingeständnisses einmal überwunden hat,
für den ist die zweite nicht mehr furchtbar und damit ein
Hauptpfeiler der Besserung gefallen. Die Nachbarn und
Gevattern aber verzichten ungern auf ihr Mitleid und ihr
hämisches Lächeln, und sie werden dem Patienten auch nicht
sehr an die Hand gehen.

Noch weniger Spaß darf in solchen Dingen ein ganzes
Volk verstehen. Ein Zerrbild, nicht erfunden, sondern aus
dem Leben geschöpft, wird unsere gute Meinung beleuchten
und erweisen helfen. Wir kannten einen deutschen Edel-
mann, gewesenen Officier und Staatsbeamten, begabt, ge-

bildet und geistreich), aber wild, müßig und lebenslustig, welcher bis gegen sein fünfzigstes Jahr hin sein Leben so weit verunschickt hatte, daß er den Boden unter den Füßen verlor und sich außerhalb jedes erhaltenden Kreises der Thätigkeit gestellt fand. Es war gerade um den Anfang der fünfziger Jahre, zur Zeit der zerstörten Hoffnungen und der wildesten Reaktion. Der studirte nun den Hamlet recht eigentlich aus lauter Müßigkeit übertrieben gründlich, d. h. mißverständlich, und behauptete: Hamlet sei die Tragödie des Gewissens. Hamlet sei der moderne gebildete Christ, dem die heidnische Aufgabe der Blutrache wider das Ge= wissen gehe. Das deutsche Volk sei Hamlet; denn das ein= zige was es thun könnte und sollte, um sich zu helfen, wäre ein Blutbad, unter dem eigenen Dache angerichtet; allein dazu ließen es seine Pietät, seine menschliche Bildung, seine in reiches Gedankenleben aufgelöste Christlichkeit nicht kommen; mit solcher Barbarei würde es sich zugleich selbst aufheben. Von diesem nationalen Hamletthum ging er jedoch bald auf das persönliche über, indem er behauptete, sein Gewissen erlaube ihm nicht, unter der bestehenden Staatsgewalt thätig zu sein, noch auch sich einer der selbstsüchtigen und rohen Parteien anzuschließen; er finde jeden Entschluß, seine Lage zu ändern, durch Thätigkeit unsittlich, unmöglich. So koket= tirte er denn in aller Form selbst als Hamlet. Doch endlich wurde ihm das Kostüm für die Zustände, in welche er ge= rieth, zu zierlich und fein, und er entdeckte daher plötzlich, daß Shakespeare sein eigentliches Geheimniß im Falstaff offenbart habe, und fand den Beweis dafür, daß der Dichter in diesem Kauze sein Herzblut ausgegeben, in dem Umstande, daß er den dicken Herrn im Tode mit Blumen spielen lasse!

Er setzte sich also vom Hamlet auf den Falstaff herunter
und versetzte sich so eifrig in dessen Rolle, daß er selbst die
Untersuchungen über die Ehre, welche Falstaff anstellt, ernstlich aufnahm und im gleichen Sinn in ernsthafter metho-
discher Weise fortsetzte. Ein früher Tod, in dessen Kampfe
auch er sich lieblicher und harmloser Phantasien erfreute,
kürzte seine Leiden und sühnte den Irrthum.

Nein, nicht zugegeben, daß man Hamlet sei! Lieber das
ganze Wunderwerk von Trauerspiel vergessen bis auf den
Namen! Denn wenn eine Nation erst solch wehmüthig zier-
liches Ding von Bezeichnung angenommen hat, so wird auch
der Einzelne seine Schwäche damit beschönigen, sich einbilden,
recht national zu sein, und die Kerze brennt an beiden Enden.

Noch eine andere Bemerkung, den Stil Shakespeare's
betreffend, entwickelte sich uns zu einem unmaßgeblichen
Widersprechen. Mit Recht erhält sich Vischer über einer
unbedingten und wehrlosen Bewunderung auch des Zu-
fälligen und Auswüchsigen an dem einzigen Dichter, indem
er z. B. das Unwesen mancher Concetti und einiger leeren
Cynismen als bloßen Zeitballast hinwegwünscht. Wenn er
aber alles hinzurechnet, was man Zweideutigkeiten, Derb-
heiten, schlimme Scherze und dergl. nennen kann, so können
wir nicht beipflichten. Shakespeare hatte, wie er einmal
war, eine Welt zu tragen und darzustellen, und mußte auch
die Partie, welche in den verschiedenen Literaturen sonst aus-
geschieden und einem Specialmann übertragen ist, die man
etwa die Aristophanische nennen könnte, in sich aufnehmen.
Er vertheilte und streute sie sparsam unter seine Werkmasse;
aber es ist bei aller Derbheit nicht mehr der sachlich mecha-
nische Schmutz der drastisch objectiven Heiden oder der

Rabelaisischen Renaissance, die bloß physiologische Phantasie
räumt dem geistigeren gesellschaftlichen Scherze, der nicht ohne
sittliche Ader ist, das Feld, und, genau besehen, wird man
fast immer finden, daß das bedenkliche Spiel mit wahrer
Stimmung gesättigt und die elektrische Schwüle der Situation
zu erhöhen geeignet ist. Gewiß ist es, daß z. B. die schlimmen
Dinge, welche Hamlet vor dem Schauspiel zum Besten gibt,
für den heutigen Gebrauch unmöglich sind; aber eben so
gewiß ist, daß wir keine Ausgabe des Hamlet möchten, in
welcher sie gestrichen wären. Abgesehen von der speciellen
Wahrheit, welche darin liegt, daß ein geistreicher Kronprinz
bei Hofe das enfant terrible macht (alle andern sprechen ja
konsequent ehrbar; man sollte doch auch hierauf sehen),
scheint uns Hamlet mit diesen Dingen sagen zu wollen: Ich
wüßte freilich etwas besseres zu thun, als diese Blut= und
Schandgeschichte zu untersuchen; ich dachte um diese Zeit das
kleine Mädchen hier in die Hochzeitskammer zu führen; nun,
es soll eben nicht sein. Und er quält das schöne Kind mit
Anzüglichkeiten, denn der Moment und der Mann sind nicht
dazu angethan, in ehrbare Empfindsamkeit auszubrechen.

Eine Stelle in „Romeo und Julie" scheint uns außer
Zweifel zu setzen, daß der Dichter aus diesem bedenklichen
Gebiete positive Schönheiten mit höherer Absicht herbeizuholen
wußte. Act I, Scene 3 erzählt die Amme eine Scene aus
Juliens Kindheit. Das dreijährige Mädchen habe sich eine
Beule in die Stirn gefallen und bitterlich geschrieen und ge=
weint. Da habe sie ihr Mann aufgehoben und gesagt:
„Einst . . . . wenn sie klüger sei — nicht wahr, mein
Kind?" — Das Mädchen schrie nicht mehr und sagte: Ja.
Dreimal kommt die Amme darauf zurück . . . . . Hiermit ist

wohl erwiesen, daß Shakespeare selbst einen Accent auf das
kleine Bild legte. Wir werden in die zarteste Kindheit der
Heldin zurückversetzt, und gewinnen vorerst ein Idyllion wie
auf eine antike Vase gemalt. Wärterin und Mann am
Taubenschlag in der Sonne weilend, das Kind, das eben
erst von der Brust entwöhnt wird, weinend und vom Mann
auf die Füßchen gestellt. Der rustike Kerl sagt ihm als
Trost eine anzügliche Prophezeiung, welche sich auf den
künftigen Gattinberuf des Mädchenkindes bezieht, und das
Kind in seiner Engelsunschuld und Einfalt glaubt, es handle
sich um eine gute tröstliche Sache, beruhigt sich augenblicklich
und sagt, noch halb weinerlich, halb zufrieden: Ja! indem
es seine Thränchen trocknet. Welch ein köstlicher Kontrast
zwischen dem Faun und der gefoppten Unschuld, die noch
kaum auf den Füßchen stehen kann, die lachende Wärterin
und die Tauben nicht zu vergessen! Allein der behagliche
Kerl, „der lustige Mann, den Gott selig habe“, hat nur
ein Symbol, eine elektrisch zuckende Ahnung ausgesprochen.
Denn als das Kind kaum zur Jungfrau herangeblüht ist,
da steigt auch schon ihr Frühlingsgewitter auf, und Sehen,
Lieben, Hingeben und Sterben sind bei ihr eins, und sie
liegt auf dem Grabmal in der Gruft wie auf dem Braut=
bette. Dies alles ist mit zwei Federzügen erreicht, welche
allerdings zuerst ein grober Spaß zu sein scheinen.

Ehe wir dieses Heft weglegen, ist noch die Ritterlichkeit
unseres Aesthetikers zu preisen, mit welcher er eine Lanze für
Ophelien einlegt, indem er gegen die beliebte (ursprünglich
Tieck'sche) Auffassung ankämpft, welche aus der duftig zarten
Gestalt eine Art von unkeusch glühendem Elementarwesen
machen will. Die Neigung, die Stille zu benutzen, wenn

Shakespeare schweigt oder schläft, um etwas hineinzuschaffen, und die zarten Umrisse, die er zuweilen gibt, mit gröberen Schraffirungen von eigener Mache auszufüllen, hat auch der ärmsten Ophelia übel mitgespielt.

Das deutscheste der drei Hefte ist das dritte, durch und durch national; denn es enthält einen Aufsatz über Strauß, den Biographen deutscher Geistespfleger und -Heroen; eine anmuthige und geistreiche Protestation gegen das französische Kleiderübel in den „vernünftigen Gedanken über die jetzige Mode"; endlich als stattlichen Schluß eine Vorschlagsdich= tung oder einen Dichtungsvorschlag für einen neuen zweiten Theil des Faust.

Der Aufsatz über Strauß ist das Musterstück einer treff= lichen Rede, die ein tapferer Liebhaber des Freien und Schönen für den andern, ein Freund dem Freunde, hält. Erst sagt Vischer einleuchtende Worte über die Kunst des Biographen überhaupt und stellt eine Untersuchung an, in welcher sich der ästhetische Denker praktisch bewährt. Die tiefere Eigenschaft „welche wir bei einem geistvollen Bio= graphen suchen", ist die, „überschauende Vernunftklarheit, welche sich auf den Mittelpunkt des Inhalts bezieht, und der Wärme der Vertiefung die richtige und echte Art der Ironie beimischt". „Wir müssen hier genauer eingehen", fährt Vischer fort, „denn nicht leicht hat ein schriftstellerischer Charakter nachdrücklicher dazu aufgefordert, über das rechte Verhältniß von Enthusiasmus und Ironie nachzudenken, als der, mit dem wir es hier zu thun haben". Der Enthusiast werde ein sehr unzulänglicher Biograph sein, da es ihm an der erprobten Mischung der Kräfte, an der Objektivität fehle, ist das Ergebniß der Untersuchung. Es erklärt uns zugleich den

Grundmangel einiger neueren Biographen, welche ihren Gegenstand als etwas absolutes nehmen, und sich selbst an denselben verlieren, statt ruhig über ihm zu bleiben. Denn selbst über Gott scheint ein rechter Kirchenvater zu schweben, wenn er dessen Wesen erforscht und beschreibt.

Wie nun Strauß, nachdem sein theologischer Beruf gewaltsam unterbrochen worden, sich an ächt deutschem Stoffe zum licht= und kunstvollen Biographen entwickelt, bis er in dem Hauptwerke „Hutten" ein maßgebendes Ziel erreicht, ist von Vischer so klar, theilnehmend und zur Theilnahme anregend berichtet, daß man sich nur gleich hinsetzen möchte, um die werthvolle Studie nachzumachen. Bei dieser Gelegen= heit erfahren wir auch, daß von Strauß noch deutsche Dichterbiographien, vielleicht sogar von Goethe, zu erwarten, aber durch Wiederaufnahme des theologischen Kampfes hin= ausgeschoben sind. Wir müssen gestehen, daß uns solche Bücher von dem gemessenen sicheren Mann, der aber, gleich Vischer, seine künstlerisch schaffende wärmende Ader hat, wie ein frischer Luftzug in unser angehendes Alexandrinerthum hinein erscheinen würden. Lob und Tadel, die uns jetzt von der überwuchernden Unberufenheit nur ungeduldig und ver= drießlich machen, würden uns zum Beispiel in einer Goethe= biographie von Strauß nicht unbedingt gefangen nehmen, aber da wir über den Mann beruhigt wären, der zu uns spräche, so würden wir uns befriedigt fühlen, und es träte endlich eine erbauliche Stille ein.

Die vernünftigen Gedanken über die Mode zeugen von des Verfassers wirklich plastischem Blicke für Form und Gestalt. Er geht aber nicht darauf aus, eine romantische Costümbewegung zu stiften, sondern er begreift die Mode

und sucht sie nur scherzend zu signalisiren und zu mäßigen,
nicht ohne selbst in einen tragikomischen Konflikt zu ge=
rathen. Er weist nämlich mit seiner Beobachtung und
eminenter Sachkunde nach, daß die Männerkleidung in den
vierziger Jahren günstiger, vernünftiger gewesen als jetzt,
wie aber nur schwer und selten ein Schneider zu finden sei,
der sich dazu verstehen könne, in seinem Schnitt und Stil
um zehn Jahre zurückzugehen. Geschieht dir ganz recht!
möchten wir ausrufen; denn auf dem Kleiderschnitt irgend
eines Decenniums unseres Jahrhunderts beharren wollen,
und wenn die schlankste Hüfte dabei möglich wäre — nein,
poß Tausend! wir wollen doch lieber alle möglichen Kittel,
Fracks und Hüte tragen, und nur eilig mitspringen mit den
andern, daß wir in die angekündigten achtziger Jahre des
wackern Gervinus gelangen. Das wäre schön, wenn da einer
in den vierziger Jahren hocken bleiben wollte mit seinem
Schneider! Jedoch das Monument von Erz, welches der
suchende Aesthetiker dem endlich gefundenen sich selbst über=
windenden Meister errichtet und beschreibt, ist sehr gut ge=
dacht und zugleich eine feine Neckerei gegen die tiefsinnigen
schriftstellerischen Erklärer und Lobredner unserer modernen
Frackdenkmale, an denen jedes Knopfloch bedeutungsvoll zu
sein sucht.

„Zum zweiten Theile von Goethe's Faust" gehört bei=
leibe nicht in den wunderlichen Kreis des Demetrius=Fertig=
machens. Goethe hat es mit seinem zweiten Theil einmal
der Nation nicht zu Danke getroffen, die mächtige Aufgabe,
die er selbst gestellt, nicht im Sinne des Allgemeinen gelöst.
Wir sind zwar bei weitem nicht geneigt, das seltsame Werk
lediglich als das Produkt des unfähigen Hochalters anzu=

sehen, halten es im Gegentheil für das Produkt behaglich
heiterer, noch sehr kräftiger Willkür, die nichts nach den An=
forderungen des Gesammtbedürfnisses, sondern nur nach den=
jenigen der persönlichen Stimmung fragt.   Denke man sich
einen greisen Schiller, welcher einen solchen späten Abschluß
zu leisten unternommen hätte; stelle man sich die gründlichen
Untersuchungen, die gewissenhafte Rechenschaft die er ange=
stellt, die Concepte und Briefe vor, die er auch mit zitternder
Hand noch geschrieben hätte, um seine eigenen Anforderungen
mit denen der Allgemeinheit zu identificiren und der Noth=
wendigkeit gerecht zu werden, so wird man den Gegensatz zu
Goethe's Verfahren haben.

Diesem war es nicht um eine Volksdichtung zu thun,
denn wer darauf ausgeht, das Unverstehliche aufzurichten
und sich darauf zu gute thut, der dichtet nicht darstellend,
sondern verhüllend — eine Poetik, die nur etwa einer Nation
von Geheimnißkrämern adäquat sein könnte.   Nein, er wollte
noch einmal, eh er unter den Rasen hinabginge, schauen den
ganzen glänzenden klagenden Zug von Dämonen und Ge=
stalten, den er in seiner Brust beherbergte, lediglich zu
seinem eigenen Vergnügen, und er ließ ihn hinaus und
führte ihn um sich selbst herum.   Es ist keine Frage,
der Greis spielte, aber er spielte nicht wie ein Kind,
er spielte wie ein Halbgott, immer noch gewaltig genug.
Aber die Frage vom rechten Faustende, vom deutschen
Geistermannschicksal blieb unbeantwortet; denn das Human=
Politische, Oppositionelle, Weltbauende, welches im zweiten
Theile vorkommt, kann wegen der spielenden romantischen
Form für den nationalen Gebrauch nicht als vorhanden
gelten.

Anfertigung von neuen Faustdramen kann nicht helfen, da Goethe weder zu umgehen, noch als bloße Beziehung zu verdauen ist, heißen die Unternehmungslustigen wie sie wollen. Eine abschließende Fortsetzungstragödie, welche die erste zur Exposition hat, und deren Ton und Klangfarbe virtuos fortführt, wird so lange auf sich warten lassen, bis die ökonomische Natur eine ebenbürtige Begabung hervorbringt, welche zugleich die nöthige Stimmung in und außer sich vorfindet. Dagegen, wenn eine „Natur welche zwischen Kritik und schaffende Kunst in die Schwebe geworfen ist," wie Vischer sich gutmüthig bescheiden selbst bezeichnet, als „positive Kritik" einen Entwurf aus dem Ganzen und Vollen der Frage herausgreift, so dürfte eine solche gedichtete Kritik, frisch, unbefangen wie sie ist, ein eben so neuer wie gewichtiger Ausweg sein. Denn indem der Leser dadurch angeregt, ja gezwungen wird, mitzuarbeiten und die Skizze beliebig weiter auszuführen in seinen Gedanken, ohne daß auf jemanden die Last eines Anspruches ruht, kommt er endlich aus dem Kreise hinaus ins Freie, und gelangt über der munteren Bewegung, die Lösung wenigstens theoretisch feststellend, in dieser Sache zur Ruhe. Sein „Faust" ist fertig, und nun nimmt er erst mit Behagen Goethe's zweiten Theil zur Hand, da er ihm nicht mehr blind und ohnmächtig gegenüber steht. Dazu gehört freilich eine tüchtige Wegleitung, und daß Vischer diese mit glücklicher Hand gegeben, wird der Leser leicht finden, und das befürchtete Lachen dem Unverständigen überlassen.

Nicht in Allegorien, Masken und Geheimnissen, sondern in reell naivem Handeln und Geschehen verläuft Vischer's Entwurf. Er läßt den durch Gretchen's Hinrichtung gebrochenen

Faust allmählich sich wieder aufrichten an dem Streben der
Reformatoren und Humanisten. Mephistopheles, der mehr
als im Goethe'schen zweiten Theil hier organisch verbunden
bleibt, antreibt, handelt, wühlt und, das Böse wollend, das
Gute hervorbringen helfen muß, lockt den Faust nach Rom,
um dort, wie er sagt, das Uebel an der Quelle anzugreifen.
Dort spielt sich nun, um einen kurzen technischen Ausdruck
zu gebrauchen, die humanistische Renaissance ab, in welche
Faust sich geworfen, im Rom Leo's X., das noch zweck=
mäßig mit der Atmosphäre der Borgia gemischt ist. Der
Teufel steckt den Succubus Helena in die Maske eines
prächtigen römischen Renaissance=Weibes, welches Fausten in
direkte Blutschuld stürzt, und darauf, wie er sie umarmen
will, ein Todtengerippe ist.

Dieß soll nicht Allegorie, sondern wirkliche Inscenirung
eines Sagenmotivs sein. Allegorisch wird es aber dennoch
wirken, wenn es seinen tieferen Zweck behaupten soll; sonst
würde es zu sehr Puppenspiel sein. Wir finden Faust
wieder in Deutschland als einen armen Mann, der mit dem
Spaten in der Hand seine Scholle gräbt. Er erwehrt sich
kaum seines Lebens und seiner Freiheit, denn er soll zum
Leibeigenen heruntergedrückt werden. Auf dieser untersten
Stufe büßender Menschenwürde findet ihn der deutsche
Bauernkrieg mit den ungeheuren Aussichten, die er unter
glücklicheren Sternen gewinnen konnte; und an dieser Be=
wegung, indem er ein Führer der Bauern, ein Freiheits=
kämpfer wird, richtet er sich wieder auf, um paradox zu
sprechen: die persönliche Schuld wird erleichtert; denn sie
weitet sich zu einer politischen, größern, universelleren Schuld
aus. Denn der Teufel findet jetzt alle Hände voll Arbeit;

er mischt sich in den pittoresken dämonischen Masken, wie
sie historisch sind, unter die Bauern und richtet Gräuel auf
Gräuel an, deren Schuld auf den Führer wälzend. Faust
aber, obwohl nur halb schuldig, da er nur verhängnißvollen
Spielraum gab, nimmt die Schuld auf sich und entschließt
sich, den freiwilligen Opfer= und Heldentod für das unter=
gehende Volk und sich zur Sühne zu sterben. Mit diesem
Entschluß schaut er auch den Sieg des Guten, das er ge=
wollt in der Zukunft; zur völligen Gewißheit erscheint ihm
Gretchen's Geist vor der Schlacht, Verzeihung und reine
Liebe bringend, und so ist der Augenblick gekommen, den er
mit Goethe's Worten:

> Im Vorgefühl von solchem hohen Glück　　　　　　—
> Genieß' ich jetzt den höchsten Augenblick,

festhalten will. Er geht in das letzte Treffen und kommt
mit dem stärksten Feind aus demselben. Es ist Mephistopheles.
Dieser sucht ihn nochmals zu verlocken, verspricht ihm erst
jetzt die höchsten ausschweifendsten Dinge. Doch Faust be=
harrt in seiner Versöhnung, in seinem beglückenden Entschluß,
und der Feind stößt ihn nieder, da er den Augenblick für
gekommen wähnt, wo der Vertrag erfüllt sei. Mit gespreizten
Beinen, triumphirend stellt er sich auf dem stillen über=
schatteten Schlachtfeld über die Leiche und greift ihr an die
Kehle. Da öffnet sich glanzvoll der Himmel, im Halbkreise
sitzen die Märtyrer und Helden der Menschlichkeit, Freiheit
und Wissenschaft, Christus mit dem verlornen Sohn in der
Mitte. Wie im Goethe'schen Prolog zum ersten Theil dis=
putirt Mephistopheles mit den Himmlischen um die Seele,
aber erfolglos, streckt wüthend wie Shylok und eben so ge=
prellt den „Schein" empor und muß abziehen. Faust aber

wird in das Element des ewig thätigen, aber harmonisch geregelten Weltlebens aufgenommen.

Nicht um zu tadeln oder besser zu machen, sondern nur um die Anregungskraft des Vischer'schen Entwurfs zu beweisen, wollen wir hinzufügen, daß uns dieser Himmel zwar besser gefällt als der gothische Kirchenhimmel bei Goethe, daß er uns aber auch nicht ganz zusagt. Er ist uns für den Ernst und die stille Größe des Endes noch zu conventionell, nach Art der lebenden Bilder. Sodann mag Gott oder Christus unter den Auspicien der römischen Kirche theatralisch dargestellt werden, in Oberammergau z. B. in fromm naiver Volkshand sogar tragisch wirken; wir in protestantischen Landen, wo Faust recht eigentlich hingehört, haben einen hausbräuchlichen Widerwillen, den Schauspieler Herrn Pieske oder Herrn Schwemperle Christum tragiren zu sehen; und je philosophischer wir sind, je mehr uns Christus zur Idee wird, desto stärker macht sich uns der Glaube unserer protestantischen Kindheit, daß man von Gott kein Bildniß machen solle, geltend. Und nun erst noch das konkrete, jedem Göttlichen, Unendlichen gegenüber immer zu dünne Stimmorgan jedes Schauspielers! Fügen wir erst noch bei, daß wir Faust ganz allein und verlassen wünschen bis an sein Ende, ganz auf sich angewiesen dem Teufel gegenüber, ohne jede Stärkung und Aufmunterung aus dem Jenseits, also auch ohne Gretchens Erscheinung zu genießen, so würden wir Gretchen vielleicht nachher herbeiführen können etwa mit einem einzelnen Engel oder andern Abgesandten, der ein klares Streiflicht über das dunkle Feld wirft, und ruhig, aber fest auf der Erde stehend, an Faust's Leiche mit dem Teufel streitet. Das Osterlied könnte mit der allgemein werdenden Helle dennoch ertönen.   Das sinnlich Theatralische aber würde auf diese Weise sich gewissermaßen ehrerbietig mäßigen vor der Gedankenwucht dieses Stoffs.

Der sich aufrichtende selige Faust würde nun einfach von Gretchen's Geisterhänden empfangen, welche der Genius des nationalen Werks wäre, aus dem sich die Nation immer neu gebiert, und das aus Liebe für den Mann und mit ihm schuldig geworden und ihm in Untergang und Sühne vorangegangen ist, nachdem es seinen Hauptberuf, selbst geopfert, veruntreut hat.   Gereinigt kommt es ihm an der Schwelle des Jenseits entgegen, und Goethe's eher komisch wirkendes Wort: „Das ewig Weibliche zieht uns hinan" würde hier ungesprochen, aber einfach schön zur Geltung kommen, zugleich aber das Hauptmotiv des ersten Theils, der dort so herzzerreißend abbricht, abschließend an= klingen.

Wie das Historische in einer solchen Arbeit nicht direkt, diplomatisch, sondern poetisch verallgemeinert und doch er= kennbar und konkret zu behandeln sei, darüber hat Vischer gute Winke gegeben, auch zu anderweitiger Anwendung nutzbar.

Zu Friedrich Theodor Vischer's achtzigstem Geburtstage.*)

(30. Juni 1887)

Vor mehr als zwanzig Jahren kehrte ich eines Sonntag Abends von einem Spaziergange in der Umgebung von Zürich nach der Stadt zurück an der Seite eines Mannes, der sich dem Ende seines sechsten Jahrzehnts nähern mochte, aber noch wohlgebaut und mit rüstigen Gliedmaßen dahin schritt. Er war keineswegs modern und doch mit schlichter Eleganz gekleidet, da er, die schlotterige Tagesmode verachtend, an dem als zweckmäßig erkannten Gewandschnitte „schönerer Jahre" unverbrüchlich festhielt, der an Schulter, Arm und Hüfte dem Körper sein Recht ließ. Der Hut saß ihm gut und frei, fast etwas schieflich zu Haupte und schien zu sagen: Ein Mann geht unter mir!

Die Dämmerung war stark vorgeschritten, als unser Gespräch plötzlich unterbrochen wurde. Auf der anderen Straßenseite gab ein dichter dunkler Männerhaufen die schönste Prügelei zum Besten, ganz in sich gekehrt, wie von der Welt abgewandt. Wir standen still und sahen bald, daß dieser Knäuel erboster Leute auf einen Einzelnen loshauen mußte,

*) Beilage zur Allgemeinen Zeitung Nr. 179 Donnerstag 30. Juni 1887.

der unerkennbar in der Mitte stak und erbärmlich um Hülfe
schrie. Mein Begleiter horchte nur einen Augenblick hin,
faßte seinen Stock fester und sprang mit einem Satze über
die Straße weg. Während er unerschrocken eindrang und
den Knäuel zertheilte, hörte ich seine helle Stimme rufen:
„Ihr Himmelsakermenter, was ist das? Schämt ihr euch
nicht, alle auf Einen loszuschlagen?"

Das wird nun gut ausfallen! dachte ich, behutsam
näher tretend. Aber schon hatte die Masse sich gelockert,
Stöcke und Fäuste ruhten, wogegen eifrige Reden sich kreuzten
und dem Eindringling geräuschvollen Aufschluß gaben, jedoch
ohne die Feindseligkeit wider denselben zu kehren. Offenbar
hatte er den richtigen Fleck getroffen und hörte aufmerksam
zu. Es stellte sich heraus, daß der Geprügelte durch boden=
los freches Benehmen die erst fröhlich angeheiterten Hand=
werksgesellen bis in's Unerträgliche gereizt, im kritischen
Augenblick dann zum Messer gegriffen habe u. s. w.

„Ah so!" sagte der Friedensstifter, „daß der Bursch feig
ist, hat er freilich auch durch sein Geschrei bewiesen! Aber
nun wollen wir ihn laufen lassen, nicht wahr? er wird sein
Theil ja weg haben!"

Der Uebelzugerichtete war bereits in der Dunkelheit ver=
schwunden; die wackeren Zuschläger zogen auch ab, nicht
ohne dem Manne, der wahrscheinlich Aergeres verhütet, guten
Abend zu wünschen. Ruhig, als ob nichts geschehen wäre,
setzte er den Weg mit mir fort. Es war der Herr Professor
Friedrich Theodor Vischer vom schweizerischen Polytechnikum
und der Universität in Zürich.

Aus diesem und manch anderem Zuge, so zu sagen
Facetten des Edelsteines, der vorstehenden Namen trägt,

erkannte ich), wie monistisch der Mann eingerichtet, gewachsen
ist, wie Wahrnehmen, Fühlen, Denken und Handeln unmittelbar Eins bei ihm sind. Und diese Einheit, in allem Wechsel
der Zeit mit derselben Aufrichtigkeit und Wahrheitsliebe
gerüstet, muß eine gesunde Lebensart sein; denn heute feiert
Vischer den achtzigsten Geburtstag, und wie feiert er ihn!

Lang steht er schon auf der Höhe des Lebens unter
der Halle seiner Werke; der goldene Abendschein liegt in
dem Gebälke, doch die Sonne weilt über dem weiten Horizont
und will nicht scheiden. Denn eben ertönte noch der schönste
Gesang aus der Halle herüber, Lied auf Lied, und gleich
wandelt er wieder stracken Ganges unher, das Richtmaß
in der Hand, und prüft abermals das festgefügte Zimmer-
werk, mißt und klopft hie und da an die Balken und möchte
dieß oder jenes wohl anders gemacht haben. Laß das
Gebälke ruhig stehen, junger alter Herr! Wir müssen zwar
bekennen, daß wir langehin uns mehr an den reich gewirkten
Teppichen erbaut haben, die Du so verschwenderisch drau und
drüber gehängt hast; mit der Zeit aber wurden wir gesetzter
und fangen erst jetzt an, hinter die Teppiche zu schauen und
rückwärts zu lernen, bis wir das Gerüste in des Meisters
Sinn verstehen. Und wenn es auch etwas zunftmäßig aussieht, so wird der Tag doch kommen, wo keiner es mehr
anders wünschen wird! Und wenn über dem gewaltigen
Giebeldache nichts mehr als der blaue Aether steht, so ist
uns das eben recht, weil aus diesem gerade nach der heutigen
Kosmogonie ja doch alles kommt und dahin zurückkehrt,
heute oder morgen!

Aber hört! Jetzt singt er wieder, laut, wohltönend, er
scheint vergnügt zu sein, bis ihn die Arbeit seiner Kraft

ruft und er lehrend das junge Volk um sich sammelt. Nun
steht ein Redner ersten Ranges vor ihnen, kein Spiegelredner,
sondern einer des lebendigen Wortes.

Nach gethaner Arbeit ist gut ruhen, denkt er, als er
irgend etwas bemerkt, das ihn zornig erregt, ein Ungeschmack,
eine Rohheit, eine Philisterei, da ihm das Kleine am Herzen
liegt und das Große. Er wettert herrlich für die wehrlos
gequälte Kreatur; denn als ein ganzer Mann erbarmt er
sich ihrer, und wenn er ein alter Heiliger wäre, so würde
ihn einst eine große Schaar erlöster Thiere in's Himmelreich
begleiten.

Die Ehre, Stärke und harmonische Freiheit des Vater=
landes sind seine lebenslängliche Leidenschaft, und er hat sie
jederzeit redlich erlitten und durchgekämpft, ohne den Mannes=
trotz zu verlieren: wenn er am wenigsten hoffte, so war es
am wenigsten gerathen, ihm mit Mitleid zu kommen.

Jetzt sitzt er wieder vor der Halle gleich einem kritischen
Landgrafen, abhörend, erwägend, ˙urtheilend, und gegen
Unbilde auch die eigene Sache unverhohlen verfechtend, Irr=
thum bekennend und unverweilt richtig stellend. Und seine
Sonne thut keinen Wank und scheint ihm golden in's Gesicht.

Unter solchen Umständen ist das Anwünschen, es möge
noch lange so gehen, keine Kunst oder Heuchelei. Es scheint
sich (unberufen!) von selbst zu verstehen. Und dennoch rufen
wir heute: Heil Dir, theuerster Mann! Bleibe noch manches
geräumige Jahr der große Repetent deutscher Nation für
alles Schöne und Gute, Rechte und Wahre!

Heinrich Leuthold's Gedichte.*)

(1878.)

Dieses Büchlein ist das Reisepack, welches unser kranker Landsmann mitführte, als er vor Jahr und Tag nach langer Abwesenheit das Asyl einer Heimat aufsuchen mußte, die ihn kaum kannte. Es ist mithin nicht die verfrühte Ausgabe eines durch thörichte Gönner verleiteten Lehrlings, sondern das Ergebniß eines stürmischen und schweren Lebensganges, was wir vor uns haben. Und auch dieses wenige mußte durch Freundeshand (Herr Dr. Jakob Bächtold hat sich mit Pietät und Eifer der Aufgabe unterzogen) geordnet und besorgt werden, nachdem der Dichter seit Jahren versäumt oder verschmäht hat, es selbst zu thun.

Wie vom Lebensglück sind die vorliegenden Lieder auch vom Stofflichen nicht beschwert; es ist ein echter und wirklicher Lyriker, welcher nach uralter Weise singt, fast nur von seinem Lieben und Zürnen, Irren und Träumen, Leiden und Genießen, und auch die ruhige Betrachtung, wo sie in Oden oder Sonetten zum Worte kommt, zeigt sich nur durch das Medium der echt lyrischen Persönlichkeit.

*) Neue Zürcher-Ztg. Nr. 583 vom 12. December 1878.

So wenig als schwer an Stoff, sind die Gedichte das, was man neu nennt. Bald in der Formenlust der alten Schlegel'schen, bald in derjenigen der Platen'schen Schule glauben wir bekannte Töne und Weisen zu vernehmen, bis wir merken, daß wir immerhin einen selbständigen Meister hören, der seinen Ton nach freier Wahl angeschlagen hat und auch einen andern hätte wählen können. Gegenüber dem Suchen unserer Zeit nach Stoff und manigfachem Effekt hat die Sammlung dennach einen etwas akademischen Charakter.

Und dennoch hat sie für uns etwas Nagelneues: das ist die durchgehende Schönheit und Vollendung der Gedichte, der seltene Mangel an Schwächen und blöden Stellen, die höchstens etwa in den Epigrammen da oder dort zum Vorschein kommen wollen. Wenn diese Koncentration auch zunächst das Verdienst des sichtenden Redaktors ist, wie das Buch vor uns liegt, so bürgt uns doch die Formenstrenge und der Wohllaut des Vorhandenen dafür, daß der Dichter selbst nicht minder kritisch verfahren wäre, wenn er sein Buch zusammengestellt hätte.

Das Neue, der Werth des Geschenkes, das uns Heinrich Leuthold aus der Einsamkeit seiner Krankenzelle macht, besteht also für uns Schweizer darin, daß wir eine lyrische Sammlung haben, wie wir in solcher Schönheit und Harmonie von Inhalt und Form bis jetzt noch keine besessen und welche zu den guten Büchern der deutschen Literatur wohl dauernd zählen wird. Und es ist, wie gesagt, ein Buch welches gelebt und geworden und nicht gemacht ist, so viel Kunst und reinen Stil es auch aufweist.

Am Schlusse der Sammlung befindet sich eine Abtheilung „Episches". Sie besteht aus dem Fragment eines „Hannibal": „Vor Capua" und einigen Gesängen eines Epos „Penthesileia". Diese Abtheilung scheint unserer Bemerkung über das Zurückstehen des Stoffartigen zu widersprechen; allein es ist doch wieder vorzugsweise der lyrische Dichter, welcher hier an seiner Strophenbaufreude sich ergötzt. Namentlich das Phänomen des Zusammentreffens der Amazone mit dem Peliden ist von Heinrich von Kleist schon mit starken Zügen erschöpft worden; in der epischen Schilderung trojanischer Kämpfe aber mit Homer zu wetteifern, konnte nicht die Absicht des Dichters sein, der sonst so viel Geschmack zeigt. Es dürfte sich also mehr um einen Drang handeln, diese Gegenstände den sieggewohnten lyrischen Rhythmen des Urhebers zu unterwerfen, eine Art Spiel, welche sich besonders in dem Hannibalischen Fragment durch allzu glatte Schönheit und Klangfarbe rächt. Das sind aber keine gemeinen Fehler, sondern Probleme, die nicht jeder so löst, wie Leuthold. Von der „Penthesileia" kennen wir übrigens nur die vorliegenden Fragmente, und in diesen findet sich eine Reihe so gewichtiger Schönheiten, daß man doch das Ganze zu haben wünscht; zumal hier der Strophenbau, beim Vortrage in gehörigen Fluß gebracht, sich dem Epischen mehr nähert.

Möge dem kranken Sänger, wenn ihm seine leichte und doch so schwere poetische Habe, die er achtlos hat liegen lassen, nun in die Hand gegeben wird, ein Lichtblick froher Genugthuung den kommenden Jahreswechsel erhellen! Den Liebhabern sogenannter „guter Sachen" können wir unsers geringen Orts die Versicherung geben, daß hier ernstlich etwas derartiges vorhanden ist. Sie finden verschiedene An=

klänge und Gegensätze in dem Buche, aber auch von jedem
den Ausgleich: dem Ausbruche glühender Lebenslust und
Leidenschaft folgen Klage und Reue auf dem Fuße; Un-
muth und Spott lösen sich in Tönen weicher Wehmuth,
deren Wohllaut schon an sich eine Versöhnung ist. Kurz,
das Buch hat nicht nur ein Schicksal, sondern es stellt
ein Schicksal dar.

Ein nachhaltiger Rachekrieg.*)

(1879.)

Im Jahre 1874 erschien in einer neuen Ausgabe von
G. Keller's „Leuten von Seldwyla" unter anderm eine Erzählung, betitelt „Das verlorene Lachen", welche ein zu-
sammenfassendes Bild verschiedener heutiger Kulturzustände
bieten sollte und namentlich auch einen Konflikt zwischen
Mann und Frau, der seine Wurzeln mit in religiösen
Differenzen hatte. Ort und Personal der Geschichte waren
wie alle Erzählungen des genannten Werkes natürlich fingirt
resp. frei erfunden. In einer der Personen waren verschiedene Charakterzüge, wie sie einem Theile der sog. Reform-
geistlichkeit anhaften, vereinigt, und jedermann konnte das
sehen und wissen, ebenso daß der Hauptzug der betreffenden
Figur die damals auf eine gewisse Höhe gestiegene Intole-
ranz mancher freisinnigen Geistlichen zeichnen wollte, welche
wöchentlich auf der Kanzel, in Vorträgen, Versammlungen
und Schriften die sog. Indifferenten verfolgten, d. h. denjenigen Theil der Gesellschaft, welcher sich erlaubte, kirchlichen
Bewegungen fern zu bleiben. Wenn jenes Schelten und

---

*) Feuilleton der Neuen Zürcher-Ztg. 59. Jahrg. Nr. 457,
erstes Blatt vom 30. Sept. 1879.

Anschuldigen an öffentlicher Stelle so fortgehen sollte, so war
allerdings mit der proklamirten Gewissens- und Religionsfrei-
heit in höherem Sinne wenig gewonnen, besonders da den
Worten erfahrungsgemäß die Thaten folgen, so bald sie
nur können.

Hierin lag der Anreiz jener Darstellung, wenn man
durchaus nach einem solchen suchen will.

Und man suchte wirklich in wunderlicher Aufregung
und fand die allermerkwürdigste treibende Ursache. Einige
Jahre früher hatte der am St. Peter in Zürich predigende
Pfarrer Heinrich Lang in der „Zürcher. Freitagszeitung" ein
von der Regierung erlassenes Bettagsmandat als unpassend
angegriffen, welches der Autor der „Leute von Seldwyla"
in seiner damaligen Stellung als zürcherischer Staatsschreiber
auftragsgemäß abgefaßt hatte, gleich einigen schon früher erschienenen Aktenstücken dieser Art. So oft nämlich kein
„leitender Staatsmann" in der Behörde saß, der die Lust
verspürte, seinen Stil an der besagten Kundgebung zu versuchen, so wurde die Sache eben kurzweg der Staatskanzlei
übertragen. Es fiel dem Staatsschreiber nicht im Traum
ein, den kleinen Angriff Lang's übel zu nehmen. Man
wußte von vornherein, daß die Mandate bei den Geistlichen,
die sie von den Kanzeln zu verlesen gezwungen waren, sich
keiner großen Beliebtheit erfreuten und zwar aus einem natürlichen Grunde. Als vollends dem kritisirten Verfasser hinter-
bracht wurde, Heinrich Lang habe nicht gewußt, wer der
Verfasser sei und bereue seine harmlose Uebelthat, hatte der
letztere den unerheblichen Handel bereits vergessen und auch
vorher weder mit einem einzigen Wort, noch mit einem un-
freundlichen Blicke Lang gegenüber sich geäußert, während

sonst bekannt genug ist, daß der Betreffende leider nicht
hinter dem Berge zu halten versteht.

Nicht so die aufgebrachte Curie des Freisinns. Anstatt
über die in der eingeklagten Novelle beschriebenen Unarten
nachzudenken und die größere oder kleinere Wahrheit der=
selben zu prüfen, wurde zuerst festgestellt, daß sich alles auf
Heinrich Lang und nur auf ihn beziehe, obgleich die Herren
wohl wußten, daß in der Romanfigur eine ganze Richtung
und eine ganze Kompagnie enthalten sei, wie das überhaupt
jeder weiß, der sich eine kleine Aktensammlung angelegt hat.
Dann wurde der angebliche Grund des Verfahrens gegen
ihn aufgesucht, um drei Jahre zurückgegriffen und in dem
vergessenen Mandathandel, in der Rachsucht verletzter Autor=
eitelkeit gefunden. Diese so traurig kleinliche Entdeckung
entsprach so gut dem Bedürfnisse der Entdecker, daß sie un=
verweilt in Umlauf gesetzt und in weitesten Kreisen schwarz
auf weiß verbreitet wurde. Keller schwieg hiezu; denn man
kann sich gegen alles vertheidigen, nur nicht gegen solche
Anschuldigungen, und überdieß waren sie nicht geeignet, an
der Sache etwas zu ändern.

Seither ist wieder ein halbes Dezennium verflossen; die
Legende von dem rachsüchtigen Schreiber schien in der
Schweiz und in Deutschland verstummt. Jetzt, im Septem=
ber 1879, taucht sie plötzlich wieder in Frankreich auf, in
einer Korrespondenz des Pariser „Temps", und ist von da
bereits in die Schweizer Presse gedrungen. In dieser neuen
Redaktion erscheint das unglückliche Bettagsmandat schon
als in einem überschwänglich salbungsvollen Stile, in einem
von der Kanzel entlehnten Tone abgefaßt, welcher lächerlich
mit der gewohnten Sprache und dem wohlbekannten Tempe=

rament der Demokraten kontrastirt habe, die damals in den Räthen der Republik gesessen. Lang habe in einem Freundes= kreise das Schriftstück mit einer solchen Fluth geistreicher und lustiger Sarkasmen übergossen, daß der dabeisitzende, von seinem „Freunde Lang" also traktirte Staatsschreiber, in seiner schriftstellerischen Eigenliebe (!) zerquetscht, zerrieben, zerknittert (alles dieß heißt froissé), von Stund an beschlossen habe, sich zu rächen. In einer seiner „Zürchernovellen" sei dieß dann geschehen u. s. w.

So viel Worte hier stehen, so viel böse Unwahrheiten. Daß das Mandat nicht im gesalbten Kanzelton geschrieben war, kann man jetzt noch im Amtsblatt 1871 nachsehen. G. Keller hat im Gegentheil und zwar schon vor 1869 die streng konfessionelle Sprache aus denjenigen Entwürfen ver= bannt, die ihm eben für fragliche Kundmachungen übertragen wurden; und da durch den Verlust der dießfälligen Gemein= plätze die Redaktion allerdings schwieriger wurde, so war das vielleicht mit ein Grund, daß die Regierung den Erlaß von Bettagsmandaten ganz aufgab und von andern Kan= tonen sogleich nachgeahmt ward. Keller war sodann nicht in dem Freundeskreise anwesend, er hörte die lustige Unter= haltung nicht mit an, sonst würde er sich für sein Erzeugniß wahrscheinlich gewehrt haben; er hörte aber auch nicht ein= mal davon sprechen. Endlich hat er nicht zu den engeren oder weiteren Freunden Heinrich Lang's gehört, weil es die Verhältnisse einfach nicht mit sich brachten. Er hat dem= nach keine fünfzig Worte mit ihm unmittelbar gewechselt.

Nun bemerke man aber wohl: durch den erlogenen Kanzelton kommt der gute Mann als wirklicher und lächer= licher Heuchler zum Vorschein, durch das unscheinbar einge=

schobene Wörtchen „sein Freund Lang" als ein tückischer
Verräther am Freunde, der, statt sich offen zu vertheibigen,
schweigt und auf blutige Rache sinnt! Das heißt man denn
doch den Spieß umbrehen!

Aber genug! Vielleicht nimmt die ausführliche Dar=
legung eines bloßen Klatsches viel zu viel Raum ein. Be=
denkt man aber, daß durch längeres Schweigen die erlogene
Geschichte als unbestritten angesehen und zu einer stehenden
Anekbote werden kann, so wird man die genommene Mühe
nicht unbegreiflich finden. Es ist nicht das erste Mal, daß
ein Schriftsteller wegen allgemeiner Sittenschilderungen durch
persönliche Auslegungen geplagt wird, und es mußte nament=
lich Gotthelf mit seinen Berner Bauern ein Lied davon zu
singen. Der vorliegende raffinirte Fall ist schwerlich schon
vorgekommen.

Goethe's „Reineke Fuchs" von Kaulbach.

(Gestochen von Rudolf Rahn und Adrian Schleich.)*)

(1847.)

Da an diesem schönen und bedeutenden Werke Herr
R. Rahn von Zürich als Kupferstecher sich einen verdienst=
vollen Antheil erworben hat, so muß es uns, seinen Lands=
leuten, zum Vergnügen gereichen, dasselbe vor andern
Früchten des deutschen gediegenen Kunstlebens und =Fleißes
zu beachten. Wir dürfen dies um so eher thun, als Herr
Rahn als schweizerischer Kupferstecher nicht etwa eine ver=
einzelte Erscheinung ist, sondern zu einem ganzen Kreise be=
rühmter Kupferstecher gehört, welche sämmtlich Schweizer
sind, so Amsler, Merz, Gonzenbach. Schade, daß diese
tüchtigen Männer nach alter guter Schweizersitte ihre Kräfte
einer ausländischen Macht leihen müssen; doch ist diese
Macht dießmal die deutsche Kunst: wer wollte ihr nicht
freudig dienen? Und so können wir stolz sein auf unsre ver=
ehrten Reisläufer mit Grabstichel und Polierstahl, welche zu
München dem Genius Kaulbach's und Cornelius' den Weg
in alle Welt bahnen; während wir jene Reisläufer mit
Flinte und Patrontasche verläugnen müssen, welche beim

*) Neue Zürcher-Ztg. Nr. 61 vom 2. März 1847.

König von Neapel oder gar am Vatikan Schildwache stehen
und auch einen Genius, denjenigen der Zeit, nicht befreien,
sondern unterdrücken helfen.

Was nun Kaulbach's Reinecke betrifft, so ist dieser ein
Produkt, wie es nur dießseits des Rheines entstehen konnte.
Solche Allseitigkeit des Verdienstes: Wahrheit, Schönheit,
Tiefe, Eleganz, Humor, Schärfe und Bestimmtheit in Ausdruck und Bedeutung; ist weder bei den Franzosen, noch bei
irgend einer andern Nation zu finden, wo immer einer dieser
Vorzüge auf Unkosten der andern hervortritt. Kaulbach
herrscht über alle Disziplinen seiner Kunst mit einer eigentlichen Allmacht, durch welche wieder seine Strenge zu einem
anmuthigen und leichten Gewande wird. Er hat mit seinem
Reinecke einen Vorwurf, den man ihm hin und wieder
machte, glänzend widerlegt, denjenigen nämlich, daß er alles
der kalten berechneten Schönheit aufopfere und den Inhalt
darüber vernachlässige. Allerdings kann er — wenn wir
etwa eine Vergleichung mit der Literatur anstellen und vielleicht Schnorr, Schwind u. s. w. die romantische Schule,
Cornelius in seinem überlegenen Allesumfassen eine Art von
Goethe nennen wollen — der Platen der deutschen Malerei genannt werden. Man ist aber seit einiger Zeit zu der Einsicht gekommen, daß in Platen, trotz seiner kalt-schönen Form,
Herz und Leben sehr warm geglüht haben. So auch bei
Kaulbach. Er hat es in vorliegendem Werke nur mit Fuchs-,
Bären-, Wolfspelzen und Löwenhäuten, mit Hunds-, Esels-
und Affenköpfen zu thun gehabt; er mußte die reichen Mittel
der Draperie entbehren und war fast gänzlich verlassen von
den schönen Formen der menschlichen Gestalt, jenen Linien,
welche sein eigentliches Lebenselement sind. Was hat er

nichts desto weniger zu Stande gebracht! Geist und Leben
durchdringen alle diese Thiergruppen und machen sie nothwendig schön; das Auge weidet sich und wird vollkommen gesättiget von der Gelungenheit der verschiedenen
Bilder. Der Gegenstand ist jedesmal nach allen Richtungen
hin erschöpft und auf das angemessenste und ergötzlichste
bekleidet. Erde und Luft sind belebt; aber die Phantasie
ist gewaschen und zierlich gekämmt, wie es einer schönen
Jungfrau geziemt. Auch noch in einer andern Beziehung
hat Kaulbach sich und die Kunst gerechtfertigt, insofern man
nämlich schon gesagt hat, es sei unzulässig, daß die bildende
Kunst ein dichterisches Kunstwerk wiedergebe. Der „Reinele
Fuchs" hat hier nicht eine Wiederholung, sondern eine Wieder-
geburt erlebt. Es wird Einem zu Muthe, wie wenn man
mit bleibendem Bewußtsein aus einer alten Welt in eine
neue tritt von gänzlich verschiedenen Formen und Anschauungen. Wenn es einen bewußten Geist des schalkhaften Gedichtes gäbe, so müßte er sich hier wie von einem Stern
auf den andern versetzt fühlen, wo er das vielleicht Geahnte,
aber für unmöglich Gehaltene erschaut. Die wunderbarsten
Gefühle müßten ihn ergreifen; er wäre noch der alte und
doch nicht mehr derselbe.

Herr Rahn hat, in Verbindung mit Herrn Schleich,
alle diese Herrlichkeiten mit Hingebung und Verständniß in
das wohlthätige Kupfer gegraben. Wenn Amsler und Merz
die geeigneten Leute sind, große umfassende Kompositionen
in strenger und ernsthafter Manier zu stechen, so ist Rahn
ganz dazu gemacht, mit der reichen Eleganz seiner Hand die
kleineren, anmuthig-poetischen Schöpfungen Kaulbach's zu
vervielfältigen. Damit ist aber nicht gesagt, daß Charakter

und Bestimmtheit im mindesten darunter leiden, und man
sieht sich auf's neue veranlaßt, der Kunstgeschichte dafür zu
danken, daß sie, indem sie uns große Maler gibt, zugleich
für die ausdauernden und kindlich sich hingebenden Gemüther sorgt, welche die Geistesblüthen jener der weiten
Welt zum Genusse bringen.

Wenn man den Cotta'schen Verlag, zwar nicht immer
sehr treffend, einen aristokratischen genannt hat, so ist der
„Reineke Fuchs" allerdings ein aristokratischer Verlags-Artikel
im erträglichsten und besten Sinne des Wortes.

„Pflügende Ochsen", Bild von Rudolf Koller.[*])

(1869.)

— — Es leistet diese Arbeit neuerdings den Beweis, daß unser Maler, längst im vollen und freien Besitze reifen Könnens, an einer weitern Entwicklung zu schaffen und seine Kunst und Art fortwährend neu zu prüfen nicht müde wird, ihre Grenzen mit männlicher Selbstbestimmung feststellend, dieselben bald scheinbar verengend, bald sie plötzlich erweiternd. Während aber ein solches Schauspiel auch für die Kunstbetrachtung interessant und instruktiv sein sollte, geschieht es im Gegentheil oft, daß das Urtheil dem rastlos übenden Künstler nicht zu folgen vermag und der frühere Freund und Gönner bei überraschenden Wendungen verdrießlich den Kopf schüttelt und den Pachtschilling seines Lobes zu entrichten zögert.

Die Verschiedenheit und Wandelbarkeit des Urtheils verkörperte sich unlängst in einem unfreiwilligen Uebersetzungsfehler. Vor ungefähr einem Jahre brachte das Bundesblatt die Berichte der Herren Gleyre und Kinkel über die schweizerische Kunst an der Pariser Weltausstellung

---

[*]) Neue Zürcher-Ztg. No. 20, Mittwoch den 20. Januar 1869. (Das besprochene Bild befindet sich in der Dresdener Galerie als Geschenk von Herrn O. Wesendonck in Berlin.)

14*

vom Jahr 1867. In der französischen Ausgabe des Bun=
desblattes sagt nämlich Herr Gleyre über die auf genannter
Ausstellung gewesenen Koller'schen Bilder: „Ils sont naïfs
d'impression, d'une facture très-habile et robuste, quoi=
que un peu monotones. Mr. Koller ne sacrifie pas assez
les parties secondaires de ses compositions, mais il sent
avec une grande vivacité ce qu'il représente" u. s. w.
Die Stelle „Mr. Koller ne sacrifie pas assez les parties
secondaires de ses compositions" übersetzte nun die
deutsche Ausgabe des Bundesblattes mit „Koller opfert
nicht zu sehr die sekundären Partien seiner Kompositionen",
was so ziemlich das Gegentheil ausdrückt, aber, wie gesagt,
unabsichtlich das oben berührte Verhältniß zwischen Beur=
theilern und Künstlern bezeichnet.

Nachdem Koller den akademisch gewordenen niederländi=
schen Typus des Thierbildes über Bord geworfen und sich
schon früh auf eigene Füße gestellt hatte, indem er in seine
Rahmen, in voller Wechselwirkung zu seinen stets mit leuch=
tender Bravour gemalten Thieren, große Gebirgs= und
Vegetationsmassen aufnahm, so daß der beliebte niedere
Horizont der alten Weidebilder oft ganz verloren ging, in=
dem er ferner Licht und Farbe fast ungebrochen in solcher
Kraftwelt wirken ließ, dabei unabläßig die Scenen wech=
selnd, — zog er sich plötzlich in die kleine Wüstenei bei
seinem Besitzthum am Zürichsee zurück und machte dort
unter Schilf, Weiden, Sand und Gestrüpp die einläßlichsten
Studien über ein künstlich bescheidenes, durchaus gedämpftes
Kolorit. Er nahm falbe, fast farblose Thiere, zeichnete und
modellirte sie feiner und geistreicher als je, ließ sie aber auf
mattem Boden grasen, graugrüne Weiden im Hintergrund,

unter einem merkwürdig verschleierten Himmel. Alles dieß
war so gründlich studirt und die Gedämpftheit und Bescheidenheit so raffinirt durchgeführt, daß die Leute ernstlich an
ein bedenkliches Gehenlassen, an Respektwidrigkeit, ja an ein
merkliches Sinken zu glauben anfingen, obgleich die so entstandenen Bilder, auch räumlich in's Kleine gezogen, gerade
in ihrer Art zu den eigenthümlichsten Arbeiten dieses Genres
gehören. Diejenigen, welche früher über die rosenrothen, in
der Sonne durchsichtigen Nasenlöcher der prächtigen Kühe,
über das saftige Grün der Alpen und Bäume, die bunten
Blumen im Grase, die azurblauen Bergwände entzückt waren,
wußten sich jetzt nicht zu helfen.

Ehe aber die Verwunderung über solch wahrhaft ascetisches Thun zu sich gekommen, gingen ein paar große
Abendbilder aus des Künstlers Werkstatt hervor, die wieder
etwas ganz anderes und doch nicht das frühere waren.
Die einfachsten Linien von der Welt, ein Stück buchtartiges
Seeufer mit dunklen Baumschatten, nichts Buntes, als die
leuchtende Abendröthe und deren Wiederschein im Wasser,
aber auch dieser Glanz so bedacht und ruhig vorbereitet
und hervorgebracht, daß von Buntheit doch wieder keine
Rede war; dabei wieder ein neues Problem, der volle Reflex
der am Wasser und in demselben friedlich zusammengedrängten Thiere, alles in die harmonische Abendruhe hinein-
und so zusammengearbeitet, freilich auch mit ganz verändertem Verfahren bei Unter- und Uebermalung.

Das gegenwärtige Bild nun ist wieder eine Ueberraschung; es erinnert an keine Uebergänge und Studien, an
keinen Manierwechsel, sondern ist ein gesunder Ruhepunkt
auf frischer freier Höhe der Arbeit.

Ein Bauer pflügt mit seinem Knecht und vier schönen Ochsen an einem Novembermorgen im flachen Felde. Die Landschaft ist durchaus, eben bis auf den im fernen Hintergrunde hinziehenden zarten See- und Bergstreifen; aber so groß die dargestellte Gruppe ist, so ragen ihre Häupter doch nicht über den Horizont, vielmehr zieht derselbe als einfache Hauptlinie quer über sie weg. Dennoch behauptet die Gruppe der Thiere mit ihren Lenkern siegreich das Feld. Koller stellt die alte Doktrin von der Architektik der Linien scheinbar vollkommen auf den Kopf und wirkt dennoch, weil er sein Gesetz in den Dingen zu verbergen weiß; dieß ist zum Theil auch das Geheimniß, welches Herr Gleyre in dem Eingangs zitirten Ausspruch zum Theil übersieht oder ignorirt. Vier große Ochsen und zwei Männer in einer Landschaft zu malen, deren Gerippe bloß aus einer quer über das Tuch gezogenen Linie besteht, ohne daß die Gestalten sich über diese Linie mit wenigstens Leibeshälfte erheben, welch' ein schulwidriges Unterfangen! Es gehört freilich Farbe und Luft dazu, namentlich auch die trefflich gemalten Horizontwolken, neben der Kraft in der Färbung der Thiere.

Diese Thiere selbst nun, im Verein mit ihren Herren und Meistern, umgeben von der stimmungsvollen Einfachheit des weiten Novemberfeldes, zeigen auf die ungesuchteste Weise ein Bild irdischer Arbeit und irdischen Lebens. Die Thiere sind sich alle gleich in ihrer Gutmüthigkeit, Arbeitsamkeit, mit ihrem rührend geduldigen Wesen, doch etwas unruhig, da der Vormittag schon vorrückt; aber jedes bewegt sich während der Arbeit auf andere Weise; jedes schaut auf verschiedene Weise uns an, neugierig fragend, ohne dabei

seine Pflicht zu versäumen. Es sind vier Haupt Vieh, die
wirklich irgend einem Bauern gehören, der jedes davon
wegen seiner besondern Eigenschaften schätzt und jedem einen
Namen gegeben hat. Dieß ist der Vorzug und das innere
Gesetz dieses Bildes, wie uns scheint, und deßhalb braucht
auch die Gruppe den Horizont nicht zu überragen. Auch
die menschliche Staffage, zu welchem Begriffe der Mensch
im echten Thierbild degradirt wird, ist vortrefflich aufgefaßt.
Der alte Bauer, der den Pflug führt, sieht und hört nichts
als seine Arbeit, seinen Grund und Boden, und ihm würde
es nichts machen, bis in die Nacht zu pflügen, wenn nur
der Acker so weit reichte. Der Knecht dagegen schlendert
ungeduldig, gelangweilt neben den Ochsen und sehnt sich
unverkennbar mit diesen nach Hause. Das Bild hat einen
schönen Silberton und ist dabei kräftig in der Farbe.

Um zu fühlen, worin das Wesen dieser Komposition
besteht, vergleiche man das bekannte Pflügerbild der Rosa
Bonheur damit, welches durch den Stich vervielfältigt ist.
Es ist auch jenes ein schönes und wirkungsvolles Bild,
aber — doch eine ganz andere Sache; es ist mehr das, was
Herr Gleyre meint.

Ludwig Vogel.*)

(23. August 1879.)

Soeben kommen wir von dem Leichenbegängnisse des
Meisters Ludwig Vogel. Unter den grünen Bäumen seiner
Wohnung hatte sich ein Theil der Künstlergesellschaft, sowie
ein kleines Häuflein Bürger versammelt, um dem Sarg und
den Leidtragenden bis in die alte Predigerkirche das Geleite
zu geben. Herr Pfarrer Bion hielt die Abdankung und ver=
flocht eine kurze Würdigung des Heimgegangenen in origi=
neller Weise in das liturgische Gebet. Ein Männerchor sang
zwei schöne Lieder; ein Arbeiter an der im Bau begriffenen
Orgel hämmerte während des ganzen Aktes. Die geringe
Theilnahme der Bürger= oder Einwohnerschaft beruht wohl
theils auf den veränderten Sitten und Gebräuchen, theils
aber auch auf dem Worte: „Da kam ein neuer König auf
in Aegypten, der wußte nichts von Josef!" In der That,
wenn Einer über neunzig Jahre alt wird, so hat er Zeit
zu gehen, wenn ihn überhaupt jemand, der ihn noch gekannt
hat, zu Grabe geleiten soll.

Indessen wird ein umfassender Rückblick und eine aus=
reichende Betrachtung von Ludwig Vogel's Leben und Be=
deutung nicht ausbleiben. Die beste Grundlage, Wegleitung
und Auffrischung dazu wäre eine möglichst vollständige Aus=

*) Neue Zürcher-Zeitung Nr. 396, Montag, den 25. August 1879.

stellung seiner Arbeiten, was die schöne Aufgabe der mit der Künstlergesellschaft hiezu vereinigten Familie sein möchte. Der Hingeschiedene hat die erstere vor mehr als siebenzig Jahren ja stiften helfen. Eine solche Ausstellung würde so reichhaltig sein, daß es sich bald herausstellen würde: mit den umgehenden Schlagworten punkto Ludwig Vogel sei da nicht auszukommen, wenn man ihm gerecht werden wolle.

Es sind nun gerade achtzig Jahre her, seit der Meister — wie er zu erzählen pflegte — als elfjähriger Knabe in den Kosakenlagern bei Oerlikon die ersten malerischen Eindrücke empfing. Das ist eine lange Zeit und der Mann hat sie nicht verschlafen. Möge er nun nur so gründlicher ausruhen!

Ein bescheidenes Kunstreischen.*)

(1882.)

Zu Anfang verwichenen Oktobers hieß es, daß Meister Stückelberg seine Werkstatt am Vierwaldstättersee nochmals für einen Winter schließen werde, um das letzte der vier großen Bilder in dem neuen Tellenkirchlein dem künftigen Sommer vorzubehalten. Da keiner weiß, ob er eine solche Jahreszeit wieder erlebt, und außerdem der See gerade im Oktober in seinem größten Reize zu schwimmen pflegt, so machten wir uns auf den Weg und mischten uns unter die Besucher, die bis zum Thorschluß den fleißigen Künstler störten, wenn auch nur mit Klopfen an den Brettern des Verschlages.

Der andere Malermeister, auf den wir gerechnet hatten, die liebe Sonne, befand sich freilich nicht zu Hause, und die Landschaft des Urnersees war in dem tief niederhängenden Nebel und mit ihrem gespensterhaften Gestein so acherontisch düster, grau und kühl, daß wir uns selber fast wie Schatten erschienen und froh waren, statt des Blutes eines odysseeischen Schafbocks in der Wirthlichkeit zur „Tellsplatte" ein Glas guten rothen Neuenburger Weines zu uns

---

*) „Neue Zürcher-Zeitung" Nr. 81 und 82, erstes Blatt vom 22. und 23. März 1882.

zu nehmen. Vorsichtig gossen wir den Trank in das Glas, warteten ein wenig, und als der Stern sich gebildet hatte, schluckten wir denselben und stiegen getrost den bröckelnden Steinpfad an das Ufer hinab, wo die Kapelle steht. Ein Trupp grauer Gestalten, gleich stygischen Luftgebilden, drängte sich und kratzte an der Thüre. Wir hielten sie für in Plaids gehüllte touristische Nachzügler; als man sie aber um Stand und Namen befragte, fuhren sie seufzend um die Ecke herum und verschwanden im Gebüsch; denn es war schon eine Schaar jener unseligen Dämonen, welche dazu verdammt sind, niemals mit Zungen genannt zu werden, weil sie keine menschliche Seele haben, und die daher unabläfsig die Welt durchwandern, um ihren Namen an alle Denkmäler zu schreiben, damit sie wenigstens gesehen werden. Es geht die Sage, sobald ein solcher Name von einer unschuldigen Jungfrau dreimal laut gelesen werde, so erhalte der betreffende Kieselak nachträglich eine Seele und sei erlöst. Wenn man die Photographien, die von den früheren Gemälden der Tellskapelle genommen worden sind, betrachtet und die Unmenge von Namen sieht, die bis in die Gesichter der Figuren hineingekratzt und -geschmiert wurden, so bangt man im voraus um das Schicksal des neuen Werkes.

Vorläufig aber erweckte die frische Farbenwelt des Innern, als wir eintraten, und die rüstige Gestalt eines werkfrohen Meisters unsere Munterkeit wieder. Die drei fertigen Bilder (bekanntlich der Rütlischwur, die Scene nach dem Apfelschuß und der Sprung aus dem Schiffe) überraschen in der That trotz aller guten Erwartung mit dem Eindruck eines entschiedenen Gelingens. Dieß will viel sagen, wenn man den bei uns herrschenden Mangel an

Uebung und Gelegenheit zur Freskotechnik, das ewige Hic
Rhodus, hic salta derselben in Betracht zieht, wo die
Arbeit jedes Tages am Abend definitiv fertig sein muß und
bei aller Vorsicht und Ueberlegung dieselbe Mischung nach
Verschiedenheit der Temperatur rascher oder langsamer trocknet
und damit aus dem Tone fällt. Die Bilder zeigen weder
ein rothes Ziegelkolorit, so oft die Frucht der Verlegenheit,
noch jene in manierirten bunten Abschattungen schillernde
Malerei, welche überhaupt jede Schwierigkeit umgeht; sondern
wir erblicken eine mit redlicher Bemühung Natur und Geschmack zu Rathe ziehende, kräftige und sympathische Farben-
gebung.

Diese erreicht den Gipfelpunkt ihres Gelingens in der
Pfeilscene zu Altorf. Das figurenreiche Bild ist in allen
Theilen sammt der malerischen Architektur und dem land-
schaftlichen Hintergrund von gleichmäßig anziehendem, durch-
sichtigem und kraftvoll wirkendem Kolorit; keine todte Stelle,
wo die Lokalfarbe entweder fehlt oder in kunstwidriger Weise
bloßgelegt ist, stört die Harmonie. (Die zum Betrachten
nöthige Distanz ist, beiläufig gesagt, noch nicht vorhanden,
da man sich einstweilen noch auf dem ziemlich hohen Gerüst-
boden befindet.) Das Sympathische dieses Eindrucks er-
leidet auf den beiden andern Darstellungen insofern einigen
Abbruch, als sowohl das Grau von Gewitterluft und See
im Tellensprung, als dasjenige des Nachthimmels und des
Hintergrundes im Rütlischwur etwas zu kalt, zu sehr nur
schwarzgrau ist. So todtgrau die verdüsterte Natur zuweilen
erscheint, so darf im Bilde die leise Milderung durch das
blaue und das gelbe Element nicht fehlen, das auch dort nie
fehlt. Wir begreifen den Umstand übrigens sehr wohl und

schreiben ihn gerade der redlichen Absicht zu, bei der Stange zu bleiben und nicht bunt zu färben. Die alten Freskomaler hätten sich einfach dadurch geholfen, daß sie mit dunkelblauen und braunen Tinten dreinfuhren.

Indessen, da die betreffenden Stellen nicht unbedeutende Flächen bekleiden, wird man bei Dekorirung der Plafond= gewölbe und übrigen Nebenräume doppelt darauf denken müssen, den Bildern Rechnung zu tragen durch die Wahl des vorherrschenden Tones. Alles dieß unmaßgeblich gesagt, da wir die Vorstellung von der Gesammtwirkung, die der Meister gefaßt hat, nicht besitzen.

Die Komposition betreffend, so gründet sich die Scene zu Altorf in der Anordnung der Hauptgruppen auf das allbekannte Bild des Ludwig Vogel, wie uns scheint mit Recht. Wenn ein so eminent patriotischer Gegenstand in der Arbeit des Altmeisters so glücklich behandelt und so populär geworden ist, ohne daß er sich jemals der monu= mentalen, gewissermaßen offiziellen Ausführung erfreute, so darf der glücklichere Nachfolger, dem diese Aufgabe zufiel, dem Alten billig die Ehre erweisen, an sein Werk in ein paar großen Zügen zu erinnern, es pietätvoll hervorleuchten zu lassen und zu sagen: ich weiß das nicht besser zu machen! Hat er doch des Eigenen, Selbständigen dabei die Fülle hin= zuzubringen, so daß wir immerhin ein neues schönes Werk besitzen. So unterscheidet sich die Hauptfigur bei aller Aehn= lichkeit der Situation wesentlich von dem Tell Ludwig Vogel's. Dieser ist in seiner heroisch=pathetischen Haltung dem Vogt und der ganzen Gesellschaft überlegen; er sieht fast aus, als habe er seine eigene Geschichte und den Schiller gelesen; er ist idealisirt. Stückelberg's Tell dagegen ist ganz in der

Leidenschaft befangen; er weiß nichts, als daß er in der
Noth ist und sich wehren muß. Auf dem Plattenbilde schwebt
er nicht etwa als eleganter Turner mit triumphirender Ge=
berde in der Luft, sondern er liegt, von der Gewalt des
Sprunges und der Wellen hingeworfen, auf dem Strande,
und der Gesichtsausdruck zeigt nur die unmittelbare Auf=
regung des Augenblickes, freilich als Vorbote zugleich des
nächsten Entschlusses.

Die Komposition des Rütlischwures dürfte, so weit uns
das Vorhandene bekannt ist, an der Spitze aller den Gegen=
stand umfassenden Bildwerke stehen. Die etwelche rituelle
Langweile, die sonst über den drei Männern zu schweben
pflegt, wird durch die Gruppirung der hinzutretenden Volks=
genossen der drei Länder aufgelöst, ohne daß man ein
Theaterpersonal nach aufgezogenem Vorhang zu sehen glaubt.
Die allgemeine Bewegung ist vortrefflich individualisirt und
das hohe Pathos der Handlung von den wirklichen und
natürlichen Regungen des Kummers, der Sorge, des Muthes
und der Entschlossenheit erfüllt oder getragen. Hiebei ist die
Kunst höchlich zu loben, mit welcher der Maler die bekannten
schönen Portraitstudien verwendet, die er unter den Nach=
kommen der ersten Eidgenossen gesammelt hat. Da ist keine
Rede von einer Anzahl mehr oder weniger unbelebter Modell=
köpfe; alles geht vollständig in der Aktion auf und verleiht
doch derselben einen typischen Charakter. Rühmlich ist die
naturwahre und wohlverstandene Behandlung des landschaft=
lichen Beiwerkes im Vordergrunde, der Steine, des Terrains
und des Gesträuches 2c., im Gegensatze zu dem konventionellen
Schlendrian, mit dem sonst in historischen Fresken dergleichen
bedacht wird. Sogar das mit dem Morgengrauen er=

löschende Feuer am Boden ist gründlich studirt und leistet dadurch seinen Beitrag zur Wirkung des Ganzen.

Obgleich die Nebeldecke über dem See hängen blieb, verweilten wir doch zwei Tage auf oder vielmehr in der „Tellsplatte", in welcher der Namenspatron derselben ohne Zweifel rasch einen Augenblick eingekehrt wäre, wenn sie zur Zeit seines glorreichen Sprunges schon existirt hätte.

Als wir nach Luzern zurückgekehrt waren, führte uns ein freundlicher Stern in die permanente Kunstausstellung dieser Stadt, welche sich an zugänglichem Orte in dem alten Rathhause befindet und immer etwas Neues aufzuweisen scheint. Unverhofft standen wir wenigstens vor einem neuen Bilde Arnold Böcklin's, des Basler Mitbürgers Ernst Stückel= berg's, von dem wir eben kamen. Kein merkwürdigerer Gegen= satz hätte unser warten können. Dort ein Kreis historischer Kompositionen, das Ergebniß ganzer Entwicklungsreihen und kombinirter Arbeit; hier eine schimmernde Seifenblase der Phantasie, die vor unsern Augen in das Element zu zer= fließen droht, aus welchem sie sich gebildet hat. Es ist wieder eine von Böcklin's Tritonenfamilien, die wir in ihrem Stillleben überraschen, ohne daß sie sich stören lassen. Aus den hochgehenden Meereswellen, unter den jagenden Sturm= wolken hebt eine Klippe ihren Rücken gerade so viel hervor, daß die Leutchen darauf Platz finden. Der Triton sitzt auf= recht, dunkel und schattig, und läßt auf dem in die Luft ge= streckten Bein das Junge reiten, das aus vollem Leibe lacht. Neben ihm liegt die Frau in völligem Müßigsein auf dem Rücken. Mit menschlichen Beinen begabt statt den Fisch= schwänzen, in modische Kleider gesteckt und nach Paris ver= setzt, würde die bildschöne Person bald im eigenen Wagen

fahren; hier aber hat sie nichts zu thun, als eines der
reizenden und geheimnißvollen Farbenepigramme Böcklin's
darzustellen. Denn wo der „schlohweiße" Menschenkörper in
den Fisch übergeht, trifft ein durchbrechender Sonnenstrahl
die Fischhaut, daß diese im schönsten Schmelze beglänzter
Perlmutterfarben irisirt. Sowie dieser Sonnenblick hinter
die Wolken tritt, wird das Märchen wieder im Wellen=
schaum vergehen, aus dem es gestiegen.

Es heißt, daß Böcklin nur einmal in seiner Jugend
zahlreiche und sorgfältige Studien nach der Natur gemalt
habe und seither sich mit Spazierengehen und Anschauen be=
gnüge. In diesem Falle ist die Kraft, die man Phantasie
nennt, zugleich die Schatzmeisterin, Ergänzerin und Neuher=
vorbringerin, und mit dem Gedicht des Gegenstandes ist auch
schon das Licht= und Farbenproblem und die Logik der Aus=
führung gegeben. Auch von dem berühmten Düsseldorfer
Andreas Achenbach sagte man Aehnliches. So soll er
schon als junger Mensch in einer Winterlandschaft die
durchsichtig übereinander liegenden Eisschichten eines wieder=
holt überfrorenen Flusses aus dem Gedächtnisse und alla
prima so gemalt haben, wie andere es nur nach der
Natur und mit gehörigen Untermalungen hätten hervor=
bringen können.

Das unverhoffte Anschauen von Gegensätzen war in=
dessen mit dem Böcklin'schen Bilde noch nicht zu Ende.
Das Glück führte uns in das stille Landhaus des Herrn
Robert Zünd, des Landschafters, der durch die ernste und
selbständige Richtung seines Genius, sowie durch die voll
erworbene Fähigkeit, ihr auch zu folgen, sich längst aus=
zeichnet. In frühern Jahren malte Zünd vorzugsweise

stilisirte Landschaften, meist mit biblischer Staffage. Diese
Bilder bewegten sich keineswegs in bekannten Schablonen,
sondern waren immer schön und eigenthümlich gedacht, so=
wie breit, fest und wirkungsreich behandelt. Unversehens,
für den ferner Stehenden wenigstens, geschah eine Art
Umwandlung. Die Formate der Bilder wurden kleiner,
die heroischen Gegenstände verwandelten sich in friedlich
intime Dorfgelände aus der Umgebung von Luzern, so
anspruchslos und bescheiden in der Komposition als
möglich, allein mit so zarter Sicherheit und harmonischer
Reinheit des Pinsels behandelt, daß sie fast nur an die
feinsten und kostbarsten Niederländer erinnern konnten. Das
Wort Komposition ist oben insofern noch an seinem Platz,
als der bei aller Bescheidenheit wohlbedachten Wahl des
Gegenstandes eine sorgfältige Anordnung der einzelnen
Theile und der Beleuchtung zur Seite stand und somit
das Werk als selbständiges Bild, als ein Neues be=
gründete.

Weder von der frühern, noch von dieser letzteren Stil=
form fanden wir eine Probe in der Werkstatt des Herrn
Zünd. Auf der Staffelei stand der Vollendung nahe das
Innere eines prächtigen Hochwaldes von Laubhölzern, ein
vollkommen geschlossenes Bild von vollster Wirkung und
merkwürdiger Ausführung. Es war aber nichts anderes,
als die etwas vergrößerte Kopie einer bis zum letzten Strich
nach der Natur gemalten Studie. Einige Aenderungen,
Weglassungen oder Zuthaten, die der Künstler des lieben
Herkommens wegen versucht, hatte er wieder beseitigt, um
das gelungene Werk der Mamma Natur nicht zu verderben.
Es ist ja hin und wieder vorgekommen und kommt noch

vor, daß ein Maler ein solches Kunststück mit ausdauerndem
Fleiße unter freiem Himmel ausführt, wenn man auch nicht
untersuchen darf, was er hinterdrein oder zwischendurch in
der Stube verschönert oder verschlimmbessert. Wir wollten
also schon den Zufall preisen, der hier wieder einmal durch
das Medium eines preiswürdigen Meisters einen solchen
Geniestreich gemacht und ein fertiges Bild geliefert habe;
wie wunderten wir uns aber, als der Künstler nun eine
ganze Schicht solcher Studienbilder, eines nach dem andern,
hervorholte und aufstellte! Die verschiedenartigsten Motive
entrollten sich, aber jedes war ein wirkliches, klares und
rundes Motiv, einem feinen Gedankenbilde, einem Gedichte
gleichend und doch draußen aus dem Boden gewachsen bis
zum letzten Halm. Und kein einziges Touristenstück, keine
Bedute oder Knalleffekt aus dem nahen Hochgebirge darunter,
sondern lauter Gegenstände, welche das ungeübte Auge, der
ungebildete Geschmack draußen im Freien weder sieht noch
ahnt, die aber doch dort und nicht erfunden sind, Dinge,
welche in allen Meistersammlungen für schöne und gute
Dinge gelten. Wo ist nun hier die schaffende Kraft? Die
Phantasie oder Vorstellungskraft des Künstlers hat hier
nichts zu erfinden; aber ohne sie würden diese Perlen, die
kein anderer gesehen hätte, nicht gefunden, freilich aber auch
ohne das virtuose technische Geschick des Künstlers nicht
festgehalten und zu Gesichte gebracht werden, und eben
dieses technische Geschick gehört wiederum mit zum Geheim=
nisse jener doppelsinnigen Phantasie und ist mit ihr aufs
innigste verwachsen. Wahrscheinlich ist die edle Uebung
dieser fein gewählten und vollendeten Naturstudien, die man
am liebsten gleich mit einem Rahmen versähe, ·auch wieder

eine Phase des Künstlers, und wir dürfen vielleicht nach
derselben einer neuen, aus den bisherigen Phasen sich ent=
wickelnden Richtung entgegensehen; vielleicht entsteht so die
wahre ideale Reallandschaft oder die reale Ideallandschaft
wieder einmal für eine kurze Zeit.

Von unserem verwegenen Ausfluge heimgekehrt, saßen
wir ein Weilchen auf dem Trockenen punkto Malerfreuden,
bis wir auf den billigen Einfall geriethen, dahin zu gehen,
wo wir hätten anfangen sollen; und so suchten wir Rudolf
Koller's sonnigen Wohnsitz auf, den die Wellen des Sees
in ewig wechselnder Gestalt bespülen. Die Bedeutenden
unter unsern Schweizerkünstlern leben meistens in einer Art
freiwilliger Verbannung; entweder entsagen sie der Heimat
und verbringen das Leben dort, wo Sitten und Reichthümer
der Gesellschaft, sowie Einrichtungen und Bedürfnisse des
Staates die Träger der Kunst zu Brot und Ehren gelangen
lassen, oder sie entsagen, gewöhnlich in zuversichtlichen Jugend=
jahren, diesen Vortheilen und bleiben in der Heimat, wo
ein warmes Vaterhaus, ein ererbter oder erworbener Sitz in
schöner Lage, Freunde, Mitbürger und Lebensgewohnheiten
sie festhalten. Gelingt es auch dem einen und andern, seine
Werke und seinen Namen in weiteren Kreisen zur Geltung
zu bringen und sich zu entwickeln, vermißt er auch weniger
den großen Markt und die materielle Förderung, so ist es
doch bei den besten dieser Heimsitzer nicht leicht auszurechnen,
wie viel sie durch die künstlerische Einsamkeit, den Mangel
einer zahlreichen ebenbürtigen Kunstgenossenschaft entbehren.
Alle Liebhaber, Dilettanten, Schreibekritiker regen weder an,
noch ist etwas von ihnen zu lernen; man kennt uns ja
insgesammt daran, daß wir vor allem neu Entstehenden uns

entweder mit alten Gemeinplätzen behelfen oder uns erst besinnen und suchen müssen, was wir etwa sagen können oder
wollen, um nur etwas zu sagen. Der wirkliche Kunstgenosse
dagegen weiß auf den ersten Blick, was er sieht, und beim
Austausche der Urtheile und Erfahrungen verständigt man
sich mit wenigen Worten. Und nicht nur das tägliche
Schauen alter und neuer Meisterwerke und der Wetteifer
mit vielen tüchtigen Genossen erhalten die Kraft: auch der
Aerger über widerstrebende Richtungen, der kritische Zorn
über die hohlen Gebilde aufgeblasener Nichtkönner ist gesund
und bewahrt die Künstlerseele vor dem Einschlafen, und auch
diese Nutzbarkeit ist nur auf den Plätzen des großen Ver-
kehres zu haben.

Was nun unsern Rudolf Koller betrifft, so gehört er
zu der Partei derjenigen, die daheim bleiben und vereinzelt
im Vaterlande leben, und es ist zu vermuthen, daß nicht
zum mindesten die bequeme und liebliche Behausung am
See den Maler festgehalten habe. Wie dem auch sei, so
hat dieser die Einsamkeit siegreich überwunden und bis auf
diesen Augenblick so rastlos und muthvoll gearbeitet, wie
wenn er mitten im auf- und anregenden Treiben eines
Zentrums lebte. Auch jetzt fanden wir das Atelier wieder
nach Verhältnissen eines Meisters ausgestattet, der sich durch
keine Schwierigkeiten von seinen Zielen abziehen, sondern
Konceptionen und Ausführungen in unverminderter Kraft
und Kühnheit sich folgen läßt. Eine Sendung für die
gegenwärtige Wiener Ausstellung stand eben bereit: neben
der durch Gewittersturm überraschten Heuernte, die von der
letztjährigen Schweizer Ausstellung her bekannt ist, in gleich
großem Maßstabe ein seither entstandener Aufzug auf die

Alp, ein Bild, das mit seiner prächtigen Naturfrische und Lichtfülle auf's neue das große Talent beurkundet, welches ein im konventionellen Schlendrian versunken gewesenes Genre original in die Höhe gebracht hat und aufrecht hält.

Es ist nicht die programmgemäße Erzählung eines vollständigen Aufzuges von Thieren und Leuten, der sich in einer formenüberfüllten Gebirgslandschaft hinanschlängelt; vielmehr sehen wir in echt malerischer Beschränkung eine einzelne Gruppe vor uns, die uns mitten in die Fahrt versetzt.

Der Zug hat schon die höhere Bergregion erreicht und sich in der Freiheit der „reinen Lüfte" gelockert. So treffen wir eben auf eine lustig vordringende Gruppe von ein paar Rindern und einem Rudel Schafe, worunter ein angehendes Stierli, das offenbar zum ersten Mal auf die Alpe kommt. Ein junger Senn, an eine schöne falbe Kuh gelehnt, schaut sich um und lenkt so den Blick auf einige Hirten und Thiere, die in der Entfernung durch den silbernen Morgenduft heraufkommen. Trotz dieser mäßigen Zahl von Figuren fühlen und wissen wir, warum es sich handelt; wir befinden uns so zu sagen selber mitten in dem Stück schöner Natur und wohliger Bewegung. Wir wissen, daß ein Theil des Zuges schon voraus ist, ein anderer noch kommen wird. Koller hat lange, bevor die jetzige Sensationsmalerei existirte, seine Vordergründe, wo die Größenverhältnisse der Bilder es bedingten, mit ungebrochen blühenden Farben auszustatten geliebt; er steht nun um so gerechtfertigter da, als er dabei niemals seine männliche Art und Besonnenheit und die Gesetze ehrlichen Fleißes überschritten hat. Auch auf gegen=

wärtigem Bilde stehen wir im frischesten Grün, das von der bunt aufgeblühten Alpenflora durchwirkt ist. Von diesem Boden heben sich die Figuren um so kräftiger ab, als das Firngebirge des Hintergrundes, mit der wallenden Wolke des Morgennebels verschmolzen, mehr geahnt, als gesehen wird, und kaum hie und da schimmernd durchblickt. Dieß gibt, verbunden mit dem kraftvollen Vorgrunde, der ganzen Darstellung ihre Weite, Leichtigkeit und Lichtfülle, sowie auch die heitere Ruhe in aller Bewegung. Das Bild ist übrigens nicht nach Wien abgegangen, da es noch im Atelier verkauft wurde.

Einen eigenthümlichen Reiz gewährte das zweite Zimmer der Werkstatt durch seine dermalige Ausschmückung. Die eigentliche Landspitze des Zürichhorns, angrenzend an Herrn Koller's Besitzung, ist ein Ueberrest des ursprünglichen Ufergeländes im idyllischen Zustande vor der Zeit der Landanlagen und Quaibauten, als Schilf und Weidicht mit den über das Wasser hängenden Fruchtbäumen abwechselten. Man hat jetzt keinen Begriff mehr von dem malerischen Anblick der Seeufer bis nahe an die Stadtmauern, und Goethe müßte weit hinauffahren, bis er singen könnte:

> Morgenwind umflügelt
> Die beschattete Bucht.
> Und im See bespiegelt
> Sich die reifende Frucht.

Bis jetzt Staatseigenthum, blieb das fragliche Landstück auf Zusehen hin im alten Zustande, zumal es Ausmündungsstelle eines Wildbaches ist, der erst in letzter Zeit eingebaut wurde. Diesem Umstande ist es zu danken, daß ein kleiner Wald von Weiden sich vollständig auswachsen

konnte und einen Park von stattlichen Bäumen mit vollen,
runden Formen bildet, wie sie ein Poussin sich nicht besser
wünschen könnte, mit Durchblicken in den westlichen Abend-
himmel, auf den See und auf die im Morgenlichte schwimmenden Gebirgslinien. Niemand, der nicht näher hinzutrat
und namentlich das Innere des aus der Entfernung so
schlicht anzusehenden kleinen Gehölzes nicht kennt, vermuthete
einen so köstlichen Schatz darin zu finden. Aber erst durch
eine Reihe rein landschaftlicher Bilder, die Rudolf Koller
daraus geschöpft hat, ist der Werth recht zu Tage getreten,
und zwar wörtlich in allen Tageszeiten; denn vom Morgengrauen bis zur Abenddämmerung hat er die schönen Bäume
mit der atmosphärischen Erscheinung verbunden wiederge-
geben, in durchgeführten Bildern dieselbe Einsamkeit, dasselbe
geheimnißvolle Naturwalten in manigfachem Wechsel dargestellt und so seine alte Vielseitigkeit neuerdings bewährt.
Wir könnten uns nichts Sinnigeres denken, als ein Zimmer
oder einen Saal, der ausschließlich mit diesen anmuthigen
Baumbildern dekorirt wäre, wozu freilich ein etwas geschulter
Geschmack und eine unverkümmerte Liebe zur alten grünen
Waldeinsamkeit gehörte.

Das Wäldchen ist übrigens aus Anlaß der letzten Bach-
korrektion schon bedeutend geschädigt worden und wird wohl
bald ganz vom Erdboden verschwinden. Daher ist das
Denkmal, das der Künstler dem vergänglichen Gewächse gestiftet hat, ebenso verdienstlich als rührend. Bäume wachsen
immer wieder, aber immer weniger in den Himmel; denn
wenn es im „Faust" heißt: „Aber die Sonne duldet kein
Weißes", so kann man jetzt sagen: „Aber der Bauherr duldet
kein Grünes". Die gleiche Generation, die jetzt Bäume

pflanzt, pflegt sie auch wieder umzuschlagen, auszureißen und sorgfältig klein zu machen, ehe sie abzieht, gleich wie die Miethsleute Stuben und Küche ausfegen, wenn sie eine Wohnung verlassen. Kein Mensch wird einst glauben, daß die Koller'schen Weidenbilder hier gewachsen und gemalt worden seien.

Zu Alfred Escher's Denkmalweihe.*)

(22. Juni 1889).

Zwei Bürgermeister der alten Republik Zürich erregen und bewegen mit ihrem Gedächtniß den heutigen Tag. Die Zunftgesellschaften der Stadt feiern Kriegsruhm und tragischen Untergang Hans Waldmann's, und die dankbaren Mitbürger Escher's aus weiteren Kreisen enthüllen das Denkmal, das sie ihm errichtet haben.

Alfred Escher war der letzte Bürgermeister Zürich's. Sobald er es geworden, legte er auf dem Wege des Gesetzes den mehr als halbtausendjährigen Titel nieder und nahm denjenigen eines Regierungspräsidenten an, womit er in die schlichte Reihe mit jedem Gemeinde= oder Vereinspräsidenten trat.

Alfred Escher war ein Mann des Friedens, nicht um jeden Preis, aber stets ein Gegner dessen, was nach gefähr= lichem und thörichtem Muthwillen aussah. In einer kritischen Stunde rief er: nicht durch gewaltsames Ein= mischen in fremde Händel, sondern durch ihr bloßes Bei= spiel, ihr geordnetes Bestehen soll unsere Republik, unsere Staatsform Propaganda machen!

---

*) Neue Zürcher-Zeitung von Samstag, den 22. Juni 1889, erstes Blatt.

Diese Gesinnung war auch der Kern seines Lebens,
welches von der Jugendzeit bis zum Tode eine Offenbarung
davon gewesen ist. Das glänzende Erz, das heute enthüllt
wird, ist nur ein Zeugniß der hohen Mustergültigkeit, ja
Einzigkeit seines Beispiels.

Bedürfte der Stein einer weiteren Inschrift als der=
jenigen seines Namens, so ließe sich eingraben:

„Dem Manne, der mit Geistestreue und eigenster
Arbeit sich selbst Pflichten auf Pflichten schuf und, sie
erfüllend, wirkend und führend seine Tage verbrachte,
die Nächte opferte und das Augenlicht!"

Möge am heutigen Abend, wenn Waldmann's blutiger
Schatten versöhnt vorübergeht, der letzte Bürgermeister ihm
leuchtend zuwinken!

Ein Bettags-Mandat.*)

(1862)

Mitbürger! Wir heißen auch heute die Pflicht will=
kommen, welche uns auferlegt, beim Herannahen des eidge=
nössischen Bettages ein getreuliches Wort an Euch zu richten.

Als die Eidgenossen diesen Tag einsetzten, thaten sie es
wohl nicht in der Meinung, einen Gott anzurufen, der sie
vor andern Völkern begünstigen und in Recht und Unrecht, in
Weisheit und Thorheit beschützen solle; und wenn sie auch,
wo er es dennoch gethan, in erkenntnißreicher Demuth für
die gewaltete Gnade dankten, so machten sie um so mehr
diesen Tag zu ihrem Gewissenstag, an welchem sie das Ein=
zelne und Vergängliche dem Unendlichen, und ihr Gewissen,
das in allen weltlichen Verhandlungen so oft durch Rück=
sichten des nächsten Bedürfnisses, der scheinbaren Zweckmäßig=
keit, der Parteiklugheit befangen und getäuscht wird, dem
Ewigen und Unbestechlichen gegenüberstellen wollten.

Mitbürger! Wenn in ernster Feierstunde sich jeder von
Euch fragen wird: Welches ist mein innerer und sittlicher
Werth als einzelner Mann, welches ist der Werth der
Familie, welcher ich vorstehe? so stellt er sich diese Fragen,
zum Unterschied von den übrigen Festtagen unserer Kirche,

---

*) Ungedruckter Entwurf des Mandates für den auf Sonntag
den 21. Herbstmonat 1862 festgesetzten Dank= Buß= und Bettag.

vorzugsweise mit Beziehung auf das Vaterland und fragt
sich: Habe ich mich und mein Haus so geführt, daß ich im
Stande bin, dem Ganzen zum Nutzen und zur bescheidenen
Zierde zu gereichen, und zwar nicht in den Augen der unwissenden Welt, sondern in den Augen des höchsten Richters?
Und wenn sodann alle zusammen sich fragen: Wie stehen wir
heute da als Volk vor den Völkern und wie haben wir das
Gut verwaltet, das uns gegeben wurde? so dürfen wir nicht
mit eitlem Selbstruhm vor den Herrn aller Völker treten,
der alles Unzureichende durchschaut und das Glück von ehrlicher Mühewaltung, das Wesen vom Scheine zu unterscheiden versteht.

Zwar ist unserm Volke neulich Ehre geworden bei edlen
und großen Völkern, welche das zu erringen trachten, was
wir besitzen und unsere Absendlinge als Beispiele und Lehrer
in den Hantierungen nationalen Lebens gepriesen haben; und
erleuchtete Staatsgelehrte weisen schon allerwärts auf unsere
Einrichtungen und Gebräuche als auf ein Vorbild hin.
Aber wenn auch, wie einer unserer Redner am frohen Volksfeste es aussprach, der große Baumeister der Geschichte in
unserem Bundesstaate nicht sowohl ein vollgültiges Muster,
als einen Versuch im Kleinen, gleichsam ein kleines Baumodell
aufgestellt hat, so kann derselbe Meister das Modell wieder
zerschlagen, sobald es ihm nicht mehr gefällt, sobald es
seinem großen Plane nicht entspricht. Und es würde ihm
nicht mehr entsprechen von der Stunde an, da wir nicht
mehr mit männlichem Ernste vorwärts streben, unerprobte
Entschlüsse schon für Thaten halten und für jede mühelose
Kraftäußerung in Worten uns mit einem Freudenfeste belohnen wollten.

Die Erfüllung unseres öffentlichen Lebens äußert sich vorzugsweise in der Erziehung unserer Kinder zu einem menschenwürdigen Dasein, zu den höchsten Zwecken unseres Staates und in der Bestellung und Vollziehung unserer Gesetzgebung.

Unsere Kirche wird allmälig aber sicher in jener Reinigung von der Willkür menschlichen Wähnens und Streitens und in jenem frischen und liebevollen Anfassen der Welt fortschreiten, welche ihr endlich wieder die allgemeine Macht über die Gemüther verleihen und sie vor drohender Zersplitterung bewahren werden. Die Angelegenheiten der Volks- wie der höheren Schule werden nicht aufhören, der Augapfel des Zürcherischen Volkes zu bleiben, und jener festen Gestaltung entgegenreifen, welche jedem Mitgliede unseres Gemeinwesens seine Lebensstellung klar, sicher und erfreulich macht.

Betrachten wir aber das eilige und veränderliche Leben unserer Gesetzgebung, wie es die Mehrzahl der eidgenössischen Stände bewegt und vorwärts oder rückwärts treibt, sehen wir, wie der Wechsel der Bedürfnisse und Anschauungen, die rasch folgenden Uebergänge der Zeitverhältnisse und Zustände Gesetze entstehen und verschwinden lassen, ehe sie nur entfernt in das Bewußtsein des Volkes gedrungen sind, erfahren wir, wie jedes kleine Bedürfniß Veranlassung gibt, selbst an unserer so schwer erkämpften Bundesverfassung und mit ihr an den Grundlagen des eidgenössischen Lebens zu rütteln: so finden wir den Maßstab, den wir an unsere wirkliche Reife zu legen haben, und müssen uns fragen: Sind wir ein Volk von Männern, welche zur Stunde ein Gesetz hervorzubringen vermögen, das, in ihre Herzen gegraben,

für die Dauer von auch nur einem Jahrhundert berechnet
ist? Die Antwort wird uns sagen, daß wir in unserer
Gesammtheit noch nicht die dazu unentbehrliche harmonische
Durchbildung, Einsicht und Beständigkeit errungen haben,
noch nicht diejenige gute Willensstärke und Vertragstreue,
welche ein vereinbartes, einfaches, fest umschriebenes Gesetz
ohne Arg zu ertragen vermag und in Fleisch und Blut
übergehen läßt. Wir werden damit ein Ziel vor uns sehen,
das wir erst noch zu erreichen haben; und die innere Kraft zu
erwägen, welche uns zur Stunde noch dazu mangelt, wird
eine nicht unwürdige Aufgabe des eidgenössischen Gewissens-
tages sein.

Inzwischen dürfen wir nicht ermüden, den Ausbau
unserer öffentlichen Einrichtungen nach Pflicht und Gewissen
zu betreiben und allein von wahrer Nächstenliebe, sowie von
der Achtung vor dem Rechte beseelt, das Wesen des Geistes,
der durch die Zeit fährt, zu beobachten.

Was unsere kantonale Gesetzgebung betrifft, so dürfte
es hier der Ort sein, eines kurzen aber vielleicht folgen-
nahen Gesetzes zu erwähnen, welches seit dem letzten Bettage geschaffen wurde. Der von Euch erwählte Große
Rath, liebe Mitbürger, hat mit einigen wenigen Para-
graphen das seit Jahrtausenden geächtete Volk der Juden
für unsern Kanton seiner alten Schranken entbunden und
wir haben keine Stimmen vernommen, die sich aus Eurer
Mitte dagegen erhoben hätten. Ihr habt Euch dadurch
selbst geehrt und Ihr dürft mit diesem Gesetze, das eben so
sehr von der Menschenliebe wie aus Gründen der äußern
Politik endlich geboten war, am kommenden Bettage getrost
vor den Gott der Liebe und der Versöhnung treten. An

Euch wird es sodann sein, das geschriebene Gesetz zu einer
fruchtbringenden lebendigen Wahrheit zu machen, indem Ihr
den Entfremdeten und Verfolgten auch im gesellschaftlichen
Verkehre freundlich entgegen gehet und ihrem guten Willen,
wo sie solchen bezeigen, behülflich seid, ein neues bürger=
liches Leben zu beginnen. Was der verjährten Verfolgung
und Verachtung nicht gelang, wird der Liebe gelingen; die
Starrheit dieses Volkes in Sitten und Anschauungen wird
sich lösen, seine Schwächen werden sich in nützliche Fähig=
keiten, seine manigfaltigen Begabungen in Tugenden ver=
wandeln, und Ihr werdet eines Tages das Land bereichert
haben, anstatt es zu schädigen, wie blinder Verfolgungsgeist
es wähnt.

Gemäß der Bitte jenes reinen und unvergänglichen
Gebetes: „Gib uns heut unser tägliches Brot" haben noch
alle Mandate das Land zum Dank für das Gegebene, für
den Segen des Jahres, und zu Geduld und Vertrauen in
Zeiten der Sorge und des Mangels aufgefordert. Es ist
nicht an der Zeit, heute diese Bitte zu vergessen, und schon
können wir mit der Bitte auch den Dank verbinden; denn
die Ernten standen in goldenem Segen. Aber mehr noch,
als die schweren Gewitter, welche in eilender Folge über
viele Thäler zogen, mahnt ein finsterer Schatten menschlichen
Unglückes, welcher ungesehen und unheimlich mitten durch
unsern Wohlstand schreitet, den empfangenen Segen zu
Rathe zu halten und zu wachen, daß uns zum Wiedergeben
etwas übrig bleibe. Denn noch nie ist der Tagesfrieden
so häufig aufgeschreckt worden durch den gewaltsamen Unter=
gang von Verlassenen, durch Thaten der Verzweiflung; noch
nie haben die klaren Fluthen unserer Seen und Ströme so

oft die Opfer der Noth in sich aufgenommen, wie in diesem schwülen, von Festgesängen und von den Donnerschlägen des Himmels widerhallenden Sommer.

Ueber das Weltmeer her dröhnt das wildeste Kriegs= getöse, dasjenige eines mörderischen Bruderkrieges, in unsere Ohren und berührt nicht nur allzunah' die tägliche Sorge von Tausenden unserer Mitbürger, sondern trifft auch mit eherner Mahnung unser vaterländisches Herz. Dort haben vor erst achtzig Jahren wahre Weise und Helden die größte und freieste Republik der Welt gegründet, eine Zuflucht der Bedrängten aller Länder. Die unbeschränkteste Freiheit, die beweglichste Begabung in Verkehr und Einrichtung, in Er= findung und Arbeit aller Art, ein unermeßliches Gebiet, zu deren Bethätigung, ohne einen freiheitfeindlichen und mäch= tigen Nachbar an irgend einem Punkte der weiten Grenzen, sehen wir den großen blühenden Staatenbund jetzt in zwei Theile zerspalten, die sich wie zwei reißende Thiere zer= fleischen. Und welches ist die unerhörte Gewalt, die solches bewirkt? Es ist die in Geiz verwandelte Bitte um das tägliche Brot, es ist der Streit um Gewinn und irdischen Vortheil, der unter dem Vorwande ökonomischer Nothwen= digkeit die ältesten und ersten Grundzüge christlicher Welt= anschauung verläugnet und in Strömen Blutes erstickt.

Angesichts eines solchen Schicksales werden wir, liebe Mitbürger, am eidgenössischen Bettage mit der Bitte um das tägliche Brot die Bitte vereinigen: „Laß unser Vater= land niemals im Streite um das Brot, geschweige denn im Streite um Vortheil und Ueberfluß untergehen!"

Wenn Ihr so das Wohl des Vaterlandes und die Er= haltung seiner Ehre und Freiheit vom Himmel erfleht, so

gedenket auch der Völker, welche zur Stunde in heißem
Fieberkampfe mit den Feinden ihrer Freiheit ringen, und ge=
denket der kranken Schwester über dem Meere, welche so viele
Eurer Brüder in ihren Reihen zählt!

Möge am 21. Herbstmonat unsere Landeskirche in ihren
einfachen Räumen ein einfach frommes, hell gesinntes Volk
vereinigen! Möge aber auch der nicht kirchlich gesinnte
Bürger im Gebrauche seiner Gewissensfreiheit nicht in un=
ruhiger Zerstreuung diesen Tag durchleben, sondern mit stiller
Sammlung dem Vaterlande seine Achtung beweisen!

Dichtungen.

.

Verschiedene Freiheitskämpfer.

Eine Erzählung.*)

Man sagt, daß die Löwin, wenn die Männchen um sie streiten, ruhig dem Kampfe zuschaue und dann mit demjenigen gehe, der zuletzt Meister bleibt. Sei diese Eigenschaft nun mehr dem Löwen, oder mehr bloß dem Thiere im Löwen zuzuschreiben, so wird auch unter dem Menschengeschlecht zuweilen ein Theil der weiblichen Welt von ihr ergriffen, in den verschiedensten Ländern, im Norden wie im Süden, von der Magd in der Küche bis zur Herrin im Saal. Wenn nämlich ein siegreiches feindliches Heer, eine eingedrungene fremde Völkerschaft das Land besetzt hat und die eigene Mannschaft flüchtig, versprengt und unterdrückt ist, so dauert es keine Stunde, bis die Mädchen mit den Eingedrungenen Arm in Arm über die Gasse wandeln, und unter den Hausthüren, an allen Brunnen wird ein Gethue und eine Sache zum Erbarmen. Doch ist diese Erscheinung nur dann zu beobachten, wenn die Männer sich nicht gewehrt haben, wie sie gesollt, wenn überhaupt kein pflichttreuer Widerstand stattgefunden hat.

Als im Frühjahr 1798 die fünfhundertjährige schweizerische Eidgenossenschaft unterging durch die schuldvolle Rath-

---

*) Aus Berthold Auerbach's Volkskalender. 1863.

losigkeit der alten Regenten, durch ihre leichtfertig verspäteten
Zugeständnisse, durch die Unwissenheit und Unverständigkeit
der Revolutionäre und ihren sittlichen Mangel an nationalem
Selbständigkeitsgefühl, endlich durch den gewissenlosen Ein-
bruch eines sogenannten französischen Befreiungsheeres, der
nur durch alles das möglich wurde — da ging die Löwenlaune auch unter vielen Schweizerinnen um. Zwar nicht an
den Orten, wo das alte Ehrgefühl einen verzweifelten Kampf
bestanden hatte; dort gab es erschlagene Frauen und Jungfrauen genug zum Zeugniß ihrer unwandelbaren Treue zu
den Männern und der Ehre des Landes; aber anderwärts,
wo die Männer, statt sich selber zu helfen, die Franzosen
herbeigerufen hatten und sie bewunderungsvoll und unter-
thänig angafften, oder wo man sie zwar haßte, aber zugleich
fürchtete, da ließen sich die Weiber willig von ihnen den
Hof machen. So bitter dieß Schauspiel war, so begreiflich
war es, wo die Männer, die vertriebenen Oligarchen an-
klagend, sich selber der politischen Unwissenheit und Unbe-
holfenheit beschuldigten und die große Nation der Neufranken
— die soeben als große Dilettanten die eigene Republik zu
Grunde richteten — als ihre Lehrmeister der Freiheit begrüßten und verehrten.

Es ist ein trauriger Vorwurf, wenn Kinder ihre Eltern
einer mangelhaften Erziehung und der Verwahrlosung an-
klagen. Noch trauriger ist es, wenn gestürzte Regenten von
den empörten Landeskindern den bittern Hohn hinnehmen
müssen: ihr habt uns in Unwissenheit und Rohheit gehalten
und dennoch haben wir euch besiegt. Allein die sich so als
Unwissende und Rohe bekennen, werden darum nicht größer
in den Augen des Weibes. Uebrigens ist es eine schlechte

Ausrede, wenn man sich der eigenen Unfähigkeit anklagt, um das Herbeiholen der Fremden zu beschönigen; denn wer sich nicht selber helfen kann, verdient eben noch nicht frei zu sein.

Auch die Jungfrau Babette Zulauf — nicht mehr ganz jung und Bürgerin eines alten Städtchens in der deutschen Schweiz, dessen Name hier verschwiegen bleibt — fühlte sich an einem schönen Frühlingstage des Jahres 1798 von jener Löwenlaune beseelt; denn man erwartete im Laufe des Nach= mittages ein Bataillon einer französischen Halbbrigade, die man die schreckliche oder die schwarze Legion nannte. Das Städtlein hatte seit Jahrhunderten unter der Oberherrschaft zweier eidgenössischer Stände gelebt, aber nicht ohne seine eigene uralte Verfassung und Freiheiten, bestätigt durch die deutschen Kaiser sowohl als durch die verschiedenen Herren, die es besessen, bis es durch jene zwei Stände gemeinsam erobert wurde. Ihrerseits hatte die Stadt, während sie selbst unterthan war, zwei ansehnliche Dörfer zu Unterthanen; aber nur über eines derselben übte sie die hohe Gerichtsbarkeit, die niedere gehörte einem entfernten Frauenkloster, welchem sie ein längst vertriebener Junker einst für einige Pfund Pfennige oder Schillinge verpfändet und das Einlösen ver= gessen hatte. Die hohe Gerichtsbarkeit des andern Dorfes besaß eine ihrerseits auch beherrschte Thalschaft, welche das Dorf einst erobert und nach hundertjährigem Besitz wieder abgetreten hatte bis auf diesen Herrschaftsrest, für den sich kein „rechtmäßiger Besitzer" mehr vorfand. Uebrigens ver= walteten beide Dorfgemeinden sich selbst nach alten Offnungen, die von eigenthümlichen und phantasievollen Bestimmungen strotzten, deren verborgene Weisheit die Bauern genau zu deuten verstanden, und deren sinnbildliche Einkleidung sie

sorgfältig handhabten. Ueberdieß waren selbst diese Dörfer
nicht ohne alle Herrlichkeit, da sie gemeinschaftlich einige
Gefälle bezogen von einem einsamen Hofe, welche sie einst
einem bedrängten Johanniterhaus abgeschnappt hatten. Die
Bewohner dieses Hofes endlich waren wiederum freie Männer
und gehörten einem demokratischen Gemeinwesen an, das mit
den souveränen Kantonen auf gleichen Füßen stand und mit
einigen derselben irgend ein unterworfenes Ländchen regierte.

So war das Recht und die Freiheit der Menschen kry-
stallisirt, wie das Blumeneis einer gefrorenen Fensterscheibe,
und das alte, aber immer noch scharfe Schwert, das man
„freundeidgenössisches Aufsehen" nannte, hütete dieß Eisbild
wie ein köstliches Kleinod. Plötzlich aber zerbrach das
Schwert, und das Eisbild zerschmolz an einem heißen Hauche,
der aus dem zusammenfallenden Krater der französischen
Revolution noch spät herüberwehte. Da gaben die Eidgenossen das Städtchen frei, das Städtchen gab die Dörfer
frei, die Dörfer gaben den Hof frei und die Bauern des
Hofes stimmten auf ihrer Landsgemeinde zur Freigebung aller
gemeinen Herrschaften.

So war nun alles frei, aber niemand Herr im Lande,
als der Franzos, welcher eben durch den alten Thorbogen
unsers Städtleins marschirte in abgebrochenen Zügen, die
sich aber innerhalb des Thores sofort wieder herstellten in
ganzer Breite, damit das elastische Einherschweben, das
Tänzeln und Schulterwiegen der Grenadiere ja seine volle
Wirkung nicht verfehle. Auch sperrten die Bürger mit ihren
Weibern und Kindern vor lauter Bewunderung den Mund
so weit auf, daß das Bataillon in jedes Maul mit unab-
gebrochenen Zügen hätte hinein marschiren können. Die un-

geheuren Hüte mit der Breitseite fest auf's rechte Auge ge-
drückt, mit weißer Brust und lang hin wehendem blauem
Frackzipfel, das Gewehr im Arm, tanzten die Grenadiere
durch das offene Maul in die Herzen der neuhelvetischen
Bürger und ihnen nach die Füsiliere und Jäger.

Der schönste von den letzteren und der letzte Schließende
des ganzen Zuges, der Chasseur Peter Dümanet von Paris,
rückte unmittelbar in's Herz der Babette Zulauf, dicht vor
welche er beim Halt zu stehen kam. Schlank und geschmeidig
wie eine dunkle Schlange, drehte und wiegte er sich unablässig in seinem dunkelblauen Kleide, dessen spitze Schöße
gegen die Fersen schlugen. Unter dem schwarzledernen Helme,
der seltsamlich gewölbt und mit einer Bürste eingefaßt war,
blitzten seine dunklen Augen unruhig suchend umher, lachten
bald hier-, drohten bald dorthin, während unter dem sorgfältig eingeschmierten und gepuderten Haare hervor die
goldenen Ohrringe eben so behend und unruhig zitterten
und blinkten. Auf dem Rücken trug er den Sack von weiß
und schwarz geflecktem Ziegenfell, nachlässig hangend, und
auf dem Sacke stand eine kleine papierne Windmühle, welche,
wenn ein Lüftchen ging oder der Mann im Marsche war,
einen Mönch und eine Nonne herumtrieb, daß sie einen un-
anständigen Tanz aufführten. Das ganze Werklein stand
schief ab vom Sacke in die Luft hinaus und war das Wahrzeichen des Soldaten Dümanet. Denn weil er es stets un-
versehrt und lustig drehend aus dem Feuer brachte, so verkündigte es seine gewandte, sichere und zierliche Fechtart.
Mochte es Berg auf- und niedergehen beim Plänkeln, oder
zu Sturm und Angriff, immer wußte er mit aufrechter
Haltung das Spielzeug durch das Getümmel zu tragen.

Nur wenn der Regen es verbarb, machte er sich im nächsten
Quartier ein neues.

So hatte er schon einen Ludwig XVI. gehabt mit einer
Marie Antoinette, welche, wenn der Windhaspel sich drehte,
sich verbeugten und vor einander die Köpfe abnahmen und
wieder aufsetzten; dann einen sitzenden Schuster, der mit dem
Knieriemen den kleinen Dauphin durchwalkte und dabei die
Zunge aus- und einschob. Doch merkwürdiger als das immer
bewegte Windspiel war das Gesicht des Kriegers, das troß
seiner Jugend von Mühseligkeiten und Leidenschaften, von
Ausschweifung und patriotischer Ruhmsucht gefurcht und ge-
bleicht und von der Sonne der Feldzüge wieder gebräunt
erschien. Er war schon als junges Bürschchen zu Paris
hinter dem blutigen Schmierfinken Marat hergelaufen, hatte
alle Gräuel mitgemacht, und man sah es seinem Munde voll
blendendweißer Zähne nicht an, daß er in den Septembertagen wörtlich ein volles Glas Menschenblut ausgetrunken
hatte — zumal wenn er anmuthig lächelte. Nur um die
Augen zuckte es troß der dort wohnenden Frechheit zuweilen
unsicher und scheu, wenn die grauenvollen Mordbilder in
seiner Erinnerung aufwachten. Gewöhnlich aber übergoß
das Bewußtsein, der großen Nation anzugehören und die
Republiken gründende Freiheit auf seinem Bajonnet einher-
zutragen, das vielsagende Gesicht mit Heiterkeit.

In dieß Gesicht schaute Jungfer Babette nun mit
Staunen und Herzklopfen, wie jemand, der zum ersten Mal
das Meer sieht. Sie hatte bislang nur einfache, keine zu-
sammengesetzten Gesichter gesehen und war mit dem haus-
backenen Brote und mit dem Vaterland unzufrieden, angeb-
lich aus Freiheitsliebe.

Ihr Vater war ein kundiger Blechlackirer, der mit rast=
losem Handgelenk und in die Luft gestrecktem kleinen Finger
griechische Tempel auf Theebretter malte, fünf Säulen mit
vier Strichen. Davon hatte er auch den höheren Schwung
bekommen und seinem Kinde mitgetheilt; er war jetzo der
erste freie Wortführer des Städtleins. Da man sich zu
allererst nach drei Farben umgethan hatte (denn die Posa=
menter, Färber und Lackirer waren die Lykurge und Solone
der neuen Republiken, welche Frankreich säete, wie Rettige),
so schwamm der Bürger Zulauf in seinem Element, indem
seine Kunst nun im Patriotismus aufging. Er lackirte un=
zählige blecherne Kokarden in Grün, Roth und Gold, den
erwählten helvetischen Farben und verhandelte sie in der
untheilbaren Republik herum gegen Baarzahlung oder hin=
reichende Sicherstellung. Alle Fensterbretter seines Häusleins
waren mit frisch gemalten und lackirten Kokarden besetzt,
reihenweise, damit sie trockneten. Auch den großen blecher=
nen Hut auf dem Freiheitsbaume hatte er lackirt sammt den
drei Federn, welche, aus Blech geschnitten, darauf prangten.
Der Baum war zwar schon seit Monaten errichtet, seit die
letzte Tagsatzung zu Aarau auseinandergegangen war, nach=
dem sie vergeblich den alten Bundesschwur erneuert.

Damals hätte ein festlicher Tanz um den Baum statt=
finden sollen; allein als eben der französische Agent, der das
Fest leitete, mit dem Bürger Zulauf und seiner Tochter
Hand in Hand zum Reihen antreten wollte, fuhr ein un=
freundlicher Wintersturm mit dichtem Schneewirbel über das
Städtchen her, und zugleich stürmte ein langer Reiter im
rothen Mantel und mit grimmig höhnischen Blicken durch
das Thor, der Standesreuter von Schwyz, welcher der alt=

modischen Gesandtschaftskutsche voranritt. Hierauf trabte
ein gelb und schwarzer Langmantel mit seiner Kutsche, der
Weibel von Uri, und zuletzt der weiß und rothe Unterwaldner
vorbei. Es waren die heimkehrenden Gesandten der Urkantone, welche finster und entschlossen zu ihrem Volke eilten
und mit kaltem Stolze aus ihren Wagen blickten. Der
ganze Zug war im andern Thor schon wieder verschwunden
wie ein Traum; aber dennoch stoben die tanzlustigen Bürger,
das Schneegestöber zum Vorwande nehmend, auseinander,
indem der altgewohnte Respekt vor den strengen Eidgenossen
ihnen einen plötzlichen Schreck in die Glieder jagte.

So war der Baum der Freiheit ungeweiht geblieben
bis heute, wo nun die Ankunft der Befreier, der Neufranken,
die schönste Gelegenheit gab, das Versäumte nachzuholen.
Darum hatte Babette die alte Landestracht, welche sonst in
diesem Städtchen getragen wurde, abgelegt und sich zum
erstenmal französisch gekleidet zu Ehren der Befreier. Sie
trug ein durchsichtiges weißes Kleid, welches den Hals sehr
frei ließ, und eine rosenrothe Schärpe, nebst rothen Schuhen,
die fast wie Sandalen aussahen und mit rothen Bändern
kreuzweise an den Füßen befestigt waren. Das Haar war
in krause Locken entfesselt, die ihr über Stirn und Schultern
herabfielen, und da sie ein feines Gesicht und große ausdrucksvoll scheinende Augen darin hatte, so sah sie beinah
einer Muse gleich. Freilich ahnte sie nicht, wie sie so unter
der Hausthüre in der Sonne stand, daß im Hintergäßchen
ein alter Bauer durch den dunklen Flur guckte und als er
durch ihr beleuchtetes Gewand hindurch den ganzen Umriß
ihres Körpers sah, kopfschüttelnd und voll Abscheu aus der
Stadt eilte, um klagend und fluchend auf den Dörfern den

Heidengräuel zu erzählen, der da in's Land gebrochen sei. Babette aber hielt ein altmodisches, mit verblichenen Band= schleifen verziertes Körbchen in der Hand, welches noch aus der Schäferzeit herstammte, und dasselbe war mit den Quartierbillets angefüllt, je für eine Compagnie in einen Büschel gebunden mit dreifarbigem Bändchen. So hatte sie es mit ihrem Vater ausgesonnen: nachdem er die Bewill= kommungsrede Namens der befreiten Stadt an die Franzosen gehalten, sollte er die Tochter aufführen und diese die gast= freundlichen Zettel eigenhändig an die Soldaten austheilen, oder wenigstens an die Fouriere.

Der Bürger hielt also seine begeisterte Rede, auf dem Rande des Brunnentroges stehend, und wies öfter auf einen steinernen Winkelried, welcher auf der Säule mit seinen sternlosen Augen über die Menge hinweg sah. Man ver= stand aber nichts von der Rede, weil die Soldaten, ohne darauf zu achten, schwatzten und schäkerten; nur der Kom= mandant hörte stolz und ruhig zu, wie sein siegreiches Heer gepriesen und ihm demüthig versprochen wurde, daß man nun auch wieder tapfer und freiheitliebend werden wolle bei so gutem Beispiel und so erhabener Lehre, damit in Kurzem die Enkel Winkelried's und Tell's diese vielleicht sogar über= treffen würden.

Hierauf sprang Bürger Zulauf herunter vom Trog und ihm nach die lange messingene Säbelscheide, die er trug, mit großem Gerassel, während der dreifarbige Federbusch auf seinem gewaltigen Bogenhut erschwankte; denn er trug die ungefähre Tracht eines Senators, obgleich er noch nicht in den Räthen saß. Seine hohe Halsbinde über das Kinn heraufziehend, den Säbel stattlich unter den Arm nehmend,

holte er nun ſeine Tochter ab, gab ihr den Arm und führte
ſie vorerſt vor den Kommandanten, während der Soldat
Dümanet auf den Wink des nächſtſtehenden Offiziers ſich
als Ehrenbegleit hinten anſchloß. Nachdem Babette wiederum
mittelſt einer kleinen Rede dem lächelnden Kriegsmann als
der Genius der Gaſtfreundſchaft dargeſtellt worden, ging ſie,
hocherröthend vor Begeiſterung, am Arme ihres Vaters die
Reihen der wetterbraunen, frechblickenden Männer entlang,
unter welchen viele Verbrecher und ehemalige Sträflinge
ſtanden, und überreichte denſelben jeweilig die zierlichen
Bündel aus ihrem Körbchen. Hinterdrein ſpazierte gemäch=
lich Peter Dümanet, das Gewehr im Arm, und auf ſeinem
Rücken tanzte, da eben ein friſcher Luftzug ging, der Mönch
luſtig mit ſeiner Nonne, ſo daß das Bataillon im Verein
mit dem gaffenden Volke fröhlich in gemeinſames Gelächter
ausbrach.

Babette ward aber nichts davon gewahr; denn ihre
Aufmerkſamkeit war ganz von dem Gedanken eingenommen,
welchen Franzoſen ſie ſelbſt in's Haus wählen wolle. Erſt
hatte ſie immer von einem oder zwei ritterlichen Offizieren
geträumt, wovon aber der Vater nichts wiſſen wollte, der
vielmehr ſämmtliche Offiziere nebſt genugſamer Mannſchaft
einigen Ariſtokraten zugetheilt und ſich ſelbſt mit einem be=
ſcheidenen Soldaten bedacht hatte. So trug ſie denn das
Quartierbillet deſſelben beſonders in der Hand verborgen,
um es gelegentlich demjenigen Kriegsmann zu überreichen, der
ihr am beſten gefallen würde.

Gleich als ſie den ſeltſamen Peter geſehen hatte, war
ihre Wahl entſchieden durch das Dämoniſche in ſeiner Er=
ſcheinung; und als ſie nun am Ende der Soldatenreihe an=

gekommen war, von wo sie ausgegangen, suchte sie mit ihren
Augen etwas zaghaft den schönen Franzosen, ohne ihn zu
finden. Sie drehte sich um und um, siehe, da stand er dicht
hinter ihr, den Blick auf ihre schlanke Gestalt geheftet und
präsentirte halb zum Spaß, halb aus Galanterie das Gewehr,
als sie ihm, schüchtern zu Boden sehend, den gastfreundlichen
Zettel anbot. „C'est ça Dumanet! Vive la citoyenne!"
riefen die Soldaten mit neuem Lachen, und während die
ganze Schaar sich auflöste und von den Kindern und Gaffern
sich in die Quartiere führen ließ, tänzelte Babette beglückt
am Arme ihres neuen Ritters in ihr Haus, gefolgt von
ihrem Papa, welcher sich den Schweiß seiner Thaten von
der Stirne wischte und derweil den Boden mit seinem hel=
vetischen Federbusch fegte, da er den Hut in der Hand trug.

Den kleinen Zug aber schloß der gute Waisenschreiber
Beni Schädelein, der schon seit fünf Jahren Babettens
Bräutigam war, ohne daß sie sich entschließen konnte, ihn
zu heirathen oder ihn fahren zu lassen. Dieser konnte jetzt
seine eigene Verwaistheit aufschreiben, da er in der ihm
wohlbekannten Stube an den Wänden schlich, ohne daß
jemand sich um ihn bekümmerte.

Denn vor allem mußte nun der Franzmann gespeist
und getränkt, gehegt und gepflegt werden; alles, was das
Gerücht von ihm als seine Liebhaberei bezeichnet hatte, wurde
ängstlich hervorgesucht und bereitet. Mit doppeltem Eifer
und großer Schlauheit that man dieß, die vorläufige Kenntniß
preisend, da die Gegenstände durchaus nicht kostspielig waren:
ein leckeres Ommelettchen, ein Salätchen, ein Schälchen Kaffee,
ein Gläschen Kirschgeist, das war leichtlich zu erschwingen
und stellte mehr vor, als es werth war, wenn es im saubern

Geschirr aufgetragen wurde. Doch schloß sich der Soldat hülfreich und freundlich den Zubereitungen an, meinend, ob nicht auch ein wohlgeschmortes Stückchen Fleisch und ein Gläschen Wein dienlich wären, und lud, als auch dieß hinzu gefügt war, seine Wirthe freundschaftlich zur Mahlzeit ein und unterhielt sie vortrefflich, bis nun endlich der Tanz um den Freiheitsbaum gefeiert werden sollte.

Die Klänge der Musik, das erneute Geläufe auf der Gasse verkündigte die große Stunde; ja, als Dümanet mit seiner Wirthin an's Fenster trat, sah man schon ein Dutzend Soldaten, jeder mit zwei Frauenzimmern am Arme, dem Platze zuschreiten. Diese Damen, überrascht durch Babettens Aufzug, hatten in aller Schnelligkeit sich ebenfalls etwas umgewandelt; die eine trug zu der alten Landestracht einen französischen Hut, die andere einen alten Pompadour am Arm, die dritte eine verschossene Mantille um die Schultern, so daß ein Fastnachtsvergnügen im Anzug schien. Einige andere Soldaten kamen an der Hand begeisterter Bürger und mit entsagungsvollem Gesichte, da sie diesen läppischen Tanz schon genugsam gefeiert auf Befehl ihrer Vorgesetzten. Offi= ziere waren gar nicht dabei; die hatten bereits auf den Schlachtfeldern den Tanz um den Marschallstab begonnen und kümmerten sich den Teufel um die dürre Stange mit dem blechernen Hut, sobald sie aufgerichtet war zum Zeichen der Unterwerfung.

Peter Dümanet aber, der jetzt mit Babetten aufzog, war noch mit ganzer Seele dabei und hielt sich alles Ernstes für einen Vorkämpfer der einen und wahren Völkerfreiheit, weil das Blut, das er in den Septembertagen zu Paris hatte vergießen helfen, nächtlich seine Ruhe störte, sein Ge=

wissen beklemmte und ihn zwang, bei der Stange zu bleiben, wenn er sich nicht selbst verabscheuen sollte, was nicht seine Sache war. Also ging denn der Tanz los: die ganze Gesellschaft faßte sich bei den Händen, bildete einen Ring um den Baum und schob sich dergestalt einigemal nach dieser und einigemal nach jener Seite herum; Weiber, Soldaten, Bürger und Kinder, je ein Weib zwischen zwei Franzosen; sogar der Waisenschreiber, welcher Babettens Hand hatte ergreifen wollen, wurde von einem Soldaten so höflich weggedrängt und zwischen zwei Kinder gestellt, über welche er mit seiner langen Figur in seinem grauen Rokelor verdrießlich emporragte. Bürger Zulauf mit seinem Federstrauß tanzte zwischen dem ehrgeizigen revolutionären Pfarrhelfer und dem Nachtwächter.

Nur die Franzosen wußten einige zierliche Sprünge und Schritte zu machen; die Eingebornen hingegen, Weiber wie Männer, warfen lediglich die Füße hinten auf, wie die Füllen auf der Weide, daß man die ganzen Schuhsohlen sah, und dazu baumelten die Frackschöße, die Ritifüls, die Haarzöpfe und Zulauf's Säbelscheide, die er nicht einen Augenblick ablegte, alle wie toll, während die Carmagnole und Ça ira gesungen wurde. Doch nur die Soldaten sangen deutlich, die Deutschen schrieen in unartikulirten Tönen, bis sie etwa ein Wort der Befreier erwischten. Zum Schlusse fiel sich alles durcheinander in die Arme und gab sich den Bruderkuß, wobei wunderlicher Weise die guten Bürger der Stadt sich immer selbst zu küssen bekamen und weder eines Franzosen, noch einer Mitbürgerin habhaft werden konnten. Schädelein, der verwaiste Waisenschreiber, küßte traurig seine zwei Kinder, ging mit ihnen zur Seite und kaufte ihnen einen Wecken, da es arme Gassenkinder waren.

Während solchermaßen die neue Freiheit eingeweiht wurde, hauste der Kommandirende der Truppen mit einigen Offizieren im Rathhaus und auf dem alten Schloßthurm, der wettergrau über den Häusern des Marktes stand. Nachdem die elf Kanonen der Stadt schon mit Beschlag belegt und zum Wegführen bereit waren, verwandelten sich die besagten Herren trotz ihrer Unwissenheit in sehr gewandte Alterthumsforscher und packten in jenen alten Gebäuden alle Gegenstände, denen sie irgend eine Ehre und eine namhafte Bedeutung anrochen, in starke Kisten, um sie schleunig nach Paris zu schicken. Obgleich sie weder neues noch altes Deutsch lesen konnten, wußten sie schnell die Pergamente zu finden, die mit den alten Freiheiten und Ordnungen der Stadt, mit uraltem deutschem Rechte beschrieben waren, so wie eine dicke Chronik von mehreren Jahrhunderten und einen Kasten voll lateinischer Kauf= und Schenkungsbriefe, den sie auf alle Fälle mitlaufen ließen. Einem unscheinbaren wurmstichigen Stecken sahen sie es auf der Stelle an, daß es ein Gerichtsstab war, der seit acht Jahrhunderten in dem Thurme aufbewahrt wurde, so wie seinem Gefährten, einem alemannischen Grafschaftsschwerte. Einige Dutzend alte Schlachtschwerter, Harnische und Hellebarten wurden als gute Beute erklärt und hängen heute noch im Musée d'artillerie zu Paris, wogegen es zweifelhaft ist, wo die silbernen Ehrenbecher der Stadt geblieben, deren alterthümliche und kunstreiche Arbeit von den einpackenden Herren sichtlich belobt wurde.

Als man das alte Stadtbanner, das in allen Schlachten der Eidgenossen mitgeweht, einwickelte, traten dem letzten Bannermeister der Stadt, der dabei stand, die Thränen in

die Augen; doch er überwand sich und verrieth mit keiner
Bewegung den Werth der Fahne. Tief in der Nacht schlich
er wieder zu der Kiste, auf die Gefahr hin, erschossen zu
werden, zog in der Nähe der französischen Schildwachen das
Banner leise mit mühevoller Vorsicht hervor, riß es von der
Stange und steckte diese wieder unter die übrigen Waffen,
welche dann glücklicher Weise nicht wieder ausgepackt wurden.
So beseelte das zerschlissene Tuch seinen letzten Träger mit
der alten Ehre, mitten in der Verlorenheit und Verwirrung.

Es war freilich am Ende alter Plunder, welchen die Fran=
zosen einpackten und fortschickten, und nicht alles kann ewig
dauern. Wie der einzelne Mensch zuweilen zu seinem Wohlsein
den Wust alter Papiere beseitigt, der ihn beengt, so ist das
Unglück für das Gemeinwesen nicht allzugroß, wenn da oder
dort ein stickluftiges Archiv abbrennt; Licht und Geräumigkeit
sind zuletzt die Hauptsache zu gesunder Bewegung. Allein
es ist ein Unterschied, ob der Mann sich seines zu lang ge=
wordenen Barthaares selbst entledigt, oder ob es ihm ein
anderer mit tückischer Gewalt aus dem Gesichte reißt. —

Das Bataillon marschirte nach kurzer Zeit wieder weg
bis auf die Compagnie, zu welcher Peter Dümanet gehörte.
Er wurde ganz heimisch in der guten Stadt und half die=
selbe wacker regieren. Da er ein politischer Charakter in
seinem Bataillon, ein erfahrener Antreiber und großer Redner
war, wurde er von den Pariser Kommissären vielfach als
Anschicksmann und Aufwiegler gebraucht, wenn die unter=
worfenen Freiheitsgenossen wegen des hereinbrechenden Elendes
und der fremden Säbelherrschaft verblüfft und schwierig
wurden; und er leistete um so bessere Dienste, als er auf=
richtig an die Aufgabe seiner Nation glaubte und für die

17*

französische Republik schon frühzeitig sein Leben eingesetzt hatte und jederzeit einzusetzen bereit war. Ebenso bereitwillig wagte er es für die Republiken, welche er mit seinem Bajonnet nach gallisch-romanischem Zuschnitt anderwärts pflanzen half. Mit wilder Leidenschaft verfolgte er alle Widerhaarigen. Er strebte nicht nach Rang und Auszeichnung, sondern wollte der einfache Volkssoldat der Republik bleiben, worin er durchaus nicht behindert, vielmehr um so brauchbarer befunden wurde. Erfahren und bewandert, wie er war, in der Revolutionsgeschichte, so weit sie auf den Straßen spielte, unterrichtete und lenkte er den angehenden Senator Zulauf, der sein aufmerksamer und andächtiger Schüler war und eine Menge schreckhafter Phrasen und Wendungen einübte, bei deren Klang er sich erst recht aufdonnerte und seinen Säbel erklirren ließ.

Dafür wurde der Franzose wiederum Babettens Schüler, welche ihm die Gründung des Schweizerbundes und die Geschichte seiner Helden erklären mußte, weil die altrömischen Redensarten, die er im Pariser Konvent gehört — von Brutus dem ältern und dem jüngern, von den Gracchen, von Regulus und Cincinnatus und dergleichen — in der Schweiz mit deren eigener landüblichen Freiheitsterminologie vertauscht werden mußten, um die Bauern und Bürger zu belehren und aufzustacheln. Babette erzählte ihm also von den tyrannischen Vögten, von den drei Männern im Grütli, von Tell und Winkelried und den großen Freiheitsschlachten, wie alle diese Dinge sich in ihrem Köpfchen abspiegelten. Dieses Spiegelbild verbesserte Dümanet wiederum mit manigfacher Einrede und Belehrung, so daß aus dem schäferlich-romantischen Weiberhirn und der politischen Phantasie des Fran-

zosen eine Reihe von seltsamen Helden hervorging mit
eleganter Schäfergestalt und stattlichen Räuberköpfen darauf,
angethan mit Schärpen und Federn. Diese Unterrichtsstunden
dünkten der begeisterten Bürgerin die Höhe ihres Lebens,
nach der sie sich schon lange gesehnt; sie genoß dieselben mit
der glückseligen Genugthuung, ihre Neigung zu schöner Männ=
lichkeit mit der Freiheitsliebe und mit ihrer „politischen Aber"
vereinigen zu können, wie es dem freien Weibe gezieme.
Wenn Dümanet mit finster glühendem Auge, mit vom Ge=
wissen gepreßter Stimme behauptete, der Keim der nach=
herigen Verknechtung der Schweizer schlummere schon in dem
Umstande, daß sie die vertriebenen Vögte nicht getödtet
hätten sammt ihrer ganzen Sippschaft, so sah sie mit stau=
nender Verehrung zu dem hübschen interessanten Fanatiker
empor.

Aber ihr Glück war nicht ohne wechselnde leidenschaft=
liche Bewegung: denn wenn der dämonische Kriegsmann
gleich darauf sich eine alte rothgewürfelte Bettgardine ausbat
und sich nach der allgemeinen Sitte jener gewandten Sol=
daten daraus gar behend ein Paar weite Pantalons für den
täglichen Gebrauch zuschnitt und nähte, so fühlte sie sich
plötzlich wie von kaltem Wasser begossen und glaubte einen
prahlerischen heimlichen Schneider zu entdecken, so daß sie
kaum den Muth fand, den federstolzen Waisenschreiber,
welcher verstohlen zu lächeln wagte, auf einige Tage aus
ihrer Nähe zu verbannen; denn ihn ganz zu vertreiben hatte
sie immer noch nicht den geeigneten Zeitpunkt gefunden, be=
sonders da ihn der Franzose durchaus freundschaftlich und
ohne Eifersucht behandelte, worin sie auch ein Zeichen innerer
Größe und einen Gegenstand ihrer innigen Dankbarkeit ent=

deckte. Doch sobald Dümanet etwa die Erstürmung der
Bastille, welche er als sechszehnjähriger Knabe mit bestanden,
mit unverkennbarer Wahrheit beschrieb, oder wenn er die
Kugelspuren an seinen Waffen, Kleidern und an seinen
Armen nachwies, welche überdieß mit tätowirten Dolchen,
Jakobinermützen, durchbohrten Herzen und dergleichen Sym=
bolen bedeckt waren — dann zerstreuten sich die Nebel des
Zweifels und die Sonne strahlte wieder in alter Gluth,
indem Babette den zitternden Finger auf die Narben und
die merkwürdigen Zeichen legte. Als aber endlich Dümanet
sich von ihr noch einen vom Pfeil durchschossenen Apfel auf
den Arm punktiren ließ und ihr dafür auf den zierlichen
weißen Arm eine phrygische Mütze einstach und beide Ge=
bilde mit dem Pulver einer geleerten Patrone einrieb, da
vermochte keine ungewohnte Sitte mehr den politischen Seelen=
bund zu erschüttern, und der ehrsame Schädelein wurde auf=
gefordert, sich ja alles das recht zu merken, damit er auch
etwas lerne und sich zu einem Charakter heranbilde.

Als der Herbst nahte, nahm der artige politische
Roman im Zulauf'schen Hause ein vorläufiges Ende, weil
die Kompagnie und mit ihr Peter Dümanet wieder in's
Feld mußte, um den letzten Rest altfreier Landleute, die
nicht von ihrem deutschen Recht lassen wollten, zu über=
wältigen und zu zwingen, die romanisch=gallische Einheits=
verfassung zu beschwören, welche in Paris von politisch=
dilettantischen Kehlabschneidern gemacht und den Schweizern
aufgedrungen worden. Ueberall, wo demokratische Gemein=
den nach selbstgeschaffenem und uraltem Gesetze glücklich
gelebt, verabscheute das Volk die Herrschaft ausländischer
Publizisten und neugebackener republikanischer Zwingherren

und sperrte sich dagegen, wie wider ein ekelhaftes Gift.
Wie in einem verzweifelten Traume, vom Alpdrücken hervorgebracht, suchten sie von Landschaft zu Landschaft einander
beizuspringen und zu helfen; aber ein Thal nach dem andern
wurde durch List, Ueberredung und Androhung von Noth
und Elend übersponnen, bis der verhaßte Eid hier mit
menschlicher Entsagung, mit mühselig überlegtem Nachgeben,
dort mit verzweifeltem Gelächter, unter höhnischen Possen
und Verdrehungen geleistet war, wozu insbesondere das
Weglassen Gottes aus der Eidesformel die äußere Veranlassung gab; denn während die Machthaber das alte
religiöse Rechtsmittel des Eidschwures auf die neuen Verhältnisse anwandten, hatten sie zugleich mit feiger Halb-
philosophie den Hauptbestandtheil desselben, die Berufung
auf eine allwissende Vorsehung, daraus gestrichen und das
Volk mußte bloß rufen: Wir schwören es! ohne den Zusatz:
so wahr mir Gott helfe! Das Volk aber kannte und fühlte
besser die Form und den Inhalt dieser ehrwürdigen Einrichtung und fand sich durch die unlistige Halbheit beleidigt
und gekränkt. Gar nicht, oder nur zum Theil überzeugt,
fügte es sich dem Rathe und den Bitten der weltklügeren
Angesehenen und dem Zwange der fremden Waffen, um das
Feuer von seinen Hütten fern zu halten.

Nur das grünschattige Nidwalden am tiefen Wald-
stättersee hielt zu allerletzt ganz allein an sich selber fest,
verlassen sogar von seiner Zwillingshälfte Obwalden. Ein
Völklein von kaum zehntausend Seelen, konnte und wollte
es nicht glauben, daß es ohne die äußerste unbedingte Auf-
opferung von seiner halbtausendjährigen Selbstbestimmung
lassen und in der Menschen Hand fallen solle, ohne vorher

zu Boden geworfen zu sein im wörtlichsten Sinne. Alle
Weltklugheit, alle Vernunftgründe für leibliche Erhaltung
verschmähend, stellte es sich auf den ursprünglichen Boden
reiner und großer Leidenschaft, nicht für eine Tagesmeinung,
sondern für das Erbe der Väter, für Menschenwerth so recht
im Einzelnen, von Mann zu Mann. Drei Dinge werden
hauptsächlich geltend gemacht, um diese Erhebung von zwei=
tausend waffenfähigen Männern gegenüber nicht nur der
übrigen Schweiz, sondern der „großen Nation", die soeben
Europa besiegt hatte, zu verdammen: erstens die Hoffnung
auf östreichische Hülfe, zweitens der religiöse Fanatismus
und der Einfluß der Priester, und drittens eben die gänzliche
Hoffnungslosigkeit des Aufstandes.

Allein was den ersten Vorwurf angeht, so trifft der
Fluch nicht den, welcher den zweiten Fremden in's Land
wünscht, sondern den, welcher den ersten hereingerufen hat.
Was den zweiten Punkt anbelangt, war es Thatsache, daß
die Franzosen, welche die Verfassung in's Land gesendet,
ihre Kirchen geschlossen und die Priester vertrieben hatten;
Grund genug, wenn man unparteiisch sein will, für die
Zukunft Aehnliches zu fürchten. Dieß Völkchen in seinem
todesmuthigen Entschlusse faßte eben alles zusammen: die
geistliche und weltliche Existenz, wie sie ihm Ehrensache war.
Das beste Sinnbild für diese Stimmung sind jene Nid=
walden'schen Jungfrauen, welche die Waffen und den Tod
wählten, um Religion, Heimath, Freiheit und die persönliche
jungfräuliche Ehre, alles wie einen einzigen Begriff, zu
retten. Gegenüber diesem innern Ernste waren die paar
fanatischen Pfaffen und die gebräuchliche katholische Ausdrucks=
weise unerheblich; die höhere Geistlichkeit suchte eher zu

beruhigen und jene Pfaffen, welche Volksmänner waren, erſetzten bei der aufgelöſten Staatsordnung lediglich die Vorſteher. Was endlich die Hoffnungsloſigkeit betrifft, ſo iſt es gerade das Wahrzeichen und das Recht der höchſten Leidenſchaft, für ſie zu ringen, wie für die ſicherſte Gewähr. Dies reine Veſta=Feuer haben die Nidwaldner durch ihre That gerettet und zu beſſerem Glücke aufbewahrt für alle Schweizer.

Als Peter Dümanet ſeine Feldrüſtung umhing und die Flinte ergriff, um gegen das Volk zu marſchiren, welches ſich durchaus dem Glücke nicht fügen wollte, das er gebracht hatte, war er nicht gut auf dieſe Leute zu ſprechen, von denen er freilich im Hauſe des Bürger Zulauf gar nichts Gutes gehört. Jedoch erhob ihn das Bewußtſein, abermals Freiheit und Menſchenrecht bis in die innerſten Thäler und in die engſten Schlupfwinkel des gothiſchen Zeitalters zu tragen mit Hintanſetzung ſeiner Ruhe und ſeines Lebens. Er nahm ſich vor, recht gemeſſen und ſtreng, aber dennoch menſchlich und belehrend mit den armen Verblendeten zu verfahren. Kehrte er aber aus dieſem letzten Kampfe zurück, ſo hielt er ſeine Pflicht als Weltbürger, inſofern dieſer zugleich Krieger iſt, für gethan; er ſehnte ſich nach Ruhe und bürgerlicher Thätigkeit und ließ in den Abſchiedsworten durchblicken, daß er in der helvetiſchen Tochterrepublik, in dem patriotiſchen Städtlein ſich niederzulaſſen und eine neue Heimath zu gründen wünſche, da er niemand mehr in Paris habe, der ihn näher angehe.

In der That war ſeine Mutter auf dem Marsfelde vor den Kanonen der Nationalgarde und ſein Vater, ein wilder Dachdecker, auf der Haupttreppe der Tuilerien unter dem

Pelotonfeuer der Schweizer gefallen, welche dieselbe verthei=
digten. Von diesem Umstande ließ ihn, seit er in der Schweiz
war, ein Zug von Großmuth und Versöhnlichkeit nur wenig
sprechen und ohne Rachegefühl; aber die Erinnerungen an
die eigenen wahnsinnigen Blutthaten damit zusammen ge=
nommen machten ihm allerdings die Rückkehr nach Paris
zuwider.

Er mochte sich mit Babetten schon verständigt haben
für eine dauernde Verbindung; denn sie erröthete bei seiner
Andeutung stark und litt den republikanischen Bruderkuß,
welchen er ihr wie ihrem Vater gab, mit freundlichem
Schweigen; ja sie vergoß heftige Thränen, als er endlich
beim Trommelschlag abmarschirte, wiewohl ohne Windmühle
auf dem Tornister, da er etwas ernster geworden schien.
Doch faßte sie sich und gebot dem Waisenschreiber, sie eine
Strecke weit neben den Soldaten hinzuführen; es war das
erste Mal, daß Beni Schädelein des Armes seiner Braut
wieder habhaft wurde, weßhalb er sehr vergnügt nach dem
Takte der Trommel mit Babetten dahinschritt, ziemlich weit.

Im Freien trat Dumanet aus der Reihe und ging
nochmals neben seinen Freunden. Als er aber den Schreiber
fragte, ob er nicht Lust habe, auch gegen die Nidwaldner
auszuziehen und für die Freiheit zu fechten, erwiderte
Schädelein mit großer Kühnheit: wenn er überhaupt fechten
möchte, so würde er sich lieber gegen die Franzosen schlagen,
und schwenkte, immer im Feldschritt, nach dieser stolzen Rede
plötzlich ab mit seiner Geliebten, welche er, einmal tapfer
geworden, fest hielt und zwang, mit zu marschiren. Der
Soldat sah ihn mit Verachtung an und trat in den Zug
zurück, neugierig und frisch belebt von den Dingen, die seiner

harrten in dem Gebirge, das er vor sich aus tiefblauer
Dämmerung silbern hervorblitzen sah.

Er war jetzt am Ufer des Vierwaldstättersees angekommen. Aus dessen Spiegel stieg in herbstlichem Duft und
Glanz das Gebirge von Unterwalden empor, still wie ein
Feiertag, und war dasselbe zur Stunde doch voll Empörung
und Zurüstung zum Untergangskampfe. Nur ein paar Mal
wehte der Wind einen unheimlich anschwellenden Ton herüber; es war das „Landhelmi" oder das alte Heerhorn der
Nidwaldner, welches die alte Kraft und Landesehre herbei-
rief und eben die kleine Abtheilung Männer aus Schwyz
begrüßte, die mit Gewalt von Brunnen her zugezogen kamen.

Wie dieß Völkchen von wenigen Tausend Seelen nun sechs-
zig Jahre vor Erfindung der Napoleonischen Volksabstimmung
über Staatshoheit, abgeschieden und verlassen von der ganzen
übrigen Welt, vom eigenen weitern Vaterlande, seinen letzten
Kampf um seine Selbstbestimmung stritt, wie es seine zwei
Tausend Kämpfer in rührend kleinen Häufchen rings an die
Schutzwehren des Ländchens, das noch keines Feindes Fuß
betreten, hinstellte gegen die sechszehn Tausend Franzosen des
General Schauenburg, wie es in zuverlässiger Kenntniß seiner
Armuth wie seines Reichthums jeden Mann karg abzählte,
eine Abzählung, die sich auch in einer Reihe von helden-
müthigen Einzelkämpfen bewährte, wie das wohlgestaltete
Geschlecht seiner Frauen den Streit und das Leiden in
vollem Bewußtsein mit ertrug: alles dieß erzählt die Geschichte.

Hier wollen wir nur dem Schicksal des Freiheitsmannes
Dümanet nachgehen, das seiner in diesem doppelsinnigen
Freiheitskriege wartete, und zwar an den Felsenhängen des

Bürgenberges, der seine Wälder zuvorderst aus dem tiefen
See emporhebt.

Hoch am Bürgen stand ein kleines Haus von röthlichem
Holz, ohne allen Zierrath, aber von zierlichen, ja edlen Verhältnissen auf schneeweißem Sockel, und glitzerte mit seinen
klaren runden Scheibchen freundlich und still hernieder. In
jenen Septembertagen wohnte dort Aloisi Allweger, erst seit
drei Tagen mit seinem Weibe, der schönen Klara, getraut
im Drange des Aufruhrs und nach neunjährigem Harren
und Lieben, obgleich er erst siebenundzwanzig Jahre, sie kaum
vierundzwanzig zählte.

Vor neun Jahren, in eben solchen Herbsttagen, hatte
der junge wilde Bursch beim Aufzuge eines Aelplerfestes im
Thale das sogenannte Wildmannli gespielt, d. h. ganz in
grüne Tannreiser gehüllt mit einem ähnlichen Wildweibli
seine Sprünge gemacht und in alten, durch gelegentliche Einfälle bereicherten Reimsprüchen ein Zwiegespräch geführt, in
welchem die Untugenden und Schwächen beider Geschlechter
gegenseitig in's Licht gesetzt wurden. Sei es nun, daß sein
Gegenpart, das Wildweibli, oder der Gesell, welcher dasselbe
vorstellte, gelasseneren Temperamentes war oder sonst nicht
Lust verspürte, sein eigenes Geschlecht herunter zu setzen,
genug, das Wildmannli behielt in dem derben Streite völlig
die Oberhand und machte zum Ergötzen der dickarmigen und
Tabak rauchenden Aelpler, die behaglich unter ihrer Fahne
des heiligen Wendelin's standen, die Frauensleute fürchterlich
herunter, welche Rücksichtslosigkeit mit seinem jugendlichen
Gesichte und mit seinen hellblauen Augen, wie sie unter dem
Tannreisig kindlich genug hervorleuchteten, in seltsamem
Widerspruche stand.

Durch den Beifall der Männer einem unbedachten Uebermuth verfallend, wandte er sich, anstatt sich an sein Wildweib allein zu halten, zuletzt an die umherstehenden Frauen und begrüßte sie in seiner Unerfahrenheit mit aller= hand weiteren Witzen und Beschuldigungen, bis er plötzlich vor ein fünfzehnjähriges Jungfräulein gerieth, welches seinen mit rothen und weißen Bändern durchflochtenen und mit einem reich verzierten Silberpfeil gewaffneten Haarschmuck verhängnißvoll schüttelte. Denn mit nassen Augen, voll Zorn und Erstaunen über solche Ungerechtigkeit, den jugendlichen Uebelthäter unwillig mit der Hand abwehrend und doch ihn mit großen Augen messend, stand die junge Klara vom Bürgen da, also daß der Wildmann sogleich aus der Rolle fiel, das Mädchen voll Furcht und Zahmheit beschaute und sich ganz kleinlaut nicht zu helfen wußte. Er suchte sich stracks unter den Zuschauern zu verlieren, wurde aber unter allgemeinem Gelächter überall zurückgewiesen, mußte sich da= her im offenen Ring aufhalten, verfolgt von dem bösen Wild= weib, welches nun endlich auch in Fluß gerieth und ihm, je mehr er den Kopf verlor, desto ärger denselben wusch. In höchster Verlegenheit konnte er nicht umhin, sich von Zeit zu Zeit nach dem Mädchenkind umzusehen, und dieses ver= folgte ihn unablässig zornig mit den Augen, aber die höchste Genugthuung empfindend, welche endlich in eine Art von Mitleid überzugehen schien, als sich das schöne Kind halb lächelnd wandte und davon ging.

Seither mußte Aloisi Allweger sich besser darzustellen und die entrüstete Jungfrau aufzufinden gewußt haben; denn es entspann sich von da an das neunjährige treue Warten, indem Klara eine Waise war und unter der Obhut eines

alten vetterlichen Bergmännchens, zwar später öfter begehrt,
unbeweglich auf ihrem kleinen Gütchen auf dem Bürgen saß,
während Aloisi, der kein Landmann von Nidwalden, sondern
nach dem starren Rechte dieser Unbeweglichen nur ein ewiger
Einsaße und blutarmer Gesell war, sich durch unverdrossene
Gebirgshantirung und Gefahrübung aller Art ein kleines
Besitzthum zu erwerben suchte.

Gerade in den Tagen der einbrechenden Ereignisse war
Klara volljährig und der kleine Sparschatz ihres Geliebten
groß genug zur Gründung eines bescheidenen Hauswesens
geworden. Unter dem Läuten der Sturmglocken, unter
Trommel= und Horngetöse wurden sie von einem bewaffneten
Priester getraut; die Hochzeitgäste trugen Büchsen und Flinten,
aber keiner that einen Schuß, um das Pulver für den bevor=
stehenden Streit zu sparen. Vor dem Hause Klara's, das
nun auch Allweger's Heimath war, angekommen, eilte der
Begleit, welcher nur aus Männern bestand, wieder den Berg
hinunter · und der Bräutigam selbst betrat sein Haus nur,
wie ein Krieger, der nicht weiß, ob er eine zweite Nacht in
der gleichen Herberge zubringen wird. Die Freudenschüsse,
welche dem Paar zu Ehren abgefeuert wurden, waren die
Granaten und glühenden Kugeln, so die Franzosen vorläufig
über den See warfen und die am Fuße der Felsen erstarben.

Endlich brach der 9. September, der Tag des Unter=
ganges an. Es war ein Sonntag. Klara weckte ihren
schlummernden Mann und hieß ihn, da er im Werkelgewande
hinuntereilen wollte, sich schmücken zum vielleicht letzten Gang.
Sie band ihm selbst die buntgestickten Kniebänder um die
hohen weißen, über das knappe, kaum an der schlanken
Seite haftende Beinkleid hinaufgezogenen Strümpfe, knüpfte

ihm das scharlachrothe Brusttuch zu und brachte ihm ein
blendend weißes Hirtenhemd, das liebste Gewand dieser
Leute, das sie selbst in der Kirche trugen, und das sie ihm,
das Kind der Berge, mühevoll aber sorgfältig und zierlich
gemacht hatte. Sie kämmte ihm das lang in den Nacken
fallende Haar glatt und vorn an der Stirn, wo es kurz
querüber geschnitten war, besserte sie unter heiteren Scherzen
mit der Scheere nach, so gut sie an dem hohen Gesellen, der
sich durchaus nicht bücken wollte, hinaufreichen konnte, ob=
gleich sie nicht klein gewachsen war. Dann legte sie selbst
ihr bestes Gewand und all' ihren ländlichen Schmuck an,
um diesen Ehrentag im Feierkleide zu durchleben und durch=
leiden. Wie ein Reisegeld zählte sie dem Manne darauf die
frisch gegossenen glänzenden Kugeln sorglich zu und füllte
das Pulverhorn auf.

So traten sie vor ihre Hütte, schön wie die Natur um=
her, in welcher durch das Morgengrauen eben der Rigiberg
und der Pilatus das erste Gold zurückwarfen. Sie gingen
Hand in Hand, so weit es Zeit und Weg noch gestatteten,
heiter, wie alle, denen sie begegneten und die desselben
Weges gingen, da die Würfel geworfen waren und die
Glocken im ganzen Land zur That stürmten. Als aber die
ersten Kanonenschüsse donnerten, nah über den See her, fern
hinter dem Berge, da trennten sie sich rasch. Aloisi eilte die
steilen Hänge hinunter nach Kehrsiten, wo sein Platz am
Gestade des Sees war. Klara stand und verschlang ihn mit
den Augen, bis die wehenden Federn und Bänder an seinem
Strohhut unter den Baumwipfeln unter ihr verschwanden;
dann lauschte sie dem Aufruhr in der Tiefe und lief heftig
weinend und hastig an den Herd zurück, ihn zu bewachen.

Daß der Feind diese Höhen erreichen würde, dachte man indessen kaum.

Aloisi war im Hinuntersteigen ernst und seufzte vorüber= gehend; da guckte nun endlich, nach vielen Jahrhunderten, des Feindes Auge in das eigene Nest dieses Volkes, das so manchen Mann auf ferne Schlachtfelder ausgesandt, wo er nichts zu suchen hatte; da klopfte die Tyrannei in der Maske der Freiheit mit eiserner Hand an das Felsenthor des Hirten= volkes, welches sich Unterthanen erobert und mit „freiem Handmehr" Vögte über dieselben gesetzt hatte, welche das Recht um Geld verkauften.

Aloisi ging zwar schuldlos in den Kampf; er hatte weder in fremden Kriegsdiensten gestanden, noch je für einen ungerechten Landvogt gestimmt an der Landsgemeinde; auch war er gerade kein großer Politiker, der sich in diesem Augenblicke müßigen Gedanken hingegeben hätte; es war vielmehr das allgemeine Gefühl menschlicher Schuld, welches Jeden an diesem heißen Tage beschleichen mochte, sobald er einen Augenblick allein war, und den Schuldlosesten und Gewissenhaftesten vielleicht am stärksten. Die Schuldigen und in jenen alten Nationalsünden Verstockten fühlten sich am allerwenigsten irgendwie haftbar vor dem Völkergericht und betäubten von jeher ihr Gewissen mit den mytholo= gischen Betäubungsmitteln. So sollte eben jetzt die Himmels= königin in einem Stern über Unterwalden hingefahren sein und dasselbe festgemacht haben gegen jede Uebermacht.

Auf all' den Schlachtfeldern der Schweiz, Italiens und anderwärts, wohin die Nidwaldner ihre Leute gesandt, hatten sie durch die Jahrhunderte bis zur Stunde noch nicht tausend Mann verloren, und fast jeder Einzelne, der gefallen, war

wohlbekannt gewesen und in den Jahrzeitbüchern verzeichnet.
Heute verloren sie die größte Zahl und das Tausend wurde
voll; aber es fielen an diesem Morgen über zweitausend
Franzosen, mehr als die Unterwaldner Streiter zählten.

Um Mittag war der Widerstand vorüber. Die Männer
schlugen sich fechtend durch, und die Franzosen, wüthend über
diesen Widerstand, begannen das bekannte Morden der
Frauen, Greise, Kranken und Kinder und füllten das grünschattige Land mit Asche und Trümmern, die nach sechs
Jahren noch zu sehen waren.

Die Schanze zu Kehrsiten, in welcher Aloisi mit wenigen
stand und sich mannhaft vertheidigte, wurde zuletzt vom See
und vom Lande her angegriffen. Die Vertheidiger zogen sich
Schritt für Schritt den Bürgenberg hinan, trafen die an-
stürmenden Franzosen mit ihren Kugeln oder wälzten Wurzel-
stöcke und Felstrümmer auf sie hinunter. Allweger blieb
einer von den Weitesten zurück, schlug sich von Mann zu
Mann herum und wurde seitwärts in die Wälder verschlagen
und von den Seinigen getrennt. Auch von anderen Seiten
liefen Franzosen den Berg herauf, Weiber und Kinder vor
sich her jagend, bis sie auf einzelne Männer stießen, deren
Todesschläge ihre Wuth wieder verdoppelten. Aloisi hatte
seine Kugeln verschossen, seine Büchse zerschlagen, und hielt
nur noch das Eisenrohr in der Hand, während er aus
mehreren Wunden blutete. Er sank ermattet in ein Gebüsch,
raffte sich aber auf, als er die Luft von Wehgeschrei erfüllt
hörte, und suchte den Weg zu seinem Weib und Haus zu
gewinnen, um bei oder mit ihr zu sterben. Bald erkannte er
auch den Wald- und Felsenpfad, welcher dahin führen mußte,
und schwankte, auf seinen Büchsenlauf gestützt, darauf fort.

Da kam über einen Kreuzpfad her ein einzelner Fran=
zose gelaufen, welches niemand als unser Peter Dümanet
war, wie betrunken und seltsamer ausstaffirt als je. Er
hatte anfänglich wohlmeinend das Land betreten und mit
gemäßigter Fechtart diese Störrigen und Unwissenden zur
Freiheit führen wollen. Bald aber, als er mit Tausenden
von wenigen Männern zurückgeschlagen, nur mit großem
Verlust wieder vordringen konnte, als er selbst zu sechs und
sieben vor einem Einzelnen weichen mußte, als er an die
zwanzig Jungfrauen zu Winkelried todt in einer Reihe liegen
sah, auf ihren blutigen Sensen, drehte sich sein Verstand
um und er durchraste ohne Besinnung Thal und Höhen, so
daß er sich verlor und am Bürgenberge verirrte. Sein Hut
war mit geraubten Silberpfeilen aus den Haaren der Nid=
waldnerinnen besteckt, sein Tornister mit abgeschnittenen
Zöpfen, mit den rothen oder weißen Bändern durchflochten,
behangen, und um den Hals trug er eine Anzahl silberner
Göllerketten.

Mit einem Sprunge stürzte er sich auf den daher
schwankenden Aloisi, setzte ihm das Bajonnet auf die Brust
und erklärte ihn zu seinem Gefangenen, der ihm den Weg
über den Berg weisen solle; auch gab er ihm ein ziemlich
schweres Säckchen zu tragen, welches er an seinem Säbelgriff
hängen hatte. Aloisi gehorchte geduldig und ging vor ihm
her, nachdem ihm der Franzose den Büchsenlauf genommen
und weggeworfen hatte. Denn er überlegte sofort, daß er
so am besten gleichzeitig mit dem Feind sein Haus erreiche.
So mühte er sich denn ab, vor demselben herzugehen, wobei
Dümanet ihn von Zeit zu Zeit mit dem Kolben sachte vor=
wärts stieß. In einem Hohlweg, der zwischen prächtigen

Buchen hinführte, stießen sie auf einen todten Franzosen. Mit einem Fluche stieß Dümanet seinen Führer über die Leiche hinweg, als sie es nicht weit von da purpurroth durch das goldene Abendgrün der Buchen leuchten sahen.

Auf dem grünen Sammet des Mooses gebettet, das den ganzen Pfad überzog, lag Allweger's Frau da mit erblaßtem Gesichte, von der niedergehenden Sonne überstrahlt. Ihr rother Rock, ihre rothen Strümpfe zeichneten ihren schlanken Wuchs; ihr mit Seidenblumen reich gesticktes Brustkleid war von Bajonnetstichen zerrissen und durchbohrt, gleich einem Rosengärtchen, das durchgepflügt worden ist. Aber die mit blauen und rothen Steinen besetzten Ketten und Spangen hingen noch darum, das Haar war noch fest geflochten und wie eben erst aufgebunden, der Pfeil, in dessen Glassteinen ebenfalls die Abendsonne blitzte, steckte noch darin, sie war also unberaubt und hatte sich wahrscheinlich gegen mehrere vertheidigt, von denen der vorher todt Gefundene einer gewesen.

Aloisi erkannte seine Frau augenblicklich, wie sie am Eingange des Waldes hoch über dem See lag, der unten dämmerte, und im Angesicht der stillen Gebirge. Er zitterte bis in das innerste Leben hinein, aber er that nicht, als ob er die Leiche sehe und wollte vorüber schwanken. Doch der Franzose schrie: halt! Er hatte eine neue Art von Trophäe entdeckt, die er noch nicht besaß, nämlich die Sonntagsschuhe der Klara, welche, sonst ziemlich fein, nach damaliger Sitte mit hohen eisernen Absätzen, sogenannten Tözeli, versehen waren. Schnell streifte er sie der Todten von den Füßen und gab sie hastig dem armen Aloisi zu halten, um auch noch den übrigen Schmuck zu nehmen.

18*

Kaum aber hatte Aloisi Allweger die theuren Schuhe in der Hand, so durchströmte ihn seine letzte Kraft. Er faßte den Franzosen unversehens am Kragen, schlug ihm die Schuhe mit den eisernen Absätzen so gewaltig über das Haupt, daß er sofort zusammen sank, und stieß ihn unverweilt über den Berg hinaus, daß er thurmhoch mit all seinem Schnickschnack in den tiefen See fiel und ohne einen Laut untersank. Gleich darauf lag Aloisi bewußtlos über seiner todten Frau und wurde am andern Tage, als durch das Eintreffen Schauenburg's wieder einige Menschlichkeit herrschte, für todt gefunden. Er kam jedoch mit dem Leben davon und lebte nach vielerlei Schicksalen noch lange Jahre, aber in sich gekehrt und traurig.

Als einige Zeit nach diesen Ereignissen geschmückte Schiffe von Luzern herfuhren, welche die helvetischen Räthe und ihre Herren, die französischen Rathgeber, herführten, um ein Freiheitsfest auf dem alten Rütli zu begehen, saß in einem der Schiffe auch Babette Zulauf, deren Vater inzwischen Senator geworden war, neben dem Waisenschreiber Schädelein, mit dem sie sich wieder näher verbunden hatte, da Peter Dümanet nicht zurückgekehrt. Sie war wunderherrlich aufgeputzt und drückte gerade an der Stelle, wo Peter in der Tiefe schlummerte, dem Waisenschreiber gerührt über die Schönheit der Natur und über die Herrlichkeit des Weihefestes die Hand, während ein französischer Unter-Agent ihr lächelnd ein Sträußchen von Alpenrosen an den Busen steckte.

Der Wahltag.

Eine eidgenössische Geschichte.*)

(1862)

Der achtzigjährige Friedensrichter Berghansli saß an
einem schönen ersten Maisonntage lang und schlank, wie er
geblieben war, hinter dem Tisch in stiller Stube und studirte
etwas. Er hielt, da er schon einen ziemlichen Gang auf
seinen hochgelegenen Matten gemacht, ein Stück Brot in
der Hand und trank dazu ein Glas von seinem heiteren
Wein, der ruhig und kühl war, wie der Mann. Der war
so lange schlank und munter geblieben, weil ihm nicht, wie
den heutigen Spekulanten und Gelüftlern, kein Wein süß
und feurig genug, kein Vergnügen zu theuer und kein Tag
wechselvoll genug war.

Was der alte Berghansli studirte, war aber die Pro=
klamation der Regierung, worin diese das gleichgültige Volk
gar nöthlich ansang, daß es doch seiner Bürgerpflicht ge=
nügen, sein Ehrenrecht gebrauchen und an den Erneuerungs=
wahlen theilnehmen möchte, aus denen abermals ein Großer
Rath hervorgehen und das Regiment neu bestellt werden
sollte, und zwar am Nachmittage selbigen Maisonntages.
Er las alle solche Kundmachungen von oben bis unten sehr

---

*) Berthold Auerbach's Volkskalender. 1866.

aufmerkſam und kritiſch: wenn ſie zu gefühlvoll waren, zu
prahleriſch oder zu zierlich, ſo verzog er etwas ſpöttiſch den
Mund; waren ſie aber zu trocken, zu amtlich, hölzern und
ungeſalzen, ſo ärgerte es ihn wiederum und er meinte, da
ſei es kein Wunder, wenn alle Wärme und aller Glanz
des öffentlichen Lebens dahingingen; kurz, es war ſchwer,
es ihm recht zu machen.

Denn es war dem Berghansli bei dieſen Dingen ſo
feierlich zu Muthe, als ob das Gewiſſen des Landes ſelbſt
redete, und da dünkte es ihn nicht gleichgültig, welche
Sprache daſſelbe führe. Heute ſchien er jedoch nicht übel
zufrieden zu ſein; und als drei wandernde Handwerksburſchen
zum Fenſter hereingereiſt kamen, nämlich ein ganz neuer
weißer Sommervogel, eine loſe Apfelblüthe und ein ver=
dorrtes Baumblatt vom vorigen Jahr, welche alle drei ſich
auf die Wahlproklamation niederließen, da wurde er faſt
gerührt, und dieſe Boten des Lebens und Todes gemahnten
den Berghansli an den ewigen Wechſel und die Vergäng=
lichkeit irdiſcher Dinge. Er wunderte ſich, daß das Gemein=
weſen, welches jene Proklamation ausſandte, in dieſem
Wechſel ſchon ſo lange beſtand, an die fünfhundert Jahre,
mit ſeinen zweihundert Rathsmännern; und in Betracht,
daß auch dieſe fünfhundert Jahre, ſelbſt wenn ſie ſich ver=
doppeln ſollten, nur ein Augenblick ſeien gegenüber der
Ewigkeit, nahm er ſich vor, heute ebenfalls wieder und
vielleicht zum letzten Mal zu den Wahlen zu gehen, um,
ſo viel an ihm lag, den beſagten Augenblick benützen zu
helfen und jederzeit ſeine Pflicht zu thun.

Der alte Berghansli hatte drei Enkel im Hauſe von
einem verſtorbenen Sohn, kräftige und hübſche Burſche,

welche seinen ziemlich großen Gütergewerb fleißig bebauten
und auch sonst zu allerlei nützen und unnützen Dingen
pünktlich bei der Hand waren; nur in keine Gemeinds- und
Kreisversammlungen waren sie zu bringen und fanden stets
etwas zu thun, wenn eine solche im Anzug war. Heute
aber wollte der Alte sie beim Zipfel nehmen und mit Gewalt
hinführen, eh' er von hinnen müßte. Er guckte daher wie
ein alter Falk aus dem Fenster über sein Ausgelände und
in das Thal hinunter, um die Bursche zu erspähen, als sie
eben hinter seinem Rücken in die Stube traten und riefen:
„Großvater! wir gehen alle fort und kommen heute nicht
zum Mittagessen!"

„So?" sagte der Alte. „Seid ihr so eifrig zu den
Wahlen? Ihr werdet mich doch mitnehmen wollen, und
wenn wir um zwölf Uhr weggehen, so kommen wir noch
früh genug!"

Bei dem Worte Wahlen schüttelten jedoch alle drei die
Köpfe, wie drei Esel, welchen man eine Bratwurst vorhält,
da sie doch lieber Heu fräßen.

„Es wird in Thorlikon ein Schaf ausgekegelt", sagte
Heiri, der älteste, „und ich habe abgeredet, dabei zu sein;
es gibt einen großen Wettkampf zwischen den Thorli- und
Narrlikonern."

„Ich will an die Bubliker Kilbi gehen und ein Mädchen
beschauen, von dem man mir gesagt hat. Es ist ja ausgemacht, daß ich heirathen soll," sagte Jakobli, der zweite.

„Und ich," fügte Peterli, der jüngste, hinzu, „will
einmal sehen, ob ich den Hirzenwirth zu Bücheliberg antreffe
und ihm seinen Stutzen abkaufen. Er wird wohl daheim
hocken, da heut die Wahlen sind."

„So, so!" sagte der Alte. „Ihr habt ja alle zu thun, wie die Braut im Bad! Aber erst hört noch ein Wort an von mir, eh' ihr an eure Geschäfte geht."

Somit ging er über sein Wandschränklein, in dem er seine Papiersachen aufbewahrte, und nahm ein Bündelchen vergilbter Druckhefte hervor, mit einem alten weiß und blauen Schnürchen kreuzweis zusammengebunden und mit vielen Ohren und Brüchen versehen. Es waren alle Verfassungen, die der alte Mann seit 1798 beschworen hatte, gewissermaßen die Originalausgaben, wie sie ihrer Zeit als neugebacken dem Volke ausgetheilt wurden. Sie dünkten ihn, als er sie jetzt auseinander legte, wie abgedorrte Blätter vom Baum des Lebens, und er gedachte fast mit einem Seufzer seiner fernen stürmischen Jugendzeit, des fremden Volkes, das er im Vaterland gesehen, des Unfuges, den er an den eigenen Mitbürgern mit erlebt, aber auch der fröhlichen Tage der Befriedigung, die noch immer auf den Unfug, und des neuen Lebens, das noch immer auf das Absterben gefolgt war.

„Seht," sagte er, indem er die Verfassung der helvetischen Republik zur Seite legte, „das ist die erste Verfassung, die ich beschworen habe; fabricirt aber ist sie in Paris worden und hat uns kein Glück gebracht. Die sie gemacht haben, wußten nicht, was Schweizer sind, und wenn sie es errathen hätten, so würden wir eben keine Schweizer mehr gewesen sein. Doch fort damit! Es gibt auch heut noch Leute genug, die immer Alpenrosen im Munde führen, aber nie gemerkt haben, was schweizerisches Recht und Freiheit eigentlich seien. Sie meinen eben, wenn man nur keinen König über sich habe, so sei der Schweizer fertig. Das ist freilich nun so das Gröbste von der Sache.

„Hier ist die von Anno 1802, die sogenannte Media=
tionsakte. Das war schon ein besseres Werk und das
Beste, das wir bis zur neuen Zeit gehabt haben. Der
Bonaparte hat es gemacht und uns gegeben und daher war
es immer bitterlich für ein altes Kriegs= und Freiheitsvolk,
wenn ein fremder Kaiser und Kriegsmann ihm das Gesetz
machen mußte, das es selber nicht mehr zuweg bringen
konnte.

„Das ist die von Anno 1814, das die Bundesverfassung
von 1815; es ist Herrenzeug und zwar von kleinen Herren,
die immer weniger über ihre Nase hinaussehen als die
großen. Folgt die von Anno 1831, die ich eigentlich gesucht
habe. Das ist die erste, die so recht unser eigenes Gewächs
ist, drum hat sie auch schon bald dreißig Jahre hergehalten.
Glaubt aber nicht, daß das ein sehr kühnliches und voll=
kommenes Werk sei oder war; vielmehr hat es einen ganz
bescheidenen Anfang genommen. Seht, was ich da mit
Bleistift durchgestrichen habe: da hatte die Stadt Zürich noch
71 Mitglieder in den Großen Rath zu setzen, ohne einen
anderen Grund, als denjenigen ihrer früheren Herrschaft.
Nachdem wir diese bescheidentliche Form unserer Selbständig=
keit sieben Jahre getragen, haben wir endlich Anno 1837
gewagt, ganz aus dem Hühnerkorb herauszugehen und haben
das Wahlrecht auf das ganze aufrechte Volk verlegt. Was
geschieht? Nun geht je der zehnte Mann in die Wahlen,
als ob die übrigen alle Falliten und Bestrafte wären, und
dieser zehnte Mann macht ihnen so das Gesetz; das heißt
sich freiwillig einer Bevogtigung unterziehen. Und dabei
singt ihr, wenn ihr einen Schoppen im Leibe habt, mit
euren neumodigen Fistelstimmen noch immer die schönsten

Freiheitslieder! Habt ihr noch nie gesehen, wie einen gleich=
gültigen Mann, der an nichts in der Welt Theil nehmen
mochte, als was seinen Bauch anging, diese Theilnahmlosig=
keit noch stets zur Selbstverachtung führte? Das heißt, um
seine Laster, wie er meinte, zu beschönigen, sagte er zuletzt:
Es ist eben mit allem nichts und mit mir auch nicht!
Gerade so endet die träge Theilnahmlosigkeit eines Volkes
immer mit der Mißachtung seiner Einrichtungen und mit
dem Verlust seiner Freiheit.   Ueberlaßt nur fünfzig Jahre
lang die Bestimmung eures Schicksals einigen wenigen
fleißigen Männchen, die nicht zu faul sind, in die Gemeinde
zu laufen, so werden euch die schon eine Verfassung machen,
welche euch der sauren Mühe des Lebens enthebt, ihr Nacht=
kappen, die ihr euch so davor scheut, als ob man euch in
der Kirche die Nase abschneiden wollte!"

„Hoho!" sagte Heiri, „dann sind wir auch noch da!
So lang ich aber mit der Sache, wie sie geht, zufrieden bin,
so seh' ich nicht ein, warum ich immer laufen soll, wenn der
Statthalter pfeift; wenn es mir einmal nicht mehr gefällt,
so werde ich schon gehen!"

„So? Meinst du?" erwiderte der Alte. „Das ist
freilich eine besondere Art, seine Befriedigung zu bezeigen,
wenn man sich versteckt und stille hält, wie eine erschrockene
Maus. Wie sollen die, welche die Sache leiten, denn
merken, daß sie es dir recht machen? Und wenn du mit
einer Sache zufrieden bist, mußt du nicht trachten, daß sie
Bestand habe und auf einen festen Grund gebaut sei? Der
festeste Grund für ein Regiment ist aber die lebendige Theil=
nahme des Volkes. Ein Großrath, der von einer Kirche
voll Bürger gewählt ist, hat ein ganz anderes Herz im

Leibe als einer, den einige Dutzend Männlein gewählt haben.
Er hat vor diesen gar keinen rechten Respekt und ärgert sich
über ihre kleine Zahl, statt ihnen dankbar zu sein. Wie?
Du bestellst zu jeder Jahreszeit, sei die Hoffnung groß oder
gering, dein Feld, damit es nicht an dir liege, wenn es
fehlen soll, und du bist zu faul, alle vier Jahre einmal den
Acker des Landes bestellen zu helfen, damit es nicht an einem
kräftigen Erdreich fehle, wenn etwas wachsen will? Du
magst nicht eine Stunde lang in die Kirche gehen, weil du
ein Schaf auskegeln mußt? Glaubst du, das werde auf die
Dauer Rathsmänner mit Haaren auf den Zähnen geben,
die von solchen Zufriedenheitsleuten nicht sowohl gewählt,
als wählen gelassen worden sind?

„Du pflügst und säest auf deinem Feld, ohne zu wissen,
was du erntest, und doch bist du nicht verdrossen, es zu
thun: da, wo du aber weißt, was du erntest, wo du dein
Schicksal in der Hand hast, da scheust du dich zu säen und
glaubst, es wachse dennoch. Zuletzt aber wird es nicht
mehr wachsen oder wenigstens nicht, was dir gefällt."

„Das ist alles recht," sagte Heiri, „wenn es nur auf
mich allein ankäme und wenn ein einzelner Mann die
Wahlen machte!"

Der alte Berghansli zuckte die Achseln und erwiderte:
„Das ist immer die Rede von deinesgleichen, und es ist eine
falsche Bescheidenheit, die Zwillingsschwester deiner unechten
Zufriedenheit. Wenn der Feind kommt, wenn Feuer aus-
bricht, wenn die Wasser austreten, so geht jeder ungeheißen,
und keiner sagt, auf den einzelnen Mann komme es nicht
an. Es ist eine Gedankenlosigkeit, wenn du sagst, nicht so
verhalte es sich mit der Ausübung stiller Bürgerpflichten,

wie die Wahlen zum Beispiel sind. Wenngleich unbemerkbar und langsam, so trägt im Gegentheil jeder einzelne Mann durch sein Wegbleiben zur allmäligen Abnahme des Allgemeinen bei, und jedenfalls möchte ich nicht immer mit Gewalt der sein, auf welchen nichts ankommt!

„Und wie steht es mit dir, Meister Peterli, du willst einen Stutzen kaufen? Das scheint schon was Besseres, als ein Schaf auszukegeln. Aber ist es deine wirkliche Ausrede, oder hast du auch einen höheren oder tieferen Grund, wie dein wackerer Zufriedenheitsbruder?"

„Ich könnte allerdings," antwortete der Jüngste etwas trotzig und finster, „den Stutzen ebensogut an einem anderen Tage kaufen, obgleich ich nicht gern in der Woche im Land herumlaufe. Aber ich will es nur gestehen, daß mich die Wahlen nicht viel kümmern!"

„Und warum nicht?" fragte der Alte.

„Weil," sagte Peterli, „ich nicht so denke, wie mein Bruder, sondern im Gegentheil unzufrieden bin, da alles am Schnürchen gezogen wird, wie jene Wiege, die eine listige· Bauernfrau der Kuh an den Schwanz gebunden hat, damit das Kind einschlafe, während sie Bohnen steckt!"

„Nun," rief der Alte, „so geh' hin, du Schwerenöther und hau' das Schnürchen ab!"

„Wie soll ich es abhauen?"

„Geh' zu den Wahlen, ruf': hoho! hehe! Mach' Lärm und sag': Da fehlt's, dort fehlt's, der gefällt mir nicht, er hat dieß und jenes gethan oder nicht gethan, den und den wollen wir wählen! Halte fest auf den, und wenn er nicht durchgeht, so unterziehst du dich bis zum nächsten Mal und hast deine Pflicht gethan."

„Das ist eben die Noth," sagte Peterli, „ich kenne niemand, dem ich stimmen könnte, es ist niemand um den Weg, es geht ja nichts vor, wobei man auf irgend Einen aufmerksam gemacht wird, es streckt keiner den Kopf hervor, der ein neues Gesicht hat —"

„Der Rathssaal," unterbrach der Alte ernst, „ist kein Schneiderladen, in dem immer neues Zeug ausgehängt zu sein braucht; die neuen Gesichter erweisen sich zuweilen als bloße Gesichter, an welche sich durchaus kein ehrwürdiger Schimmel der Zeit und Erfahrung ansetzen will. Wenn du aber niemand kennst, dem du deine Stimme geben kannst — wie willst du dazu kommen, Einen kennen zu lernen, wenn du allen öffentlichen Verhandlungen, sei es in Angelegen- heiten der Gemeinde, des Kantons oder der Eidgenossenschaft aus dem Wege läufst? Nur dort kannst du hauptsächlich beobachten, wie sich der und jener benimmt, und du mußt ein sehr unzugänglicher Gesell sein, wenn nach Verlauf einiger Zeit nicht irgend ein Mann den Eindruck auf dich macht, daß du ihn eher als einen anderen im Rathe sehen möchtest. Denn Einen von den Vorhandenen wirst du am Ende wählen müssen, wenn du überhaupt willst vertreten sein, da du nicht wirst warten wollen, bis gerade in deinem Wahlkreis ein solcher Prophet aufsteht, wie du ihn in deinem Kopfe ausgedacht· hast. Darin hast du Recht, daß du denjenigen so gut als möglich kennen lernen möchtest, dem du stimmen sollst; dazu ist aber nöthig, daß man selbst etwas Menschenkenntniß besitze und sich selbst auch Rechen- schaft zu geben verstehe über das, worauf es ankommt.

„Du bist Feldschütz; um so mehr sieh' drauf, daß der Rathsmann, dem du deine Stimme gibst, auch eine Art

Feldschütz sei, welcher auf unbestimmte Distanzen und ohne
künstliche Vorrichtungen zu schießen versteht auf dem Platz,
auf den er gestellt wird, das heißt, daß er sein eigenes
Gewissen frei und frank in der Hand trage, wie du deinen
Feldstutzen, und es Angesichts der Ereignisse zu brauchen
verstehe; kurz, daß er seinen Schuß selbst lade und ihn ab=
gebe auf sein eigenes Mannesgewissen und nicht so in das
verabredete Haufengewissen hinein, wo Einer sich hinter dem
andern versteckt, und alle sich gegenseitig mit schreckbaren
Reden Muth machen müssen.

„Sieh' zu, ob Einer ein Urtheil über die Dinge habe,
eh' er die Zeitung gelesen hat, und wenn es auch schlicht
und kunstlos ist, oder ob immer nur nachher.

„Sieh' auch zu, ob Einer in allen Fällen mit seiner
Meinung zum voraus fertig ist, eh' er die anderen gehört
hat, und mit dem Vorsatz in die Berathung geht, auf nichts
zu hören und keine Gründe auf sich wirken zu lassen; denn
statt eines solchen könnte man ebenso gut einen hölzernen
Mann hinschicken.

„Einem, den man nie einsam sieht, der nie eine freie
Stunde für sich lebt und denkt, sondern der jeden müßigen
Augenblick hinter den Karten zubringt, gib deine Stimme
nicht, außer es wäre denn ein sehr kluger Mann; denn es
gibt allerdings auch solche, welche in Gottes Namen einmal
nicht allein sein können und immer etwas treiben müssen.

„Einem, der bei jeder Gelegenheit mit allen Glocken
läutet, seine Gegner im Großen Rath verächtlich und lächer=
lich macht und ihnen nachher lachend die Hand drückt,
stimme bei Leibe nicht, denn ein solcher wird in den großen
Dingen nie etwas ausrichten!

„Stimme keinem, der um dich herum geht, wie die Katze um den heißen Brei, oder der dir ein Gesicht macht, als ob er dich fressen wolle, wenn du ihm nicht stimmst; und auch keinem, der dich fürchten würde, nachdem du ihn gewählt hast!

„Einem, der lügt, und wenn es auch für die gute Sache wäre, gib niemals deine Stimme, und endlich auch keinem Weinfälscher oder Kartoffelbrenner!"

„Gut," sagte Peterli, „da kann ich mich nur gleich auf die Beine machen, um alle die Beobachtungen noch bis um zwei Uhr anzustellen."

„Heute wirst du allerdings nicht mehr viel sehen können," erwiderte der Großvater, „aber um so nöthiger ist es, daß du den Anfang machst und gleich heute in die Versammlung gehst. Schon die Art, wie die Hervorragenden mit mehr oder weniger offenem Tone sprechen und wie sie drein schauen, wird dir für den Eint' und andern einen günstigen oder ungünstigen Eindruck machen, welchen du nachher bei anderen Versammlungen und Geschäften weiter verfolgen kannst. Wenn du z. B. einen siehst, der ruhig und in sich gesammelt auf seinem Platze verharrt und das, was er etwa zu sagen hat, ohne Zögern und mit Sicherheit vorbringt, aber mit wohlwollendem Blicke, so wird er dir besser gefallen, als vielleicht Einer, der beständig umherläuft, von Einem zum andern, sich geschäftig erweist, die Versammlung mit gierigen Habichtsblicken belauert und fortwährend wie von einem bösen inneren Feuer verzehrt zu sein scheint; obgleich damit nicht gesagt ist, daß dieser nicht vielleicht eine ehrliche, wenn auch ehrgeizige Haut und jener ein durchtriebener und listiger Patron sein kann. Aber dein Instinkt für jenen

kann dennoch der richtige sein, da die Selbstbeherrschung für
einen Rathsmann eine Haupttugend ist und niemals ohne
gute Früchte bleibt.

„Doch wie steht es mit dir, Meister Jakob? Du
scheinst mir den ernsthaftesten Abhaltungsgrund zu haben,
da du eine Frau suchen willst. Aber könnte man nicht
sagen, du würdest dazu ein besseres Recht erwerben, wenn
du vorher deine Bürgerpflicht erfüllst? Denn wenn du
Hausvater wirst, so bist du mit doppelten Banden an das
öffentliche Wesen geknüpft, welches lediglich aus den ge=
sammten Familien des Landes besteht und den Bestand
desselben schützt.“

„Nun,“ sagte der Brautschauer, „ich glaube, eine Frau
könnte ich auch morgen und übermorgen noch bekommen.
Aber offen gesagt, habe ich auch noch einen anderen Grund,
mich nicht stark um die Wahlen zu bekümmern, wenn etwas
Besseres zu thun ist.“

„Und das wäre?“

„Ei,“ fuhr Jakobli fort, „man hat mir gesagt und es
scheint mir auch so, unser kantonales Wesen mit seinem
Großen Rathe habe nicht mehr viel zu bedeuten, alles dränge
jetzt der Einheit zu, der Auflösung der Kantone in ein Ganzes,
des Kleinen in das Große, und da muß ich gestehen, daß
ich keine Freude habe, leeres Stroh dreschen zu helfen!“

„So?“ rief der Alte, fast heftig auffahrend, „pfeifst du
auch aus dem Loch? Was willst du mit deiner Schweiz
ohne ihre alten und neuen Kantone? Eine ausgefressene
Schüssel, ein leeres Faß würde sie sein, ein weggeworfener
Bienenkorb ohne Waben! Ein in ein Haferfeld, auf dem die
Rosse weiden, umgearbeiteter Garten würde sie sein! Nein,

er ist schön, der rothe schweizerische Bundes- und Waffenrock,
aber ein politischer Schmutzfink ist, wer nicht sein reinliches,
selbstgewobenes Hemd ehrbaren Standeslebens darunter trägt;
es ist stattlich, das rothe Ehrenkleid der Helvetia mit dem
Kreuz auf der Brust; aber höchst ehrbarlich und von gutem
Herkommen zeugend sind die zweiundzwanzig schneeweißen
Hemdchen, welche sie im Kasten hat, das Zürcherische mit
einem weiß und blauen Schildlein am Herzschlitz. Ohne
Bund gibt es keine Eidgenossen, ohne Kantone keinen Bund,
ohne Wetteifer im Großen und Guten keine Kantone: das
ist der Steinschnitt im Gewölbe unseres Vaterlandes.

„Daß aber unser Kanton in diesem Wetteifer rühmlich
vorangehe, das hängt von dem Großen Rath ab, den wir
heute zu wählen haben. Er soll eine Leuchte sein unter den
Kantonen in Erfüllung der Bundespflicht wie in Verwaltung
und Fortbildung seiner selbst, ein Erhalter der fruchtbringenden Manigfaltigkeit unseres Schweizerlandes, und hoffentlich wird die Zeit bald kommen, wo die Kantone von ihrer
ersten Verblüffung, welche sie über dem lustigen Getümmel
der neuen Bundeseinrichtung beschlich, sich erholend, von
ihrem Vorschlagsrechte Gebrauch machen und in eidgenössisch-
lebendiger Bewegung mit einander wetteifern.

„Also jetzt nur aufgebrochen und mitgekommen, wer ein
guter Eidgenosse und ein guter Zürcher ist, keines ohne
das andere, die Hälfte davon wird nicht angenommen!"

Die drei Wahlscheuen getrauten sich nicht länger, dem
Alten davon zu schleichen, sondern gingen willig mit ihm den
Berg hinunter.

Der schöne Maientag und der frische Muth des Greisen
weckten auch ihre Zürcherherzen auf und sie wurden noch

auf dem Wege, nach Art aller Neubekehrten, so eifrig für
die Sache, daß sie unter einander verabredeten, für die=
jenige Gemeinde, aus welcher verhältnißmäßig die wenigsten
Mannen werden gekommen sein, einen eigenen Ueber=
namen zu erfinden und ihn derselben anzuhängen für die
nächsten vier Jahre, bis sie von einer anderen Gemeinde
abgelöst sei.

Das Ergebniß der beendigten Wahlen war in diesem
Kreise eine Art Mittelgut, hausbacken und gewöhnlich in
der ruhigen Zeit, trotz einiger Aenderungen, welche statt=
gefunden in Folge natürlichen „Hinschiedes“ einiger Räthe.
In solchen Zeiten ist immer ein sanftes Gras nachgewachsen,
das nun zunächst steht und zum Blühen kommt.

Da wurde gewählt ein sogenannter Zehenstrecker, d. h.
ein Mann, auf den das Volk nicht aus freien Stücken ver=
fallen, den es nicht sehen würde, wenn er sich nicht bei
allen Wahlanlässen jedesmal auf die Zehen stellte, bettelnd
und schreiend die Hand erhöbe, wie die Kinder unter dem
Kirschbaum. Nachdem das Volk sich Jahrzehnde lang erst
nach dem Zehenstrecker gar nicht, dann etwas verwundert
umgesehen, wird es endlich aufmerksam und gibt ihm ver=
suchsweise und lächelnd die ersehnte Stelle. Denn er ist
über seiner ewigen Bewerbung ein geriebener Gesell geworden,
der einen anscheinend ordentlichen Geschäftsdunstkreis um
sich her aufgeregt hat. Eine Million Projektchen und Vor=
schläge hat er gemacht und jedesmal an den Wahlen in
Umlauf gesetzt. Ein Kanälchen hat er ausgeheckt, um die
Gemeindepfeffermühle zu treiben, die Erzielung einer Ziege
mit fünf Zitzen hat er erfunden und was dergleichen Dinge
mehr sind, aus denen zwar nie etwas wurde, die er aber in

hundert Versammlungen und Vereinen besprach, in der
Presse künstlich angreifen ließ und nachher vertheidigte. Er
handhabt die verdeckte Selbstangreifung wie ein Meister und
die Reklame wie ein Künstler.

Da er nur Einen Grundsatz kennt, der lautet: Wer
nicht für mich ist, der ist wider mich! so ist er je nach Um=
ständen jedermanns Freund und jedermanns Feind. Diese
Stellung weiß er dann immer für eine Parteistellung aus=
zugeben, obgleich er politisch so leer ist wie eine taube Nuß.

Ein solcher Zehenstrecker also wurde gewählt; denn das
Volk will zuweilen auch solche Käuze haben; es sorgt stets
für die Manigfaltigkeit und Vollzähligkeit der Gestalten
auf seinem Schachbrette.

Ferner wurde gewählt, ebenfalls spät, ein Alter, der sich
seit dreißig Jahren gegenüber jeder herrschenden Partei die
„junge Schule“ nannte, obschon er kein Härlein mehr auf
dem von Vorurtheilen vollgepfropften Schädel
trug. Dieser wurde gewählt, weil er unter den Unmündigen
und Frischkonfirmirten allerhand Schaden und Thorheiten
anrichtete und heimlich versprochen hatte, die jungen
Schuljahre nunmehr abzuschließen und die Zeit der männ=
lichen Reife anzutreten, wozu er jetzo in den schönsten
Jahren stehe.

Auch wurde ein sogenannter Früh=Gemeinnütziger ge=
wählt, d. h. einer, der schon vor seinem zwanzigsten Jahre
den gemeinnützigen Gesellschaften der Gemeinde, des Bezirkes,
des Landes und der Eidgenossenschaft angehört hatte und
nun nach wiederum zwanzig Jahren durch seine vielfachen
Missionen und Arbeiten einen ganz schätzbaren Vorrath
von Kenntnissen und Erfahrungen erworben und ein brauch=

19*

barer Redner über alles war, welcher der Gegend wohl
anstand.

Ein stiller Mann, welcher plötzlich eine Million geerbt,
wurde sodann gewählt, da man ihn für Steuern und Ge=
schenke fürchterlich zu schröpfen gedachte und hiefür in guter
Laune erhalten wollte. Schon hatte er eine neue Feuer=
sprike, ein Kirchenfenster, eine Orgel, drei Kadetten=
trommeln und eine Gemeindefahne gestiftet und mehreres
versprechen müssen.

Zum Schluß wurde ein noch stillerer Mann, ein be=
standener Parlamentshecht erkürt, als Vogt über diesen ganzen
parlamentarischen Nachwuchs, der denselben mit wenig
Worten in Ordnung zu halten und zum Nutzen der löblichen
Wählerschaft zu verwenden hatte.

Nach beendigter Wahlhandlung aber saßen die drei
Brüder in einem Hinterstübchen des Wirthshauses zusammen
und ermittelten nach ihren gemachten Erhebungen diejenige
Gemeinde, welche am schlechtesten vertreten gewesen, um ihr
den besagten Spiknamen zuzumessen und unter die Leute zu
bringen. Die Brüder selbst waren zwar bei ihrem Mangel
an Erfahrung in der Hast um ihre Stimmen gekommen, sie
wußten kaum wie, und ihr gemeinschaftliches krummgespiktes
Bleistiftendchen hatte sich, von einem eigenen Wahlkobold
beseelt, fast gegen den Willen der Schreibenden bewegt.
Jeder verschwieg den beiden andern, daß er gar keine rechte
Zufriedenheit an seiner Stimmgebung empfinde und sich für
übertölpelt halte.

Vielleicht gerade aus Aerger darüber war ihr Eifer
nun groß, und sie saßen mächtig zu Gericht.

Es ergab sich, daß es die Bürger von Nebenheim

waren, von welchen allein ein alter halbtauber Ehegaumer sich auf dem Platze eingefunden. Jakob, der die Frau hatte besehen wollen und nun der grimmigste war, eröffnete, nachdem die Namenfinder eine gute Weile fruchtlos gebrütet, seine Meinung dahin, daß „Nebenheimer" an sich ein guter Spitzname werden könne für solche, die überall daneben kommen; daß zwar der Titel des erschienenen Ehegaumers auch eine ironische Bezeichnung für alle diejenigen geben würde, welche so lässig ihres Rechtes warteten; daß aber endlich gerade die Anwendung des Namens der Nebenheimer auf alle trägen Bürger die empfindlichste und abschreckendste Strafe wäre, da gewiß künftig jede Ortschaft sich hüten würde, ihren erhabenen Namen einer solchen Gefahr auszusetzen.

Die zwei Beisitzer Jakob's, welche von allen den heutigen Verhandlungen ganz erschöpft waren, erklärten sich mit seinem Vorschlage einverstanden und übertrugen ihm auch, den vereinbarten Uebernamen öffentlich zu verkünden „auf ihm geeignet scheinende Weise", worauf sie sich stracks unter das junge Volk machten.

Inzwischen saß Vater Berghaus in einer Laube vor dem Hause, neben dem offenen Fenster des Berathungs= stübchens seiner Enkel, weit ab vom Getümmel der Leute, und schaute über die blühenden Felder hinaus. Indem er so in den Sonnenschein blinzelte und dabei ein röthliches junges Dornzweigelchen im Munde hielt, erspähte er den alten Ehegaumer von Nebenheim, der, seinen thurmartigen schwarzlackirten Strohhut wie ein Staatsmann in der Hand tragend, würdig einherschritt, an der Seite eine schlanke Mädchengestalt. Die Art, wie dieselbe ihre natürliche Rasch=

heit mäßigte und neben dem langsamen Gange des alten
Mannes die unnatürlich keck ausholenden Schritte elastisch
anhielt, gab einen gar anmuthigen, beinahe feierlichen
Anblick.

Berghansli erhob sich und winkte dem Paare, und es
näherte sich bald der Laube, während das Mädchen vorsichtig
einen schnellen Blick über den Platz warf aus ernsten braunen
Augen.

Da man von dem alten Nebenheimer sagte, er wolle
sich zu einer verheiratheten Tochter zurückziehen und wünsche
nun das gegenwärtige Mägdlein, das Kind einer andern
verstorbenen Tochter, das bisher bei ihm gelebt hatte,
irgendwo wohl anzubringen, da man nicht minder vom
Berghansli wußte, daß er einen seiner Enkel, und zwar den
Jakob, zu einer wackeren Verehelichung anhalte, um sein
häusliches Wesen noch vor seinem Tode fortgesetzt zu sehen,
so gewann dieses Zusammentreffen sehr den Anschein einer
verabredeten Sache.

Wie dem auch sein mochte, so geschah es jetzt, daß
Jakob gerade um die Ecke trat, um dem Großvater die
Schlußnahme wegen des Spitznamens und deren Tragweite
zu eröffnen, als auch der Nebenheimer mit der Jungfrau
anlangte, welche die goldene Kette ihrer Vorfahrinnen wie
ein Bürgermeister über den Spitzen und Stickereien ihres
Sonntagsstaates und einen grünen spitzigen Roggenhalm
gleich einem gestrengen Scepter in der Hand trug.

Jakob ließ den Mund, aus welchem er seine politische
Mittheilung hatte wollen ertönen lassen, so lange offen stehen,
daß die Fremde volle Zeit gewann, sich von ihrem Erröthen
zu erholen und dasjenige Benehmen innezuhalten, welches

bei solchen sogenannten ersten Zusammenkünften als ersprieß-
lich erscheint und weder etwas verdirbt noch vergibt.

Es war allerdings eine solche Zusammenkunft, wie sich
immer deutlicher zeigte. Jakob hatte seine Frau auf einer
Seite suchen wollen, die dem Alten nicht gefiel, und dieser
die Sache ohne jenes Wissen auf den Wahltag angeordnet.

„Siehst du," sagte er scherzweise, „du hast heute, glaub'
ich, eine Mädchenschau abhalten wollen und nun bekommst
du unverhofft noch die Allerschönste zu sehen!"

„Sie ist allerdings schön!" erwiederte Jakob immer noch
verwundert, daß er diese Entdeckung noch nie gemacht, und
ganz unbefangen.

Die Jungfrau aber wiegte ihren Roggenhalm und ließ
seine Blattstreifen unverfänglich durch die Finger laufen. Die
Begebenheit endigte für heute damit, daß Berghansli und
sein Enkel, nachdem die kleine Gesellschaft eine Erfrischung
zu sich genommen, den Ehegaumer von Nebenheim und seine
Enkelin eine gute Strecke Weges nach Hause geleiteten.

Auf dem Rückwege sagte Berghansli, indem er bei
Sternenschein ungesehen etwas lächelte:

„Wie steht's denn mit dem Spitznamen für die Nebenheimer, den ihr in der Stube ausgemacht habt? Hast du
die Sache besorgt?"

Ganz verblüfft antwortete der Junge: „Diese Teufelei
hab' ich bei Gott ganz vergessen! Allein — nun haben
wir da die Bekanntschaft der guten Leute gemacht; ich
glaube, das Mädchen würde mich dauern; auch ist ja ihr
Großvater der einzige, der gekommen ist!"

„Es ist mir recht," sagte der Alte ernster, „wenn dir
das Mädchen gefällt und ihr einig werden könnt. Wenn

die Sache mit dem Spitznamen aber nicht eine Thorheit gewesen wäre, da dergleichen nie etwas nützt, so würde ich doch sagen, es soll das erste und letzte Mal sein, daß du wegen eines Weibsbildes eine politische Thathandlung änderst oder unterläſſeſt! Siehſt du, Meiſter Jakob, so kommt es, wenn man von der Kälte in die hitzigen Anläufe hineinfällt. Immer gleich und ſtets geübt, das macht den Mann!"

Therese.
Ein Trauerspielfragment.
(1851)

Heidelberg, den 11. August 1849.

Konception eines Trauerspiels. Motiv: die Familienge-
schichte meiner Verw[andten] in Eg[lisau].

Eine reiche Wittwe von sechsunddreißig Jahren, welche eine
blühende Tochter von siebenzehn Jahren besitzt, aber selbst noch große
Lebenslust und Lebenskraft in sich fühlt, lebt in angenehmen pietistischen Verhältnissen, das heißt, sie hat sich einen frommen gesellschaftlichen Kreis gebildet, in welchem ein feiner pietistischer Ton herrscht.
Da durch glückliche Vermögensumstände ein solider Grund gelegt ist,
welcher die Rauhigkeiten und gröberen Verworrenheiten des Lebens
ausschließt, so hat sich eine gewisse scheinbare religiöse Lebensweisheit
ausgebildet, in welcher es den Leutchen ganz wohl ist. Man ist auf
pietistische Weise gemeinnützig und wohlthätig; man tauscht Gefühle und
Seelenerfahrungen aus; es gibt eine Menge propagandistischer Interessen und Geschäfte, welche zu besorgen dem sonst eintönigen Frauen-
leben Reiz und Abwechselung geben. Fremde Empfohlene kommen
und gehen, oft aus weiter Ferne; arme Kinder werden versorgt, es
wird auf die manigfaltigste Weise gewirkt. Ueber alles dieß ist ein
milder Ton der Mäßigung und der Bescheidenheit gegossen. Es wird
fein und delikat gelebt, aber mit einem schlichten einfachen Anstriche,
welchen auch die modernen Bildungselemente, die man aufzunehmen
nicht verschmäht, annehmen müssen.

So lebt die Frau, welche übrigens einen reichen Geist und
Energie verrathen muß, in geistlicher Sicherheit und scheint durch und

durch ruhig und klar zu sein. Die Tochter ist eine reizende Blume,
welche nichts zu thun hat, als zu blühen und die pietistischen Geschichten gehen nur so über sie hin. Was hätte sie auch unter allen
Umständen bisher anderes sein können als fromm?

Da kommt ein junger Missionär in's Haus, von edler äußerer
Bildung und schwärmerischen Augen. Er ist schon in Afrika gewesen
und hat wunderbare Abenteuer bestanden. Die ferne Zone gibt ihm
einen weitern interessanten Habitus.

In seinem Umgange wachen die Lebensbedürfnisse der Frau auf.
Sie hat ihren verstorbenen Mann nur wenige Jahre besessen und ist,
wie schon gesagt, noch hübsch und lebendig. Eine Kohle um die andere wird wieder glühend und sie hat die größte Mühe, die Gluth
nicht durch die zarte Decke ihrer äußern Lebensart durchbrechen zu
lassen. Sie findet aber bald einen Ausweg, indem sie sich entschließt,
dem Missionär ihre Hand und der Sache des Herrn ihr Vermögen
ganz zu geben. Indessen hat sich aber der interessante junge Mann
an die Tochter gemacht, aufgemuntert durch die Gönner und Freunde,
welche gerne den fetten Bissen in den Händen eines Auserwählten
sähen. Wie die Frau eben sich anschickt, sich zu eröffnen, hält er feierlich und förmlich, umgeben von dem ganzen salbungsvollen Kreise der
Freunde, um die Tochter an.

Sie ist natürlich durch ihr bisheriges Leben und durch den sittlichen Anstand gefesselt und muß augenblicklich gewähren lassen. Aber
von diesem Augenblick an erwachen die höchsten tragischen Leidenschaften in ihr, verstärkt durch ihre angeborene Energie und ihren
Geist. Von ihrer religiösen Sicherheit und Klarheit herab fällt sie
in eine wilde Ursprünglichkeit zurück, welche mit Gewaltthat und Ra-
serei endet.

Die Tochter indessen, unbefangen und rückhaltlos sich einer schönen Liebe hingebend, erfährt auch an sich ein tragisches Schicksal, nicht
nur durch ihre Mutter, sondern auch durch den Geliebten, indem sie
entdeckt, daß die blasseste Selbstsucht und Kälte in diesem äußerlich
edlen und aufgeschmückten Charakter verborgen ist. Gewissenlosigkeit
in einem frühern Liebeshandel kann allenfalls noch hinzukommen.
So bricht der ganze künstlich aufgebaute Gesellschaftskreis dieser feinen

Leute zusammen und begräbt unter seinen staubigen Trümmern den lieblichen Stern dieses Mädchens.

Die gewöhnlichen Ausmalungen und Anschuldigungen der Muckerei gröberer Art müssen übrigens hier ganz wegbleiben.

[Berlin 1851].

Verschiedenheit der religiösen Charaktere.

Jakob: gemüthlich und schalkhaft, religiöser Trinker, doch ehrlich.

Marthe [Elisabeth]: Religion des Egoismus; ihr Brot ist ihr Gott; Heuchlerin, alte Betschwester.

Röschen: reizendes naives Naturkind, welchem der anerzogene Glaube unschädlich umhängt wie ein Kindermäntelchen. Beim Aufgang ihrer Liebe tritt sie wie eine Blume frei aus dem zurücktretenden Kelche der konventionellen Religiosität heraus.

[Zürich 187.].

Therese: In der Exposition schlicht und achtlos gekleidet, ohne saloppe Nachlässigkeit, aber auch ohne Spur von Gefallsucht, ohne sichtbares Streben, diesen oder jenen Körpertheil hervorzuheben, auszuzeichnen u. s. w. Nicht einmal die Coquetterie einer Devotion in der Zugeknöpftheit und Bescheidenheit macht sich bemerklich. Später schüchterne Versuche, sich zu kleiden, zu schmücken, verrätherisch rührende, die wieder verschwinden. Zuletzt, am Pfingstmorgen, geht sie bräutlich geputzt mit jugendlichem Liebreiz in die tödtliche Katastrophe.

Zur Steigerung. Je mehr die Mutter in ihrer Leidenschaft zum Gefühl der unersetzlichen Einzigkeit heranwächst, desto stärker wird die Tochter in der ihrigen, indem ihr das Vorbild, Beispiel der Mutter als der ersten Autorität ihres Lebens, das Recht der eigenen Liebe, den Werth des bestrittenen Gegenstandes zu beweisen, zu erhöhen scheint und sie selbst zur Beharrlichkeit auffordert. So daß der Konflikt sich verstärkt, statt sich zu mildern, bis es zu spät ist.

[Berlin 1851].

Therese's Leidenschaft wird von einem objektiv beschaulichen Alten als Naturerscheinung mit Ehrfurcht rc. betrachtet, als eines jener Phä-

nomene, welche vor unsern erstaunten und erschreckten Augen plötzlich
vorüberziehen, bis sie in sich selbst zu Grunde gehen.

Es ist mehr in's Zeug zu gehen. Das Pietistische muß in den
Hintergrund geschoben, wo nicht ganz aufgegeben werden. Dagegen
soll auf größeren Reichthum der Beziehungen gesehen werden. Ein
plastisches äußeres Motiv muß die Handlung tragen. Die Lage des
Landhauses an einem gefährlichen Fluß (während sie sonst sonnig,
fruchtbar und gesegnet ist), kann hiezu mitwirken. Eine drohende
Frühlings-Ueberschwemmung, welche abzuwehren ist, begründet die
Exposition. Notharbeiten, Hilfebegehren und Verwirrung aller Art
treffen zusammen und geben der Heldin Gelegenheit, ihre Geistesruhe
und Thatkraft, ihr sicheres Urtheil zu zeigen. Der Liebhaber wird
als Ingenieur am besten durch das gleiche Motiv herbeigezogen. Im
Momente der Gefahr begegnet seine Ruhe und Ueberlegenheit der
ihrigen. Zugleich haben die empörten reißenden Fluthen des Stromes
etwas Verhängnißvolles. Während der hochgehenden und drohenden
Flut überfällt Theresen die Leidenschaft, die erst mit dem Tode in den
ruhig gewordenen Wassern ihre Erlösung findet.

Die Katastrophe auf Pfingsttag kann beibehalten werden; ein Fest,
welches die allverehrte Gutsherrin mit der Landjugend feiern wollte,
führt eine chorartige Menge dazu herbei.

Versuchsweise an die aristotelische Katharsis zu denken und sie
mit Absicht zu erzwecken. Hilft's nicht, so schadet's auch nicht.

Vielleicht ist folgende Nüance anzubringen: das niedere Volk ist
in seinen geschlechtlichen Neigungen und Verbindungen sorglos und
unbefangen; es geht, wie's gehen mag, und die Welt geht damit vorwärts. Die Gebildeten und Bewußten aber finden diese Seite des
Lebens erschwert; sie sind durch die eigene Bildung, Pflichten, Gewissen 2c. gebunden und fühlen sich verantwortlich, oder bilden sich
wenigstens alles dieß ein. Nun fährt die wahre Leidenschaft durch
dieß künstliche Gewebe.

[Vorletzter Akt.]

[Nacht. Garten.]

Therese. O du unbarmherzige Nacht, wie folterst du mich! Schläft denn Gott auch, daß diese dunkle Zeit, die keines Menschen Freund ist, so viel Macht haben kann über mein armes Herz? Gibt es keine Religion mehr für mich, wenn die Sonne untergegangen und die letzte Lampe ausgelöscht ist? Alle Fenster sind dunkel wie süß schlum= mernde Augen; jede Noth ruht, die ich sonst mit selbstzu= friedenem Gemüthe gelindert habe; nur ich bin wach und elend, verlassen und einsam in meiner sündhaften Gluth! Wo seid ihr, stille glückselige Gebete, ihr zarten verwöhnten Kinder meiner Seele? Alle geflohen! Und wenn Eines sich noch aus meinem Herzen ringt, so beginnt es unter elenden Seufzern und verwelkt unreif auf meinen trockenen Lippen, die nach seinem Munde dürsten! Du unglückliches Weib! — Unglücklich? — Wenn ich dieß wäre, so dürfte ich Gott anrufen, der das Unglück sendet — ich bin verlassen und gottlos, ganz verlassen; ich habe gebrochen mit ihm, weil ich nichts Wünschenswerthes in seinem ganzen Reiche kenne, wenn er mich nicht an die Brust des Geliebten legt. Er aber hat mir sie verwehrt, er hat mir die einzige Thüre des Para= dieses gezeigt — und hat sie darauf verschlossen! zu=, fest zuge= schlossen! — Mach auf, mach auf, o Herr! Ich kann durch keine andere Pforte eingehen in deine Herrlichkeit. Gib ihn, gib mir ihn, und ich will auf ewig mit ihm zu deinen Füßen liegen! Du bist ja die Liebe! Warum hast du ihn erschaffen, wenn er nicht geliebt werden soll von mir, die ihn allein so lieben kann, wie es ihm gebührt nach seinem

Weſen? Ich kann dich nicht mehr lieben, o Herr, wenn
ich dich nicht in ihm anbeten darf! Nein, nein, ich kann
es nicht; o verzeih' mir meine Sünde! Nein, verzeih' mir
ſie nicht! Ich vermag deine Gnade nicht zu genießen, wenn
ſie mir nicht aus ſeinen Augen ſtrahlt und von ſeinem
Munde lächelt. Ich kenne dich nur in ihm. Meine Augen
ſind zu ſchwach geworden, um dich in deinem reinen Glanze
zu ſchauen; ich ſehe dich nur in ſeinem Bilde, aber in dem=
ſelben ganz, wie dich ſonſt niemand erfaßt. Niemand! —
Man ſagt, ich habe eine Tochter und dieſe liebe ihn auch.
— Tochter, eine Tochter! Ich habe eine Tochter, ein ſüßes
Geſchöpf und habe doch nie geliebt, eine Tochter geboren
ohne Liebe, und jetzt, wo ich die Liebe habe, nimmt ſie
mir die Liebe, daſſelbe ohne Liebe empfangene Kind! —
Und ich mußte es gebären, dieſes Kind, damit es geliebt
würde von dem, den ich liebe, damit es das Brot eſſe,
welches ich eſſen, und die Luft athme, die ich athmen ſollte.
Sind das deine Wege, o Herr? Dann haſt du mich nicht
zum Leben, ſondern zum Tode erſchaffen; denn ohne ihn
gibt es kein Leben.

　　　O du armes zertretenes Herz! Womit haſt du dieſe
unſägliche Trauer verſchuldet? (Die Hand auf die Bruſt.) Hier,
hier ſteht es mit brennenden Zügen geſchrieben: Es gibt
keine andre Seligkeit für mich, als diejenige, welche ich
meiden muß! Ich fühle es nun wohl, o Gott, daß ich dich
unwiſſend betrogen habe mit meiner Liebe zu dir. Wie
bleich, wie matt war jene Innigkeit gegen dieſe Inbrunſt,
welche mich jetzt durchlodert! O, ich kann mir nicht helfen,
ich bin verloren, denn ich muß dieſe Gluth als die ſtärkere
und ſiegreiche anerkennen. (Auffahrend.) Und wer will mich

verdammen? (Weich.) Wer hat die beiden Lebensströme aus
einander geleitet? Laßt mich sterben, so will ich eine
fromme wunschlose Heilige werden! Aber so lange ich durch
dieses Herz lebe, so lange muß ich jenen lieben. Sterben?
— nein! Ich darf es nicht. Meine einzige Pflicht ist zu
leben, zu leiden — und zu lieben! Wenn ihr das Blut in
meinen Adern umkehren und rückwärts treiben könnt — dann
will ich mich bessern!

(Sie setzt sich auf eine Bank und schließt träumerisch ihre Augen.
Nach einer Weile:) Wart, du süßer Freund! Ich will dir
Blumen brechen. (Sie geht umher und pflückt einen Strauß. Sie
setzt sich wieder, die Blumen betrachtend.) Wo kommst du her, du
lieblicher Lenz, der mich durchschauert? Auf welchem Stern
hast du geweilt? Sei mir tausendmal gegrüßt! Sag, du
schönes geheimnißvolles Kind, ist es dir nicht wohl an
dieser sehnenden Brust? O, es muß dir hier gut sein! Wie
manches Jahr habe ich diese Rosen gepflanzt, gepflegt und
gebrochen — aber meine Hand hat nicht gezittert und mein
Herz hat nicht geklopft! Mich dünkt, es war ein dumpfer
Traum, nein! ein bewußtloser Winterschlaf. Jetzt bin ich
wach und lebendig. Wie schuldlos und rein seid ihr, ihr
liebsten Rosen, und doch seid ihr die irdischen Kinder ieser
Erde, die Blumen der Liebe! Ja, ihr muntert mein Herz
auf und scheltet nicht, ihr flüstert und plaudert wie Schwe-
stern mit meiner Liebe. Wie heimlich froh blüht und lacht
ihr durch die Nacht! Vermag etwa der bleiche Sternenschein eure Röthe zu dämpfen? O, ich seh' ganz deutlich,
wie schön roth ihr seid. (Sie drückt ihr Gesicht in die Rosen.)
Mir ist, ich müsse euch sogleich auch an seine Augen pressen.
Er muß kommen, er muß hier sein! (Aufhorchend. Man hört

Schritte.) Er kommt, er kommt! (Aufspringend.) Da ist er!
Wer sagt nun Angesichts meiner triumphirenden Ahnung,
daß meine Liebe kein Recht habe? Wer wagt es, dieses
schnell erfüllte Sehnen zu schmähen? Wer sagt mir, alles
sei ein Trug? Weg mit gestern, weg mit morgen! Ich kenne
von aller Zeit nur diesen Augenblick.

(Richard tritt auf.)

Therese. Sind Sie's, Richard? — Sehen Sie, ich
habe geahnt, daß Sie im Garten wären.

Richard. In der That ist diese herrliche Nacht wohl
geeignet, verwandte Seelen zu vereinen. Ich habe nie eine
schönere Pfingstnacht erlebt. Keine Spur von dem her=
kömmlichen nächtlichen Pfingstgewitter unserer Poeten: nicht
im gewaltsamen Rollen des Donners, nicht in abgerissenen
Zuckungen des Blitzes kommt der heilige Geist über die
Welt. Nein, klar und gleichmäßig wallt er von Stern zu
Stern. Die Nacht ist überall still und heiter von innen
heraus gleich einem großen Diamant. Und sanft verbreitet
sich das feine Licht durch alle Geschöpfe. Es ist mir, als
ob mir das Herz im Leibe leuchte und schimmere. — Ich kann
Ihnen nicht sagen, wie glücklich ich jetzt bin, verehrte Frau!

Therese (drückt ihm rasch den Rosenstrauß an's Gesicht). Da
schauen Sie her! Diese Rosen habe ich soeben für Sie
gepflückt. Es ist Ihnen also wohl in meinem Hause? Nicht
wahr, Sie sind uns doch recht gut, liebster Richard?

Richard (nimmt den Strauß). Liebste Mutter —

Therese (wendet sich erschüttert weg). Mutter! — Eisiges
Wort!

Richard (ausdrucksvoll). Theuerste Mutter, nur durch
Ihre Gegenwart ward es möglich, daß mein schönes seliges

Glück noch einen Reiz mehr gewann. Möchten Sie ganz
erkennen, welch eine andächtige Hingebung mein Herz für die
Mutter seiner Geliebten fühlen muß! — Es lebt mir ein aller=
liebstes Mütterchen in der Heimath*), und ich kann mir
Welt und Leben in keiner Weise ohne sie denken; aber ich
bin ruhig und unbefangen dabei. Doch das Band, das
mich an Sie knüpft, liebe Mutter meines Röschens, hat
etwas Ungewohntes und Schönes für mich. Wenn ich mich
Ihnen nahe, so klopft mein Herz beinahe so stark, als wären
Sie Ihr Kind selbst. Es wird mir warm unter Ihren
Augen, deren Abglanz diejenigen Ihrer Tochter sind, und ge=
rührt wünsche ich alsdann immer Ihnen so recht wohl zu
gefallen.

Therese (für sich). Wie schöne Worte spricht er! Gol=
dene Brosamen, nach denen ich Bettlerin hungrig hasche!
Ja wohl, goldene Brosamen! Das ist das rechte Wort!
Goldstaub! Er verwundet mir die lechzenden Lippen und
nährt mich nicht.

Richard. Wohl habe ich bei meinem Streifen durch
die weite Welt immer die beglückende Sehnsucht gefühlt, daß
ich wenigstens in Einem menschlichen Herzen ein heimathliches
Kämmerchen habe, darin mein Name warm gebettet ist, in
dem Herzen meiner Mutter. Aber nach und nach schien sich
mir das von selbst zu verstehen, und je mehr das fliegende
Leben mich ernst daran mahnte, daß jenes theure Herz end=
lich auch einschlafen werde, desto deutlicher begann ich mich

---

*) Randbemerkung Gottfried Keller's: „Zu ändern! Er steht ganz
allein, hat nie Eltern gekannt und gewinnt nun mit der Braut auch
eine Mutter, welche selbst wieder eine herrliche Erscheinung ist, so daß
das alles ihm fast zu vornehm schön vorkommt."

Gottfried Keller's Nachlaß.   20

dann nach einer neuen Heimath zu sehnen, die sich mir
freundlich aufthun möchte, noch ehe jene sich geschlossen hat.
Es zeugt vielleicht von einer verweichlichten Seele, allein ich
bin überhaupt nicht so scharf geschliffen, beste Mutter, wie
es den Anschein hat. Und nun, da mir die zarte Brücke so
leicht und wohl gebaut ist von einer Brust an die andere,
der gefürchtete Uebergang so glücklich vermittelt, nun, da
mein Leben und Lieben so schön herüber webt von der alten
Heimath in die junge und aus dieser wieder einen sonnigen
erquickenden Strahl des Frühlings hinüber trägt in jene,
nun darf ich ohne Erröthen mich meines gelungenen Glückes
freuen!*) Ich bin nicht mehr einsam nach der Seite des
Lebens hin und der kommenden Tage; lebensfroh darf ich
vor= wie rückwärts schauen. Und Ueberfluß ist mir sogar
geworden, wenn das Wort nicht Sünde ist: denn durch das
Kind, welches mich liebt, ist auch eine zweite Mutter ge=
zwungen, mich in ihr Herz aufzunehmen, und ich bin fast
übermüthig froh im Bewußtsein dieser schönen Geborgenheit
meiner Seele. Liebe, liebe Mutter!

Therese (für sich). Mutter, und immer Mutter! Zehn=
mal in einem Athemzuge spricht er das Wort aus, und jedes=
mal senkt er mir ein Messer in's Herz mit lächelndem Munde!
(Sich vergessend, laut, doch gemäßigt:) Mutter! Süßer heiliger
Name, Stolz und Zierde des Weibes! Wie, wie hat es ge=
schehen können, daß du mir ein Wort des Schreckens und
des blutigen Vorwurfs geworden bist? Schauder und Grauen
durchfahren mich bei deinem Klang und wechseln ab mit dem,
was noch schlimmer ist, mit Neid und Trotz gegen die ewige

---

*) „Das egoistische Preisen des eigenen Glückes ist zu vermeiden."

göttliche Ordnung. Ich bin Mutter und darf nicht an mein Kind denken, Mutter, und wüthe gegen mein eigenes rosiges Blut! Mutter! Wort des Lebens — für mich das Losungs= wort des Todes und des Wahnsinns! (Sie verhüllt ihr Gesicht).

Richard. Wie? Was ist Ihnen, theure Mutter!

Therese (außer sich). Mutter! Hast du denn keinen andern Klang in deiner Kehle, als diesen? (Schmeichelnd.) Wie kann ich deine Mutter sein, du großer lieber Junge? (Lacht.) Ein wunderliches Mütterlein! (Schüttelt sich.) O ich verwirre mich, mein Sinnen dreht sich wie ein Kreisel herum — halt mich), Richard, ich schwindle —

(Richard steht erstaunt und ungewiß).

Therese (an ihn gelehnt, preßt beide Hände an ihre Brust). Fliege, poche, brich auf, du beklemmte Brust! Du kannst nicht? Du hältst wie Stahl die wilden Dämonen zusammen und zwingst sie, sich gegenseitig auf dem Platze aufzureiben, bis alles, alles todt und still ist! Reißt, stecht, verschlingt einander, wühlt das innerste Herz auf! — O, so wild kann es nicht zugehen in dem Busen einer wahren Mutter! Ich fühle, wie jung ich bin, an der Wuth dieses Sturmes. (Sie tritt nahe vor Richard hin). Bin ich nicht jung, lieber Freund? (Reißt ihre schweren braunen Haarflechten aus einander; heftig). Sind das nicht schöne braune Haare? Ich will alles Hei= lige verläugnen, wenn du ein graues entdeckst! Sieh' mir 'mal in die Augen! Ist dieser heiße Glanz der Schimmer mütterlicher Huld und Milde? Sieh' doch hinein! (Abgewendet.) Weh mir, was thu' ich! (Sie wirft sich auf den Boden und ver= birgt ihr Gesicht auf der Gartenbank).

Richard (tritt erschrocken hinter sie, schüchtern). Verehrte Frau! Kaum weiß ich mich zu benehmen. Besinnen Sie sich!

20*

Ich fürchte, daß ich, ohne es zu wollen, einen Blick gethan habe in irgend ein verborgenes Leiden, welches zu kennen mir vielleicht noch nicht zukommt, da man mich ohne Ahnung desselben gelassen hat. Ich bin erschüttert. Indessen bis es mir gestattet ist, auch im Leide die Treue meines Sinnes zu beweisen, eile ich, Rosalien wecken zu lassen, welche bis dahin hier eher am Platze sein dürfte als ich. Fassen Sie sich, beste Mutter! (Will gehen.)

Therese (aufspringend, führt ihn zurück). Halt, bleib! Du mußt da bleiben, Richard! Nur noch einen Augenblick habe Geduld! Ja, es ist ein Unglück da, ein großes Unglück und du mußt mir nun helfen, es zu überstehen. Du wirst es können, Richard, du bist ein lieber gescheiter Mann! O, sei recht stark und klug — ich will dir alles sagen! Erschrick nicht! (Faßt seine Hände.) Versprich mir nur eins — halt, schweig noch! — Versprich mir, daß du mich immer achten und lieben willst, wie du es jetzt thust, daß du mich immer, immer im Herzen behalten willst, immer, was nun auch kommen mag! — Willst du, kannst du das?

Richard (küßt ihre Hand). Wie könnt' ich anders? Mein Inneres ist fest und unauflöslich mit dir verbunden, liebe Mutter, so wohl wie mit deinem Kinde, selbst wenn wir äußerlich durch ein Unerhörtes noch getrennt werden sollten. Mein Leben gehört Euch, nehmt und braucht es wie Ihr wollt!

Therese (entfernt sich von ihm, nach Athem suchend). Fassung! Ja, ich will mein zerrissenes Herz aufschließen, ich will mich den guten Kindern offen in die Arme werfen, daß das Leid gemeinsam werde. Vielleicht löst das vertrauliche Wort den bösen Zauber. — Richard! Sie sind der Bräutigam meiner

Tochter — ich bin die Mutter, und — ich liebe Sie auch! (Richard läßt unwillkürlich den Blumenstrauß fallen.) Seien Sie betrübt, aber entsetzen Sie sich nicht so! — Ich bin krank, wahnsinnig. — Fragen Sie nicht, wie es gekommen ist! — Ich habe nie, nie geliebt bis jetzt — so seltsam es klingen mag — ich habe das Leben nie gekannt. — Ich bin außer mir — ich kann mir nicht mehr selbst helfen. — Im ersten Augenblick, da Sie in mein Haus traten, hat es mein Herz getroffen und eben, da Ihr zu mir kamt und mir Eure Vereinigung gestanden, eben da war ich im Begriffe, Ihnen Herz und Hand selbst anzubieten! — Das ist es. Das ist alles. — Ich sterbe vor Elend. Steh' nicht so erstarrt! Ich vergehe vor Scham. — O Gott, sagen Sie etwas!

Richard. Und soll das, was ein ganzes Leben voll Weh bereiten kann, mich nicht eine Minute lang sprachlos lassen?

Therese. Wohl, wohl! — Aber nehmen Sie sich zusammen! Ich darf keine Liebe fordern, aber Trost und Klugheit verlang' ich von Ihnen, Klugheit für uns alle. In dir ist mein Gott verschwunden, von dir verlang' ich seinen Rath. Sage mir, wie ich auf die beste Art sterben kann!

Richard. O mein Röschen, wenn du es nur schon überstanden hättest!

Therese. Röschen! Das ist's! Ich habe das unselige Wort gesprochen, und schon ballt es sich zur donnernden Lawine, die uns alle verschlingt.

Richard (schweigt eine Weile). Nein doch, nein! Es ist unmöglich, daß wir so elend werden. Dazu sind wir — wie soll ich sagen — zu ordentliche, zu artige Leute mit

klarem Blicke und gesundem Herzen. Wir lassen uns nicht
so leicht über den Haufen werfen, nicht wahr, liebe Therese?
(tritt ihr näher.) Hören Sie, Sie haben mich, halb Ernst,
halb Scherz, einen Heiden genannt, und legten mir die
ruhige Gelassenheit, mit welcher ich bis heute durch's Leben
schritt, als Gottlosigkeit aus. Diese Gelassenheit ist mir ein
goldener Sarg für manches innere Weh, ein wohlgefalteter
köstlicher Schleier für mehr als ein Leid gewesen, und sie soll
mir auch über diesen Sturm hinaushelfen, er mag enden,
wie er will. Ich kann sie nicht auf Sie übertragen, diese
weltliche Tugend; weiß ich doch kaum, ob sich meine Braut
schon so innig genug in mich hinein gelebt hat, um auf
meine Weise das Unglück zu besiegen. — Aber gehen Sie in
sich, theuerste Frau! Sie sind eine strenge und fromme
Christin, ich kenne trotz meines Heidenthums alle Lehren
und Trostgründe Ihres frommen Glaubens, sie sind all=
mächtig für das gläubige Herz. Soll ich Ihnen dieselben
hervorrufen helfen?

    Therese. Still! Du sprichst umsonst. Das habe ich
alles durchgekämpft. Zuerst glaubte ich auch leichten Spieles
fertig zu werden durch das, was ich Religion nannte. Aber
ich mußte bald erfahren, daß meine Liebe zu dir mit der
Liebe zu Gott rang, wie ein ebenbürtiger Bruder, welcher in
meinem Herzen den Sieg behielt, wie jedes verfolgte Kind,
welches aus seinem väterlichen Hause verstoßen werden soll.
Und meine Liebe wurde so vollständig Sieger, daß meine
Religion gänzlich in ihr aufging und mit ihr Eins wurde.
Und alle ihre Waffen nahm sie mit oder vernichtete sie vor
ihrer Uebergabe.

    Richard. Sprechen Sie nicht so! Sie müssen sich er=

kennen und bezwingen! Nehmen Sie an, daß Ihr Gott,
dem Sie Ihr ganzes Leben durch Treue und Ergebenheit
gelobt hatten, daß er Sie endlich prüfen wollte. Sagen
Sie selbst, von welcher Seite konnte er Sie anfassen bei
Ihrer sonstigen Abgeschlossenheit, Sicherheit und völligen
Ruhe, von welcher Seite konnte er Sie fassen, als gerade
bei Ihrem innersten Herzen? Welchen Kampf durfte er
Ihnen bieten, als den schönsten aller Kämpfe, wenn er
glorreich bestanden wird? Sollte er Sie in Armuth und
Elend stürzen? Sie würden gelächelt und ihn gepriesen
haben, daß Sie nun auch äußerlich seinem Sohne gleichen
dürften, wie er auf Erden wandelte. Sollte er Ihr Kind
nehmen und in's Grab legen? Sie hätten sich seinem
unveränderlichen Rathschluß gebeugt und gesprochen: Ihr ist
wohl geschehen! Sie hätten in Ihrer Trauer hundert Gründe
aufgefunden für den harten Schlag. Nein! Um Ihre Ergebenheit recht auf die Probe zu setzen, mußte er Ihnen eine
Liebe in's Herz senken, welche unentbehrlich und nothwendig
schien, und hernach sagen: Ich will, daß du diese Liebe um
meinetwillen bekämpfst und unterdrückst!

Therese (bitter). Spotten Sie der Pietistin!

Richard (erschrocken). Sollt' ich das?

Therese. Es fehlte nur noch, daß Sie mir die Geschichte von jenem Patriarchen erzählen, dem Gott einen Sohn
gab und darauf befahl: Schlachte ihn zu meiner Ehre! Nur
schade, daß er mir mein Opfer nicht zurückgeben kann, selbst
wenn ich es ergeben und freudig bringen wollte!

Richard (seufzt). Ich weiß nichts mehr zu sagen. Ich
bin ein schlechter Prediger.

Therese. Nein, Richard! Ich fühl' es, dieser Vulkan

muß ausbrennen bis auf die letzte Kohle und Ihr armen
Kinder könnt nichts thun, als trauernd in die zusammen=
sinkende Gluth sehen, in deren letztem Funken erst meine
Leidenschaft zu dir verglimmen wird, geliebter Mann! Und
jedes deiner Worte verstärkt mir die Gewißheit, daß es ohne
dich kein Heil für mich mehr geben kann. Hier, in dem
Scheine dieser klugen durchdringenden Augen, an diesem
ruhig warmen Herzen kann man leben und sonst nirgends,
nirgends! (Sinkt an seine Brust, in heftige Thränen ausbrechend.)

Richard (hält und küßt sie). Und schlägt dieses Herz
nicht auch für dich, so lang es schlägt? Lerne nur, dich zu
ergeben! Es wird und muß gehen.

Therese. Laß mich ruhen! Ich bin sterbensmüd.

Richard (hält sie sorgenvoll im Arm.)

Röschen
(kommt, sieht die Gruppe und bleibt etwas überrascht hinter derselben
stehen).

Richard. Soll ich den frevelhaften Wunsch aufkommen
lassen, niemals dein Haus gesehen zu haben?

Röschen (vortretend, schlägt beide sanft auf die Schultern).
Richard! Mutter!

Therese (schaut auf). Verbirg mich!

Röschen (umarmt Theresen). Um Gottes willen, was ist
dir, Mütterchen? Wie kommt Ihr hieher? Was ist ge=
schehen?

Richard (in Verwirrung). Die Mutter ist krank, ernst=
lich, liebes Röschen! Erschrick nicht! Es wird schon besser
werden. (Zu Theresen, schmeichelnd.) Liebste, liebste Mutter, wollen
Sie nicht zu Bette gehen? Vertrauen Sie auf die helle,
warme Morgensonne! Sie wird nicht lange mehr ausbleiben

und uns alle aufheitern. (Er sucht sich von ihr loszumachen; sie schmiegt sich nur fester an ihn.)

Therese. Nein, nein! Es ist aus, es ist zu Ende.

Röschen (in der größten Angst). So sag' nur, Richard!

Richard. Gott! Ich weiß selbst nicht — ein Schrecken, ein Irrthum — — geh' mit der Mutter zu Bett'! Ich will in der Stube nebenan wach bleiben, bis es Tag ist. Es wird sich alles geben. (Macht sich los und sucht Mutter und Tochter sanft fortzubringen.)

Therese. Bis es Tag ist? Nein, es muß sich vorher geben. Ich will den bittern Kelch ganz leeren. Merk auf, mein Kind! Du sollst richten über deine Mutter! Ich —

Richard (faßt sie beim Arm). Unsinnige! Schläft denn die Mutter ganz in Ihnen?

Therese (lauter). Laß mich! Es ziemt dem Kinde, mit seinen Eltern zu leiden. Zugleich ist es eine Buße für mich, die einzig mich vielleicht retten kann. Hörst du, Röschen? — ich liebe — deinen Bräutigam.

Röschen (tritt einige Schritte zurück, sodaß Richard zwischen beide Frauen zu stehen kommt). Meinen Bräutigam? Wie denn, Mutter, liebst du ihn? So — wie — wie ich?

Therese. Wie du ihn lieben solltest; denn es ist un= möglich, daß du ihn so liebst wie ich.

Röschen (wird bleich; alle sind stumm, dann:) Jedem an= dern Weibe würde ich auf dieß Wort voll Stolz und Freude in's Gesicht lachen und sagen: Glaub' es immerhin! Er ist doch mein! Was soll ich zu meiner Mutter sagen? — Richard!

Richard (nimmt sie in den Arm und küßt sie, dann führt er sie schnell zu ihrer Mutter hin). Sag' ihr, daß du ihr gutes und

treues Kind bist bis zum Tode! (Mutter und Tochter liegen sich
in den Armen.)

Röschen. Gott! Mütterchen, es kann ja nicht sein!

Therese. Ich weiß ja wohl — sei nur nicht hart mit
mir! — Ich kann nicht mehr. Führ' mich in's Haus, mein
Kind! (Therese und Röschen gehen. Letztere sieht sich noch einmal
schmerzvoll nach Richard um, Therese bemerkt es und reißt sie haftig
mit sich fort. Beide ab.)

Richard (ihnen nachsehend). Ich will ein Röschen brechen
und sehe jetzt erst den Abgrund, an welchem es blüht.
Konnten meine Schritte mich nicht vorüber tragen an diesem
unheilvoll seligen Hause? Und doch kann ich mir nimmer
denken, daß ich nicht hier gelebt und geliebt haben sollte.
Seltsames Leben! Zwei Drittheile der Menschen sind Steine
und die übrigen müssen sich in dem Ueberflusse ihrer Lebens-
gluth selbst verzehren! (Langsam ab.)

(Nach einigen Augenblicken kommen **Heinrich** und **Marie**
mit verschlungenen Armen lustwandelnd.)

Heinrich. So, nun schleiche dich sachte hinein, liebster
Schatz, daß es niemand hört! Es wird bald Morgen sein.

Marie. Das heiß' ich aber geschwärmt! Ich muß
mich wahrhaftig schämen vor mir selber. Und doch sind
wir so hübsch und gut gewesen diese Nacht. Es ist gar zu
schön am Wasser hinauf zu gehen. Die reichen Leute haben's
gar zu gut! Sie genießen und verschlucken die schönen
Mainächte so recht expreß, wie für's Geld. Es wär' mir
nie zu Sinn gekommen, daß es jetzund so schön draußen
wär nächtlicherweis, wenn unsre Liebschaft mich nicht drauf
geführt hätte.

Heinrich. Ich glaub' immer, die Gestalt am Wasser,

die du für einen Geist gehalten, ist kein Geist, sondern auch
so eine vornehme Person gewesen.

Marie. Kann wohl sein. Das weiße Kleid, es sah
fast so aus, wie das, welches ich gestern für unser Röschen
gebügelt habe, und das sie heute trug. Sie ist ja auch ver=
liebt und ich gönn's ihr von Herzen. Nur ärgert's mich, daß
der kleine Backfisch so dick thun darf mit seinem Heirathen,
und ich mit meinen ehrlichen fünfundzwanzig Jahren soll
mich schämen und vor allen Menschen verkriechen!

Heinrich. Laß das! Deine sechs Wochen sind bald
herum und dann gehst du, wie gesagt, zu meiner Schwester,
bis mein halbes Jahr auch alle ist, und hernach wird ge=
heirathet aller Welt zum Trotz.

Marie (küßt ihn). Und dann will ich so verrückt arbeiten,
daß es aussieht, als hätte ich so viel Hände wie der heid=
nische Götz, über den wir so viel gelacht haben, weißt du?
in dem Traktätlein, das mir die Frau neulich gegeben hat.

Heinrich (lacht). Richtig! Aus Indien, glaub' ich — ein
komischer Kerl! Sieht aus wie ein Rad ohne Felgen. Da
hat mein Herr schönere Götzenbilder in seinem Studiernest,
alle von Gips. Besonders eine Weibsperson ist darunter,
die ist fast so schön gewachsen wie du, wenn sie noch ein
klein wenig fester wäre. Die müssen schwerer auszutreiben
gewesen sein durch unsre Missionäre. (Faßt sie um den Leib,
sie küßt ihn.)

Marie. O je, wenn meine Frau wüßte, wie gut es
ist, wenn man einen Liebsten küßt, so würde sie mich gewiß
nicht fortjagen.

Heinrich. Du Kindskopf! Vielleicht weiß sie's eben
und kann doch nicht und schickt dich deßwegen aus Neid fort.

Marie. Nein, das doch nicht. Wenn sie wirklich weiß und meint, daß etwas gut und gedeihlich ist für Unsereinen, so gönnt sie es von Herzen. Sie ahnt eben nicht, wie gut es mir anschlägt. Jetzt mach', daß du fort= kommst, du Lästermaul! Wart', ich will dir noch einen Strauß auf den Sonntagshut geben, morgen ist Pfingsten! (Sie will an ein Blumenbeet gehen und findet den Rosenstrauß, welchen Richard fallen gelassen.) Ei, schau, da sind' ich's ja schon ge= büschelt und gebunden!

Heinrich. Zeig' her! Das kommt gewiß von unserm weißen Gespenst. Es spukt hier auch herum. Fürchtest du dich nicht?

Marie (leiser.) Jetzt gar nicht mehr. (Sieht sich um.) Ich glaub', wir sind nicht die Ersten, die hier geküßt haben. Da nimm die Hälfte und steck' sie morgen hübsch auf den Hut! Die andere steck' ich vor die Brust, und wenn wir zur Kirche gehen, so soll den Blumen kein Mensch an= merken, daß sie beisammen waren. Nun gut Nacht! In zwei Stunden muß ich wieder 'raus. Ich hab' aber doch noch keinen Schlaf.

Heinrich. Doch, ich will tüchtig schlafen, bis es zur Kirche läutet. Gut Nacht, Herzkind!

Marie. Schlaf' wohl! (Ab zu verschiedenen Seiten.)

(Ende des Akts.)

[Letzter Akt.]

(Früher Morgen. Saal.)

Jakob (aufräumend). Wahrhaftig, man sollte nicht meinen, daß heute heiliger Pfingsttag wäre. Keine Seele rührt sich im Hause. Alles wie ausgestorben! Und sonst an diesem hohen glanzvollen Tage war die Herrin immer zuerst munter. Mit dem ersten Morgenstrahl ergieng sie sich schon in der Gegend umher. Eine holde Sehnsucht schien sie zu bewegen und man mußte ihr die heilige Schrift hinaustragen unter die grünenden Bäume, unter den offenen heitern Himmel. Da blieb sie und las, unterbrochen von anmuthigen Träumen und Gesichten aus einem glückseligen Lande, bis das helle Glockengeläute uns alle in das Haus Gottes rief. Und jetzt steht die Sonne schon eine gute Spanne hoch über den Wäldern und noch ist kein Schritt in diesem Hause gehört worden als der meinige.

Elisabeth (kommt unruhig). Gott gebe Dir einen fröhlichen Tag, Jakob!

Jakob. Danke schön, liebe Elisabeth!

Elisabeth. Was ist denn das für ein wunderlicher Morgen? Wollen sich denn die frommen stillen Sitten und Gebräuche in diesem Hause vor unsern alten Augen ändern, noch ehe wir dieselben geschlossen haben? Freilich es ist sämmtlich junges Blut, das haben wir vergessen, und Jugend hat keine Tugend.

Jakob. Ei, sieh, das hätt' ich vorhin fast auch gedacht. Aber laß die Kinder machen! Einmal verschlafen ist nicht allemal.

Elisabeth. Du lieber Gott! Wenn sie nur schlafen würden!

Jakob. Ei, du erschreckst mich vollends. Was ist's?

Elisabeth. Ich bin schon eine gute Weile vor Tag erwacht und habe mich im Herzen gefreut über das heilige Fest. Ich hab' es nun zum sechsundsechszigsten Mal erlebt und kann sagen: Der Herr hat mir Gutes gethan; er hat mir jeden Tag mein Brot gegeben und meinen Geist wach erhalten und mein Gemüth ruhig in diesem Hause, dem ich von Jugend an gedient habe. Darum bin ich auch leise heruntergeschlichen, unsere Frau zu wecken, weil ich noch nichts von ihr sah und hörte; und ich bin doch gewohnt gewesen von jeher, daß sie an solchen Tagen zuerst munter und fröhlich ist, und ich habe gedacht, es wär' jammerschad, wenn sie den feierlichen Morgen zum ersten Mal verschlafen sollte. Ich klopf' an ihre Thüre — — kein Laut — ich thu' auf und geh' hinein: da ist das Bett unberührt und bedeckt wie gestern Abend und ihre Nachtkleider hängen am Nagel und ihr Waschwasser steht ungebraucht auf dem Tisch und keine Frau zu sehen und zu hören. Und ich geh' hinein in's andere Zimmer, wo Röschen schläft: die sitzt aufrecht im Bett wie eine Bildsäule. Und als ich zum Tod erschreckt fragen will, schickt sie mich hinaus auf eine Art, daß mir alle Worte im Hals stecken blieben und ich nur gleich gehen mußte. Es hat mir freilich schier das Herz abgedrückt, daß ich mich so hab' schicken lassen, und konnte doch nichts machen. Und da steh' ich ganz verblüfft am Fenster und seh' hinaus. Und was seh' ich? Zu hinterst in der Wiese am Wasser sitzt die Frau auf dem Bänkchen hinter den Weiden, grad' so wie die Tochter im Bett, auch wie eine Bildsäule, die Hände

im Schooß, daß man meinen sollte, es wär' ein Stein. Ich
lauf' hinaus, was ich kann, und wie ich in die Nähe komm'
und sie anreden will, da sieht sie mich an mit einem Paar
Augen, als ob sie mich ihr Lebtag nie gesehen hätte und
fragt: Was willst du? Geh' an deine Geschäfte! Da sagt
ich: Was haben wir denn jetzt für Geschäfte, als uns zur
Kirche anzuschicken? Und sie antwortet: Ich geh' nicht in
die Kirche. Geh' nur und zieh' dich an! Und wie ich noch
da stand und fragen will, da schickt sie mich grad' so fort
wie die junge.

Jakob. Und du hast dich wieder schicken lassen?

Elisabeth. Hättest du nur diese Augen gesehen!
Entweder ist sie die ganze Zeit über, wo wir sie kennen,
nicht die gewesen, die sie eigentlich ist, oder sie ist jetzt we=
nigstens eine ganz andere geworden. Ich hatte in diesem
Augenblick keinen Theil und keinen Anspruch an sie; es
war, als wäre jedes Band der Zeit wieder zwischen uns
entzweigeschnitten, und ich mußte eben gehen; und da bin
ich nun.

Jakob. Du lieber Gott! Was ist denn nun das? Hast
du gar keine Ahnung, Lisbeth?

Elisabeth (nachsinnend). Wenn ich eine hätte, so
möcht' ich sie jetzt nicht kund thun. Ich fürchte fast, es
ist nicht alles gut mit diesem Herrn Schwiegersohn, diesem
Menschen, der kein einziges Gebetbuch in seinem Koffer mit=
gebracht hat.

Jakob. Hast du denn seine Sachen durchsucht?

Elisabeth. Freilich hab' ich. Man will doch seine
Leute ein Bischen kennen. Ich sah immer nur weltliche
Bücher bei ihm herumliegen, denen man es von weitem an=

sieht, daß keine Silbe von unserm Herrgott darin steht. Und
da hab' ich gedacht, vielleicht versteckt er aus falscher Scham
seine Bibel und sein Gebetbuch, wie noch mancher junge
Schnaufer, der nur an einem dünnen Faden am Himmel
hängt, bis ihn der Herr fester anbindet. Und da hab' ich
ein wenig nachgesucht. Er läßt ja alles sein Zeug offen her=
umliegen und nimmt keinen Schlüssel ab, und das gefällt
mir auch nicht; denn ein ordentlicher Christ hebt seine Sachen
ordentlich zusammen. Und da hab' ich dir rein gar nichts
gefunden, was einem geistlichen Buche nur von weitem
gleich sieht.

Jakob. Ei, das mußt du nicht so genau nehmen!
Das wird sich schon finden. Besinn' dich ein wenig! Mich
dünkt, unsre Marie, die da herum läuft, ohne zu wissen,
daß wir ihre Eltern sind, zählt erst fünfundzwanzig Jähr=
chen, und mithin waren wir beide schon ein weniges über
die dreißig hinaus, als wir noch vom weltlichen Verführer
heimgesucht wurden. Gott verzeih' uns unsre Uebelthaten!

Elisabeth. Ja, er verzeih' dir deinen Spott, du grauer
Sünder! Was erinnert mich deine Bosheit an die Tage der
Finsterniß?

Jakob. Ei, nur nicht gleich so hitzig, du närrisches
Ding! Was hilft es dir, daß du den Kopf in den Sand
steckst und der widerwärtigen Erinnerung dein Hintertheil
weisest? Und ich sag' dir nur gleich, sie muß es doch noch
wissen vor meinem Ende. Es ist unmenschlich und thöricht,
es zu verschweigen, und eine Sünde der Eitelkeit.

Elisabeth. Ich sage dir, es ist zu spät. Es würde
der ganzen Brüdergemeinde Schaden bringen.

Jakob. Flausen und Dummheiten! Was der liebe

Gott weiß, darf auch die Welt wissen. Ich bekümmere mich den Teufel um deine Betschwestern.

Elisabeth. Du bist ein leichtsinniger Tropf, ein Schwörer und ein alter Säufer!

Jakob. Und du bist eine Rabenmutter, ein altes Klapperbein!

Elisabeth. Stehen wir so mit dir, du niederträchtiger Heuchler?

Jakob. Ja, so steht ihr mit mir! Ihr geltet mir sammt und sonders nicht mehr, als eine Schnur voll getrockneter Saublasen, die im Wind gegen einander klappern. Einzig und allein unsere Frau nehme ich aus; die hat noch ein Herz, und ein gutes Herz und ein reines Herz. Aber es wär' ihr besser und wahrscheinlich dem Herren wohlgefälliger gewesen, sie hätt' wieder einen ordentlichen Mann genommen, als daß sie an euch gerathen ist, ihr Lumpenpack!

Elisabeth. O du Elender! Ich muß dich nun doppelt bedenken in meinem Gebet.

Jakob. Thu's nicht, sonst bin ich doppelt verdammt!

Elisabeth (weint). O!

Jakob. Heulst du? Es nimmt mich nur Wunder, wo du deine Thränen hernimmst. Das muß ich noch ausfündig machen. Man sagt sonst, sie kommen aus dem Herzen; aber wenn dieses des gänzlichen ausgetrocknet ist, wo sollten sie dann herkommen? Und doch sind sie da, wie das Faktum weist. Auf jeden Fall ist es nicht lebendiges Wasser. Halt! Das ist's. Ja! Du wirst in irgend einem Winkel noch faules Zisternenwasser haben. Das pumpst du so gelegentlich herauf. Ich bitte dich, hör' auf! Du machst dir ja die Wangen schmutzig. Pfui!

Elisabeth. Schrei' recht! Hast du gar keine Rücksicht mehr für uns?

Jakob. Rücksicht? Ja, ich habe Rücksicht für unsere gute Frau und für mich, wegen des guten Tropfen Weins, den ich bei ihr in Ruhe genießen will; sonst hätt' ich mich schon lang von euch ausstoßen lassen; und in Ansehung des heiligen Festes will ich noch einmal einen Waffenstillstand mit dir schließen. So halt' nun dein Maul! Wir werden einander nicht mehr ändern. Zwar den Punkt mit der Marie behalte ich mir immerhin vor. (Sie gehen ab zu verschiedenen Seiten. Elisabeth seufzend und die Augen trocknend.)

Richard und Röschen

(treten auf von verschiedenen Seiten und eilen sich in die Arme).

Röschen. Richard!

Richard. Liebstes Herz!

Röschen. Bin ich wirklich wieder an deinem Herzen? O, wäre nun die ganze Welt nicht, kein Vergangenes und kein Künftiges! Es ist mir zu Muthe, als ob lange Jahre des Leidens und des Kampfes zwischen gestern und heute lägen, und wie wenn ich aus einem Grabgewölbe an die Sonne treten würde. O, blick' mich unverwandt an! Laß' keinen Strahl dieser heitern treuen Augen neben mich fallen!

Richard. Wo ist deine Mutter?

Röschen. Noch auf ihrem Zimmer.

Richard. Wie ist die Nacht vorübergegangen?

Röschen. Sie hieß mich bald zu Bette gehen, nachdem sie mich heftig und zärtlich umarmt hatte, wie noch nie. Sie sagte, sie möchte schlafen. Ich lag lange auf meinem Bette, ohne ein Auge zuzuthun, in einem dumpfen verworrenen Zustande. Ich fühlte das Elend und glaubte

doch nicht an die Wirklichkeit und Ernsthaftigkeit desselben.
Da schlief ich endlich ein, aber zu welchen Träumen! Ich
befand mich plötzlich im heftigsten unerhörtesten Streite mit
meiner lieben armen Mutter, aber nicht wegen dir. Du er=
schienst gar nicht in dem Traume. Es war wegen irgend
einer Kinderei aus früheren vergessenen Zeiten. Ich glaubte
das schwerste Unrecht zu leiden und schalt mit so bitteren
Worten, wie noch nie welche in meine geheimsten Gedanken,
geschweige denn über meine Lippen gekommen sind, und die
Mutter schmähte wieder und drohte mich zu verstoßen. Wir
rangen wie unselige Geister, und der dämonische Kampf
wühlte und tobte so stark in meinem Leibe, daß ich todes=
müd' und =matt aufgewacht bin. Nun graut es mir so vor
der wüsten Erinnerung, als ob das Unheil wirklich geschehen
wäre. Es drängt mich fast gewaltsam, der Mutter alle die
wilden Worte abzubitten. Und doch besorge ich den ersten
Augenblick, wo wir uns wiedersehen.

Richard. Nur Muth und Vertrauen, liebes Kind!
Wir müssen uns alle frisch in die Augen sehen. Sie hat
ihrer innern Aufregung Worte gegeben. Das drückende Ge=
heimniß ist an's Licht getreten, und gewiß wird es sich sanft
in diesem Licht auflösen, wie eine dunkle Wolke.

Röschen. Das mag bei euch Männern so sein; darum
geht ihr vielleicht nicht unter und schreitet immer fort zu
neuem Leben. Mag euch bewegen, was da will, ihr gebt
dem Kind einen Namen; das ist euch die Hauptsache, und
nachher laßt ihr's laufen, wenn es nicht wohl gerathen
will. Bei uns ist es gerade umgekehrt, ich fühle es nun
wohl; ja, ich unseliges Ding begreife nun recht gut, wie
stark doch die Mutter lieben muß mit ihrer ganzen schönen

Seele. Und was soll nun für ein Trost sein für uns? Ohne dich kann nicht sein, wer dich kennt und liebt.

(Hier erscheint **Therese**, bleich und in vernachlässigter Kleidung.)

Richard. Sprich nicht so! Es ist ganz in der Ord= nung, daß du nicht glaubst von mir lassen zu können. Sonst aber müßte ich mich wahrhaftig schämen, wenn ich mich für so unersetzlich werth halten sollte. Es ist schon so viel, wenn man nur Einem Herzen unentbehrlich ist, daß es Vermessenheit wäre, an mehr als das zu glauben. Und hat nicht die Mutter ein mächtiges Zauberwort zu ihrer Hülfe: die Nothwendigkeit? Dieß Wort wird —

Therese (tritt zwischen sie). Sei nicht thöricht, guter Mensch! Ich habe das unselige Wort gesprochen, und der Bann ist doppelt unzerreißbar über mich verhängt. Soll ich mich selbst verläumden und schmähen und bekennen, meine Liebe sei wie eine Seifenblase gewesen, durch einen Hauch verschwunden, ein eitler Dunst, vom ersten Sonnen= strahl zerstreut? Nein! Auch die Liebe hat ihre ewigen Gesetze. Ich habe sie in dieser Morgendämmerung gelernt; die frischen Lüfte haben sie mir in's bebende Herz geschrieben, und die aufgehende Sonne hat sie bestätigt. Es gibt für mich keine größere Ehre mehr, als an dir zu hangen mit meiner Seele, bis ich nicht mehr bin. Und je hoffnungs= loser die Liebe ist, desto mehr verlangt es sie zu zeigen, daß sie alle Hoffnung verdient. Ich fühle, wie ein wonnevoller Eigensinn sich in mir festsetzt, in diesem Gefühle zu leben oder unterzugehen.

Röschen. Und so legst du die Zügel des Lebens und unsers Hauses plötzlich aus den Händen und lässest uns alle preisgegeben dahin treiben? Was soll —

Richard. Nicht weiter, Röschen! — Ich will fort, heute noch, diesen Morgen noch. — Wenn ihr mich beide so liebt, wie ihr sagt, so wird euch das über die nächste Zeit hinaushelfen, daß ihr zusammen leben könnt. Für die Zukunft aber geb' ich die Hoffnung nicht auf und glaube fest, liebe Mutter, daß Sie mich über Jahr und Tag selbst lächelnd wieder rufen werden.

Therese. Ja, du mußt fort, Geliebter, aber — für immer!

Röschen. Mutter!

Therese. Wollt ihr mich ganz einsam leiden lassen? Und wenn ihr auch wolltet, könntet ihr denn glücklich sein? Geht ihr so leicht über mich hinweg? — Wir müssen alle entsagen; ich sag' es nicht nur wegen mir, ich sag' es auch wegen euch. (Immer bewegter.) Könnt ihr leiden, daß ich doppelt unglücklich bin, wenn ich den, welchen ich liebe, in anderen Armen weiß, und dreifach elend, wenn ich mein eigenes Kind um dieses Glückes willen beneiden und — hassen muß?

Röschen. O Gott!

Therese. Ja, das ist es, das Verwerfliche. Wollt ihr, daß ich auch die niedrige Qual der Eifersucht dulden soll, und in ihrer verwerflichsten Gestalt? — — Noth= wendigkeit, sagt ihr? Ist dieß Wort nicht so gut für dich da, mein Kind, wie für mich? Bist du unbiegsamer als ich mit deinen siebzehn Jahren, du zartes Röschen? (Schmeichelt ihr.) Ach, die erste Liebe wird so selten reif! Willst du eine Ausnahme machen, mein gutes Kind? Hast du nicht viel mehr Zeit und Hoffnung vor dir als ich? Warum soll ich allein nur vernünftig sein?

Röschen. Und ich allein soll wankelmüthig und treu=
los sein?

Therese. Wer voll Leid und Weh entsagt, ist nicht
treulos.

Röschen. Aber wer es ungezwungen thut.

Therese. Ist mein Elend dir kein Gebot, gar keine
Art von Zwang?

Röschen. Hast du nicht selbst gesagt: Wer liebt,
darf nicht von seiner Liebe lassen? Ich liebe und bin
geliebt. Das erst macht mir die Liebesehre zum unzerreiß=
baren Bann.

Therese (sich zu Richard wendend). Geh' für immer!

Richard. O Mutter, das liegt außer unserm Ver=
mögen.

Röschen. Und außer unserm Wollen.

Therese. Kind! Wo nimmst du diese harten Worte?

Röschen. Sind sie hart? O, liebste Mutter, sie
kommen aus meinem Fleisch und Blut. Ich kann nicht an=
ders sprechen.

Therese (fällt ihr zu Füßen). Bezwing' dein Blut! Ich
will dich auf den Händen tragen und wie meine Mutter
verehren.

Röschen (sinkt zu ihr nieder und fällt ihr um den Hals).
Er soll ja gehen, und ich will einsam bei dir bleiben Jahre
lang. Nur laß' mir die Hoffnung!

Therese. Hoffnung — sie wird immer eine Scheide=
wand zwischen uns sein, nach deiner Seite hin eine grünende
Laube, für mich aber eine Dornenhecke. (Drückt sie fest an sich,
bittend.) Kannst du diese Wand zwischen uns nicht auch noch
sinken lassen?

Röschen. Nein, nein, nein!

Therese. Ach!

Richard. Genug! Sollen wir jeglicher Herrschaft über
uns entsagen? Soll sich unser ganzes dreifaches Leben in
eine formlose Wolke der Muth= und Selbstlosigkeit auflösen?
Rafft euch zusammen, liebste Herzen! Ich gehe, mich zum
Scheiden zu rüsten. Aber ich gehe mit der Hoffnung, wieder
zu kommen, und wenn ich euch etwas bin, so will ich, daß
ihr beide die Hoffnung auf schöne Tage mit einander be=
wahrt. Versprecht mir das, so ist gethan, was wir für
jetzt thun können. (Er ergreift ihre Hände, dann, im Abgehen,
für sich:) Rührt euch, ihr müden Wanderfüße! Noch ist's
nicht Zeit zu ruhen. Wahrhaftig, ich weiß kaum, ob das
Wasser, das sich mir in die Augen drängt, mehr von Weh=
muth oder von Aergerlichkeit getrieben wird. Wenn ich
meinen Zustand an einem Fremden sehen würde, ich fürchte,
ich könnte mich eines Lächelns nicht enthalten! (Ab.)

⸺

[Theresens Zimmer.]

(Therese sitzt an ihrem Tische, den Kopf auf die offene Bibel gelegt.
Es läutet zur Kirche. Marie kommt, festlich gekleidet mit Rosen an
der Brust.)

Marie (nachdem sie einen Augenblick ungewiß gewartet hat).
Frau!

Therese (aufsehend). Was willst du?

Marie. Ich gehe in die Kirche und wollte fragen,
ob Sie nachher etwas auszurichten haben.

Therese. Bist du mir bös, Marie?

Marie. Nein, liebe Frau! Denken Sie das nicht
von mir!

Therese. Du bist zu froh, um bös zu sein. Nicht wahr?

Marie. Das auch ein wenig, wenn ich es sagen darf, ohne daß Sie mich noch für leichtsinniger halten, als Sie schon thun.

Therese. Kannst du mir mein Unrecht verzeihen, Marie, wenn ich es reuevoll eingestehe? (Hält ihr die Hand hin.)

Marie (ergreift weinend ihre Hand und küßt sie). Lieber Gott! Es ist schon lang verziehen.

Therese. Ich habe gehört, ihr wollt euch bald hei= rathen. Wovon könnt ihr leben?

Marie. Wir wollen arbeiten, so viel wir können.

Therese. Ihr sollt aber nicht mehr von fremden Leuten abhangen. Ich schenk' euch das kleine Gut am Berge: der Pächter zieht in wenigen Wochen weg und dann könnt ihr darauf sitzen als auf euer Eigenthum.

Marie. Herrje! Das mit der schönen Wiese und dem Weinberge, wo die Sonne den ganzen Tag hinscheint? Herrje! Was wird sich der Strolch, der Heinrich, für ein Ansehen geben, wenn er seine eigenen Rebpfähle zuspitzt und die Bauern fragt: Was meint ihr, sollen wir zu Markt fahren, oder noch abwarten? Der Kerl wird mir ein rechter Geizhals werden! (Traurig.) Die Sache sieht aber gar nicht wahrscheinlich und vernünftig aus.

Therese. Sei ohne Sorge! (Geht an den Schreibtisch und schreibt in ihr Tagebuch und sucht ein Papier.) So für alle Fälle ist das schon genug. Da hast du die Urkunde, verwahr' sie! Dein Bursch' muß nachher damit in die Kanzlei.

Marie (steckt sie freudig hinter das Mieder). Jetzt weiß ich fürwahr nicht, was ich sagen soll. Wir wollen Ihnen ein=

mal zusammen danken, mein Schatz und ich, liebe gütige
Frau! Doch halt — gleich jetzt in der Kirche kann ich mir
Luft machen.

(Therese seufzt und stützt den Kopf auf ihre Hände).

Marie. Wie? Ist Ihnen übel?

Therese. Es ist mir sehr weh, mein Kind.

Marie. Himmel! Ich will das Fräulein holen.

Therese. Nein, bleib' da! Es wird schon besser wer=
den. Bleib' du bei mir ein Stündchen! Du kannst morgen
in die Kirche! Willst du?

Marie. Mit tausend Freuden!

Therese. Komm' setz' dich nieder!

Marie (für sich.) Ei wer hätte gedacht, daß die
so gut und freundlich sein kann! So habe ich sie gar nie
gesehen.

Therese (blättert in der Bibel, für sich). Laß' seh'n, hei=
liges Buch, ob ich dich noch verstehe! — Das flimmert
mir vor den Augen wie eine uralte fremde Schrift! (Seufzt)!
O weh, weh, weh! Es schwindelt mir — wo bin ich
— wo sind wir, Marie?

Marie. Lieber Gott! Ich will doch —

Therese. Still, still! Sei mäuschenstill! — Da, lies
mir etwas vor, was du willst, schlag' auf's Gerathe=
wohl auf!

Marie. Ich will mit einer Nadel hineinstechen, wie
Sie sonst oft thun. (Sie liest.) „Was hat der Mensch mehr
von aller seiner Mühe, die er hat unter der Sonne? Ein
Geschlecht vergehet, das andere kommt. Die Erde aber
bleibet ewiglich."

Therese. Das ist im Prediger Salomo. Fahre fort!

Marie (liest). „Die Sonne gehet auf und gehet unter und läuft an ihren Ort, daß sie daselbst wieder aufgehe. Der Wind gehet gegen Mittag und kommt herum zu Mitternacht und wieder herum an den Ort, da er an=fing. Alle Wasser laufen in's Meer; doch wird das Meer nicht voller; an den Ort, da sie herfließen, fließen sie wieder hin."

Therese. Wenn sie aber wider ihren eigenen Lauf fließen müssen, so gibt es jedesmal ein Unglück. Steht das nicht auch dort?

Marie. Nein!

Therese. Lies weiter unten!

Marie (liest). „Sei nicht schnell mit deinem Munde und laß' dein Herz nicht eilen, etwas zu reden vor Gott! Denn Gott ist im Himmel und du auf Erden: darum laß' deiner Worte wenig sein! Denn wo viel Sorgen ist, da kommen Träume und wo viel Worte sind, da höret man den Narren. Wenn du Gott ein Gelübde thust, so ver=zeuch's nicht, zu halten; denn er hat keinen Gefallen an den Narren. Was du gelobest, das halte! Es ist besser, du gelobest nichts, als daß du nicht hältst, was du ge=lobest."

Therese. Lies weiter unten, etwas anderes!

Marie. „Denn bei allen Lebendigen ist, das man wünschet, nämlich Hoffnung. Denn ein lebendiger Hund ist besser, weder ein todter Löwe. Denn die Lebendigen wissen, daß sie sterben werden. Die Todten aber wissen nichts. Sie verdienen auch nichts mehr, denn ihr Gedächtniß ist vergessen, daß man sie nicht mehr liebet noch hasset, noch neidet, und haben kein Theil mehr auf der Welt in allem,

das unter der Sonne geschiehet. So gehe hin und iß dein
Brot mit Freuden, trink deinen Wein mit gutem Muth,
denn dein Werk gefällt Gott! Laß deine Kleider immer
weiß sein, und laß deinem Haupt Salbe nicht mangeln!
Brauche des Lebens mit deinem Weibe, das du lieb hast,
so lange du das eitle Leben hast, das dir Gott unter der
Sonne gegeben hat, so lange dein eitel Leben währet! Denn
das ist dein Theil im Leben und in deiner Arbeit, die du
thust unter der Sonne."

(Geräusch hinter der Scene; es wird an die Thüre gestoßen.)

Therese. Wer stört uns in unsrer trefflichen Andacht?

Marie (sieht nach). Man bringt die Kisten des Herrn
Richard die Treppe herunter.

Therese. So lies lauter!

Marie. Wo blieb ich denn stehen?

Therese. Es ist gleich. Schlag' um!*)

Marie. „Da stund ich auf, daß ich meinem Freunde
aufthäte. Meine Hände troffen mit Myrrhen, und Myrrhen
liefen über meine Finger an dem Riegel am Schloß. Und
da ich meinem Freunde aufgethan hatte, war er weg und
hingegangen. Da ging meine Seele heraus nach seinem
Wort. Ich suchte ihn, aber ich fand ihn nicht. Ich rief,
aber er antwortete mir nicht. Es fanden mich die Hüter, die
in der Stadt umgehen; die schlugen mich wund; die Hüter
auf der Mauer nahmen mir meinen Schleier. Ich beschwöre
euch, ihr Töchter Jerusalem's, findet ihr meinen Freund, so
saget ihm, daß ich vor Liebe krank liege!"

Therese (steht rasch auf und öffnet das Fenster; indem sie

*) Randbemerkung Gottfried Keller's: „Therese soll mehr sprechen."

hinaus schaut, sucht sie ihre Thränen zu verbergen). Sieh', mein Kind, wie schön ist die Welt! Nun ist alles, alles grün geworden — und die tiefe blaue Luft! Dort gehen Leute auf dem Berge. Kannst du sie sehen?

Marie. Ja, es sind zwei Bursche in weißen Hemd= ärmeln, wie es mir scheint.

Therese. Lies weiter!

Marie (liest). „Komm, mein Freund, laß' uns auf's Feld hinausgehen und auf den Dörfern bleiben, daß wir früh aufstehen zu den Weinbergen, daß wir sehen, ob der Weinstock blühe und Augen gewonnen habe, ob die Granat= äpfelbäume ausgeschlagen sind! Die Lilien geben den Ge= ruch, und vor unsrer Thüre sind allerlei edle Früchte. Mein Freund, ich habe dir beide, dießjährige und vorjährige be= halten." — Das macht Einem ordentlich Lust, hinauszulaufen. Heut' muß der Heinrich recht weit mit mir spazieren gehen. (liest) „Seine Linke liegt unter meinem Haupt und seine Rechte herzet mich. Ich beschwöre euch, Töchter Jerusalem's, daß ihr meine Liebe nicht aufwecket noch rege, bis es ihr selbst gefällt. Wer ist die, die herauffähret von der Wüste, und lehnet sich auf ihren Freund? Unter dem Apfelbaum weckte ich dich, da deine Mutter dich geboren hatte, da mit dir gelegen ist, die dich gezeuget hat. Setze mich wie ein Siegel auf dein Herz und wie ein Siegel auf deinen Arm! Denn Liebe ist stark wie der Tod, und Eifersucht ist fest wie die Hölle. Ihre Gluth ist feurig und eine Flamme des Herrn, daß auch viele Wasser nicht mögen die Liebe auslöschen, noch die Ströme sie ersäufen. Wenn Einer alles Gut in seinem Hause um die Liebe geben wollte, so gölte es alles nichts."

Therese (noch immer hinausschauend). „Stark wie der
Tod und fest wie die Hölle!" — — Marie, mich dünkt,
dein Schatz schleicht um den Garten herum. Geh' hinunter
und grüß' ihn von mir!

Marie. Darf ich? Der wird Augen machen! (Sie geht.)

Therese (schöpft Athem). Zu eng, zu eng sind mir diese
Wände, das Haus, das ganze Thal! O du schöner blauer
Himmel! Jetzt möcht' ich ganz allein auf dem Berg Libanon
sein, wo die breiten Cedern stehen, wo von weitem das
Meer funkelt! Ich bin berauscht, berauscht! So stark und
süß ist mein Elend. Gleich, gleich möcht' ich nun sterben!
Sterben? — Du sanftes, liebliches, rechtes Wort! Still
friedlich tauchst du aus der dunkeln Tiefe, wie ein einsamer
Stern! — (Sie schaut in die Landschaft hinaus.) Schimmre nur,
du kühles Wasser, hinter den Bäumen! Ei, wie muthwillig
plätschern die ziehenden Wellen! Sie werfen sich Diamanten
zu. — (Auf- und abgehend.) Sterben! Tod! — Holdseliger
Gedanke! Gleich einem strahlenden Engel trittst du aus
diesem Sonnenschein, aus diesem Blüh'n und Glüh'n zu mir
heran! Du scheinst mir gewaffnet mit dem glänzenden Schilde
der Unfehlbarkeit gegen alle thörichten Angriffe und deine
Hand trägt die Zweige des Friedens und der Ruhe! —
„Komm, süßer Freund, laß' uns auf's Feld hinausgehen und
sehen, ob der Weinstock blühe und die Granatbäume aus=
schlagen!" — — Meine Augen brennen mich und wollen
zufallen — — frisches Wasser, frisches Wasser ist gut für
sie — auch dürstet es mich heftig! Wenn ich nur schon
dort wäre! (Sie sieht sich im Spiegel.) Pfui, wie seh' ich aus!
Wer wird denn so zur Hochzeit gehen? Mein Herz ist noch
gut, wie ein ungetragenes Brautkleid, nur ein wenig ver=

gilbt. Was kann ich dafür? Ich will es klar machen. (Sie will in ein Nebenzimmer gehen, steht plötzlich still und schreit auf.) O mein Kind! — Halt! Nur nicht gleich verzagt! — Auch so wird es gut sein. — Ist es nicht gut, daß die alte Blume abfalle, wenn die Frucht aufgeht? Ich lasse meinen bessern und schönern Theil zurück, und niemand soll sich beklagen!

(Rasch ab.)

Parabel.*)

Einer ging an den See des Lebens, um nach Menschen zu angeln; aber er fing nichts. Da kam ein Unbekannter und sagte: „Wenn du Menschen fischen willst, so mußt du dein Herz an die Angel stecken, dann beißen sie an!" Jener folgte dem Rath, und sogleich schnappten sie unten nach dem Köder, rissen ihn von der Angel und fuhren damit in die Tiefe. Da war der Fischer betrübt. Allein bald wurde es ihm so leicht zu Muth, daß er auf die wilde See hinaus fuhr und die Menschenfische zu Tausenden mit dem Netze fing, und er war nun ihr Herr und schlug sie auf die Köpfe. Und der ihm den Rath gegeben hatte, war der Teufel.

*) In Sturm und Noth. Selbstschriften-Album des deutschen Reiches (Berlin 1881.)

Anhang.

—

Die vorstehenden Aufsätze sind nach ihrem Inhalt lose an einander gereiht worden. Die erste Gruppe umfaßt alles, was zur Biographie Gottfried Keller's gehört; daran schließen sich Studien zur deutschen Literatur= und Kunstgeschichte, und unmittelbar vor den Dichtungen kommt auch der Herr Staatsschreiber mit einer prachtvollen, wenn auch nicht proklamirten Kundgebung an das Volk zum Wort. Insofern, als wir auf eine Zeit auch Vischer mit Stolz zu den Unsern zählten, stehen alle diese Auf= sätze in Beziehung zu der Heimath ihres Verfassers.

Bis jetzt war „Der grüne Heinrich" die älteste Prosa, die man von Gottfried Keller kannte. Ausgiebige frühere Proben bietet nun der zwar sehr ungleich gerathene, leider nicht mehr über= arbeitete Aufsatz über Jeremias Gotthelf. Gleichwohl durfte er hier nicht fehlen. Denn nicht nur ist er charakteristisch für den leidenschaftlichen, mitunter polternden Radikalen, der damals in Keller noch nicht gebändigt war, sondern er bildet auch ein lehr= reiches Beispiel für die Entwicklung, welche Sprache, Stil und ästhetischer Standpunkt von da zu den späteren vollendeten Schöpfungen genommen haben. Solche mangeln auch diesem Buche nicht. Die an die Spitze gestellte Selbstbiographie ist das letzte, was von unserm Dichter gedruckt wurde.

Zu den einzelnen Nummern ist folgendes zu bemerken:

Die „Erinnerung an Xaver Schnyder von Warten= see", den dem Gedächtniß der jüngern Generation entschwindenden Luzerner Musiker und Poeten (1786—1868), der hauptsächlich in Frankfurt a. M. thätig gewesen, veranlaßt vielleicht den einen oder andern Leser, nach den 1887 im Verlag der Schnyder von

Wartensee-Stiftung in Zürich erschienenen „Lebenserinnerungen" des originellen Meisters zu greifen. Dort ist S. 346 auch der Auftritt bei Rückert, von welchem oben (S. 28) die Rede ist, erzählt; ebendaselbst S. 301 ff. berichtet Schnyder von seinen Koncerten auf der Glasharmonika, deren eines Keller mit seinem liebenswürdigen Humor so wundervoll schildert.

Der Dritte von der Reisegesellschaft, welche 1846 die Fahrt nach Graubünden unternahm, war ein Neffe Follen's, der nachmalige Schuldirektor G. Frölich aus Bern. Keller hat das komische Ständchen in Ragatz öfters erzählt. Dabei pflegte er die umständliche Art, wie Schnyder das Flötlein zusammensetzte und blies, mit seinen unnachahmlichen Gesten zu begleiten. Auf dem Wege nach der Viamala (wo auch das gleichnamige Gedicht entstand) zwang ein Regen die Wanderer, in einem Wirthshäuschen, in welchem eine uralte immerfort spinnende Frau saß, Schutz zu suchen. Beim Berichtigen der Zeche gab sie alte Blutzger heraus, und auf die Frage, welchem Land denn eigentlich ihr Thal angehöre, antwortete sie: „Ich denke, wir sind kaiserlich".

Der S. 24 und nochmals S. 55 genannte „Pater Brey" ist Professor Ludwig Eckardt, welcher als Herausgeber der „Schweiz" in Bern gegen Ende der fünfziger Jahre mit vielem Geräusch eine schweizerische „Nationalbühne" in Betrieb setzen wollte. Keller ist dem Manne auch mit einem Gedicht in der Berner Mundart, im „Postheiri" vom 3. Juli 1858 gedruckt, („Lied vom Mutz, als er ein schweizerisches Nationaltheater errichten wollte") zu Leibe gegangen.

„Am Mythenstein". Auch diesen schönen Aufsatz gedachte Keller zu überarbeiten. Er revidirte vorläufig den ersten Theil desselben (S. 34—51, Z. 5 v. o.) für mein deutsches Lesebuch für höhere Lehranstalten der Schweiz. Obere Stufe (Frauenfeld 1880).

Jene Umarbeitung geschah jedoch lediglich für das Bedürfniß der Schule, und so mußte sich der Neudruck an dieser Stelle an den Wortlaut des „Morgenblattes" halten.

Die Enthüllungsfeier am Mythenstein fand am 21. Oktober 1860 statt. (Vgl. Album der Schillerfeier im Rütli und am Mythenstein, Schwyz 1860.) Keller, damals mitten in einer stürmischen Wahlcampagne stehend, ließ auf einige Tage von der Politik und begab sich zum Feste seines allezeit hochverehrten Schiller. Herr Landammann Styger in Schwyz, der damalige Festpräsident, erinnert sich heute noch sehr wohl, wie kurz vor der Abfahrt des großen Nauens zum Mythenstein ein Herr sich bei den Schiffleuten meldete und um die Erlaubniß bat, mitfahren zu dürfen. Er erkannte in ihm Gottfried Keller und lud ihn zur Fahrt auf das Festschiff ein. Später bei der geselligen Vereinigung in Brunnen erhob sich der bisher so wortkarge Mann und dankte den Urkantonen, die schon das Jahr zuvor Schiller's Centenarfeier auf dem Rütli in klassisch einfacher Weise begangen hatten, für das eben enthüllte schönste aller Schillerdenkmäler in markig schlichten Worten. Keller erstattete über das kleine Fest der Augsburger „Allgemeinen Zeitung" Nr. 303 vom 29. Oktober einen vorläufigen Bericht (auf den er o. S. 45 anspielt), der folgendermaßen lautet:

„Das Schillerfest auf dem Mythenstein.

Luzern, 22. Okt. Gestern fand auf dem Vierwaldstättersee die Enthüllungsfeier am einfachen, aber in seiner Art unübertrefflichen Schillerdenkmal statt. War die sinnige Schillerfeier auf dem Rütli im November [1859] in die weißen Schauer der winterlichen Gebirgswelt gehüllt, so glänzte am gestrigen Fest die Scenerie in der Farbengluth des schönsten wolkenreinsten Herbsttags. Um 2 Uhr stießen die großen Nauen der Länder vom Ufer zu Brunnen und fuhren nach dem Mythenstein hinüber, gefolgt von einer ganzen Flotte kleinerer und größerer Fahrzeuge, denen im Hintergrund die Dampfer sich anschlossen, auf deren Deck ein mächtiges Zuschauerpublikum von Luzern und andern Kantonen sich eingestellt hatte. Hr. Landammann Aufdermaur von Brunnen hielt, als Festadmiral in leichtem Boot umherfahrend, diese zahlreiche Schifferwelt in trefflicher Ordnung, so daß sie sich ebenso zweckmäßig als ohne allen Unfall bewegte. Der Mythenstein erhebt sich 80 Fuß hoch in der glücklichsten Form mitten aus den Wellen am Eingang des Flüelersees, der Wiege Tell's und dem Rütli zugekehrt. Durch die Inschrift, bestehend aus kolossalen vergoldeten Metallbuchstaben, die auf die flache Steinseite im besten Verhältniß geheftet sind, verwandelt sich der Stein urplötzlich in ein Denkmal, das von bündigster Künstlerhand hingestellt erscheint.

Als sich die buntbewimpelte Flotte um den Stein zusammengedrängt, eröffnete Uri den dialogisch gedichteten Weihgesang des poetischen Klosterherrn von Einsiedeln, P. Gall Morel, komponirt von Baum-

22*

gartner in Zürich; Unterwalden nahm den Gesang auf, dann Schwyz, worauf sich alle drei im Chor vereinigten.

Die Chöre waren nur klein, aber ihre frischen Stimmen und die eigenthümlichen Tonsätze widerhallten an den Felswänden wie in einem Dom. Landammann Styger von Schwyz bestieg hierauf eine kleine Rednerbühne zu Füßen des Denkmals und hielt die Begrüßungsrede, in welcher er auch eine freundliche und anmuthige Zuschrift von Schiller's Tochter vorlas, welche mit allgemeiner lautloser Theilnahme angehört wurde. Nur ein kaum erkennbares Galeriepublikum oben auf der himmelhohen Bergwand, das junge Hirtenvolk von Seelisberg, das neugierig den Kopf über den Abgrund hinausstreckte und nicht wußte, daß eben ein Brief von einer ehrwürdigen deutschen Dichterstochter verlesen wurde, sandte einige fröhliche Jauchzer aus der blauen Sonntags-luft herunter.

Die Verhüllung der Inschrift bestand aus einem großen Schiffs-segel, das mit Wappen und Immergrün stattlich geschmückt war. Hr. Styger ließ es fallen, und nun erglänzte es zu aller Freude: „Dem Sänger Tell's Fr. Schiller die Urkantone 1859." Nach dem Schwyzer Redner sprachen noch der Landschreiber Lusser, im Namen Uri's, und im Namen von Unterwalden Landammann Wirz in leiden-schaftlich bewegter gewandter Rede. Hier wie bei den späteren Tisch-reden im „Adler" zu Brunnen bildete den Inhalt lediglich die Freude über Schiller's Divination, welche die Brüderschaft, Freiheitsliebe und das Gottvertrauen der drei Länder so treu gezeichnet habe. Schließlich wurde das liebliche Fest wieder zu einem Freundschaftsfest; mit Kraft und Ernst wurde an die Gefahren der Gegenwart erinnert und eine Neutralität verkündet, welche nicht von der Willkür eines Nachbars abhängen, sondern auf dem eigenen Willen gegründet sein solle. Die Schiller'schen Sprüche: „Wir wollen trauen auf den höchsten Gott und uns nicht fürchten vor der Macht der Menschen!" ferner: „Denn über dir erkennst du keinen Herrn als nur den Höchsten in der Christenheit," und noch ähnliche, welche einen stürmisch erregten Beifall hervorriefen, bewiesen, wie es dieß Volk der Urkantone noch immer will gehalten wissen.

Möge es seinen guten Muth und seinen einfachen Sinn in den kommenden Tagen den übrigen Eidgenossen, wo es daran fehlen sollte, mittheilen!"

Der zweite Theil des Aufsatzes „Am Mythenstein", der uns Gottfried Keller's großartiges Festspielprojekt vorführt, wird heute, nachdem „der gewaltige Vorhang einer neuen Nationalbühne" kürzlich bei den prächtigen Festspielen von Schwyz, Bern und Basel „majestätisch sich aufrollte", das aktuellste Interesse erregen. Wir

sind in der Schweiz auf gutem Wege, die Verwirklichung des hier
wahrhaft prophetisch Verkündeten zu erleben, wenn nicht die Eifer=
sucht der einzelnen Städte den hoffnungsvollen Anfang in bloßen
Sport und in Prunk für das Auge ausarten läßt. Mögen des Dich=
ters Worte überall gehört werden! Seine Vorschläge berühren sich
theilweise mit den Ansichten, welche Richard Wagner, mit dem
Keller seiner Zeit gute Nachbarschaft hielt, in der Schrift „Ein
Theater in Zürich" (1851) niedergelegt hat. Aber statt eines
ständigen Festhauses, wo wöchentlich gespielt wird, läßt Keller
nur diejenige Bühne gelten, die vom Volke selbst, etwa alle
fünf Jahr einmal, bei seinen großen nationalen Festen aufge·
schlagen wird.

„Die Weihnachtsfeier im Irrenhaus" hat zum Hinter=
grund die große Fehde des Jahres 1878 gegen den damaligen
Leiter der Anstalt, Professor E. Hitzig, jetzt in Halle. Gottfried
Keller, der „schnöde Lokaldichter" auf S. 73, ist auch der Ver=
fasser einer Adresse, die damals dem scheidenden Direktor über=
reicht wurde.

„Jeremias Gotthelf". Als ich vor zwölf Jahren einiges
aus dieser Serie in mein Lesebuch aufnehmen wollte, schrieb mir
Keller am 23. Mai 1880: „Meine Gotthelfrecensionen sind sehr
ungleich, zum Theil unüberlegt und flüchtig. Ich habe daher vor,
zu jener Zeit, wo ich einst einen Band noch extra zu schreibender
kritischer und kontemplativer Aufsätze zusammenstelle (wozu ich ein
Bedürfniß empfinde), fragliche Artikel durchzusehen und in Einen
zusammenzuschweißen.

Die ganze Studie ist in Berlin geschrieben worden. Wilhelm
Schulz in Zürich hatte seinen Freund im Frühjahr 1847 den Brock=
haus'schen „Blättern für literarische Unterhaltung" zugeführt, in denen
seither eine Reihe von Besprechungen Keller's erschienen. Brock=
haus beauftragte ihn mit einer Recension „Uli des Pächters" und
wünschte zugleich ein Gesammtbild Gotthelf's.

Der S. 111 angeführte „echt demagogische Professor" ist
Wilhelm Snell, und mit den „ästhetischen Tendenznovellen" Abra=
ham Emanuel Fröhlich's S. 135 spielt Keller namentlich auf

die Erzählung „das Musikfest in Bern" (in den „Alpenrosen" auf das Jahr 1852) an.

„Der Trank der Vergessenheit" mag die Erinnerung an einen verschollenen Unglücklichen, den begabten österreichischen Dramatiker Joh. Nepomuk Bachmayr wachrufen. Dieser, 1819 zu Neusiedl geboren, von Haus aus Jurist, warf sich seit Ausgang der vierziger Jahre auf das Drama, ohne es zu einem thatsächlichen Erfolg oder auch nur zu einer Bühnenaufführung zu bringen. Nachdem er um Habe und guten Namen gekommen war, lange als Koncipient bei einem Wiener Advokaten das Dasein gefristet und eine ergebnißlose Polemik mit seinen Gegnern Laube und Hebbel geführt hatte, beschloß er, „seine Leiden mit seinem Körper in den Wellen der Donau zu begraben". Am 23. August 1864 verließ er seine Wohnung und blieb seither verschwunden. (Vgl. C. v. Wurzbach, Biograph. Lexikon des Kaiserthums Oesterreich 1, 111 und namentlich 14, 386 f., wo auch die vielen Nekrologe auf Bachmayr aufgezählt werden). Ein zweites Trauerspiel „König Alfonso" war 1860 erschienen.

Gottfried Keller, der ja damals zunächst auch nach dem Lorbeer des Dramatikers strebte, hatte Bachmayr 1850 in Berlin persönlich kennen gelernt. Derselbe war ihm durch Hermann Hettner zugeschickt worden, der den „Trank der Vergessenheit" 1851 in den „Blättern für literarische Unterhaltung." Bd. 2. 712 ff. enthusiastisch besprach und das Stück eine „Tragödie im höchsten Sinne" nannte. Auch nach Keller's Ansicht besaß Bachmayr mehr Zeug zum Dramatiker als alle die jüngeren Gleichstrebenden zusammen.

„Auf jeden Fall — schrieb Keller an Hettner am 23. Oktober 1850 — ist er nach dem, was ich bis jetzt weiß, ein bedeutendes Talent, wenn er auch nicht diejenige Ruhe und Unbefangenheit besitzt, welche ich an poetischen Talenten zu treffen wünsche. Doch mögen dieß mehr Folgen lange erduldeter Hindernisse und Chicanen, als persönliche Eigenschaften sein, und der endliche Triumph wird ihm in mehr als einer Beziehung auf den Strumpf helfen. Wir kneipen viel mit einander herum, und ich habe dabei den Vortheil, die nöthigen Umtriebe für die Aufführung eines Stückes vorläufig zu studiren". Und später am 17. Februar 1851:

„Von Bachmayr" — dieser hatte Berlin im November 1850 verlassen — „weiß ich nichts. Ich habe ihn ein wenig im Verdachte, daß er sich nicht allzusehr um jemand kümmert, wenn man gerade nichts zu seiner dramatischen Carrière beitragen kann, welche er mit allzugroßer Subjektivität verfolgt. Doch wünschte ich sein Stück recht bald mit Bedacht lesen zu können, da ich es nur einmal schnell vorlesen hörte. Indessen hat er mir Stellen aus andern Stücken rezitirt; auch habe ich ein Lustspiel gelesen, und alles zeugte vom gleichen großen Talente. Dieses ist um so beachtenswerther, als es fast ausschließlich spezifisch dramatischen Charakters ist und nicht etwa eine allgemeine halbpoetische Stimmung. Es thut mir nur leid, daß er wieder in das verfluchte Wien zurück mußte, wo die Leute gar nichts von der Welt wissen. Er ist noch so konfus, daß es nothwendig seinen Arbeiten die rechte Klarheit und Bewußtsein etwas rauben muß. Er glaubt blind an Gervinus und Gagern, ist religiös, pantheistisch, demokratisch und konstitutionell, alles durcheinander. Da er nun noch dazu ein gewaltsamer und geräuschvoller, fast aufdringlicher Mensch ist, so fürchte ich, daß dieß seltsame Wesen ihm in seinen Angelegenheiten fast mehr schadet, als die Charakterlosigkeit und Dummheit der Theatertyrannen. Er hat in seinem Wien eben nicht Gelegenheit gehabt, sich zu kultiviren . . . . Ich selbst kam indessen gut mit ihm aus, da ich den edlen Kern von diesen äußern Zufälligkeiten zu unterscheiden wußte, und habe ihn recht lieb gewonnen."

Bachmayr's Drama ist in den Briefen an Hettner auch sonst Gegenstand eingehendster Unterhaltung.

Als Friedrich Hebbel im „Wanderer" vom 14. Mai 1851 den „Trank der Vergessenheit" leidenschaftlich angriff und für hirnverrückt erklärte, sollte Keller eine Lanze für den so Beleidigten brechen. Er nahm jedoch am Streite nicht Theil, wie überhaupt seine auf Hettner's Wunsch Herrn von Rochau von der „Constitutionellen Zeitung" zugesandte Besprechung, ein bloßer Auszug aus einem größern Artikel, für seine durchaus wahrhafte, von keiner Freundschaft bestechliche Art bezeichnend ist.

Den nächsten Anlaß zu der Erklärung „Ein nachhaltiger Rachekrieg" bot eine 1879 im Pariser „Temps" gedruckte Einsendung, welche, einen alten Vorfall in tendenziös entstellter Weise

aufrührend, die Novelle „Das verlorene Lachen" als einen persön=
lichen Racheakt des Dichters darzustellen suchte. Keller hatte 1871
als Staatsschreiber ein Bettags=Mandat verfaßt, in welchem er auf
die großen Zeitereignisse des vergangenen Jahres, sowie auf die
bekannte, durch internirte französische Offiziere hervorgerufene
Störung einer deutschen Siegesfeier in Zürich hinwies und zwar
mit folgenden Worten:

„Wieder ist der Herbst und mit ihm der Tag der vaterländischen
Andacht genaht, und wir dürfen sagen, daß die furchtbaren Kämpfe,
zum Theil dicht an unseren Grenzen, sich vollzogen haben, ohne daß
die unserm Vaterlande durch sie drohenden Gefahren verwirklicht wor=
den sind. Während wir die anstrengenden Pflichten der Bewahrung
unserer friedlichen Landesmarken übten, war es uns gleichzeitig ver=
gönnt, an dem Wetteifer der mit uns von dem unerhörten Schauspiel
erschütterten Welt Theil zu nehmen und das fremde Elend nach Kräften
lindern zu helfen. Selbst der Uebertritt einer Heeresmasse, so zahl=
reich, wie sie noch nie mit Einem Schlage von außen her auf dem
Boden unserer Heimath erschienen ist, hat nur dazu gedient, unsere
öffentlichen Einrichtungen zu erproben und den werkthätigen Sinn
unseres Volkes wach zu halten und zu erhöhen. Wenn auch manches
Opfer an Gesundheit und Leben dabei gebracht werden mußte, so
können wir doch nicht dankbar genug aufblicken zum Herrn aller
Völker, da er abermals uns so freundlich geschützt hat.

„Dennoch ist die Lage auch unseres Vaterlandes nicht mehr ganz
dieselbe, wie sie es vor diesem Kriege gewesen ist. Wiederum hat eine
jener großen Nationen, von denen wir umgeben und mit denen je=
weilig Theile unsers Volkes stammverwandt sind, ihre Einheit und
damit eine kaum geahnte Machtfülle gefunden. Und während in un=
serm Norden eine glänzende Kaiserkrone wieder errichtet worden ist,
wie zum Zeichen, daß Heil und Gelingen nur von Einer Lenkerhand
ausgehen können, ringt die darnieder geworfene Nation in unserm
Westen an ihrem Wiederaufbau; aber auch hier, im Unglücke, handelt
es sich nicht um ein Zusammenwirken freier Männer, sondern um den
Namen des rettenden Führers, welcher gesucht wird. So scheint denn
das republikanische Prinzip, welches unser bürgerliches Dasein von
jeher bedingt hat, mehr zu vereinsamen, als Unterstützung zu finden.
Lächelnde, wenn auch unberufene Stimmen lassen sich hören: Was
willst du kleines Volk noch zwischen diesen großen Völkerkörpern und
Völkerschicksalen mit deiner Freiheit und Selbstbestimmung?

„Wie zur Antwort auf solche Fragen haben in unserer Mitte
Scenen der Gewaltthat und Rechtsverletzung stattgefunden, welche den

Urtheilsspruch des Strafrichters erforderlich machten, das glückliche Gefühl bewahrten Friedens und gesicherter Ordnung weithin getrübt, unsern Ruf gefährdet haben. So einstimmig die betreffenden Vorgänge verurtheilt wurden, mochten sie doch nicht ganz fremd sein einer gewissen Scheu und Furcht, welche dem Neuen und in seinen Folgen noch Ungekannten gegenüber manches Gemüth beschlich, und Angesichts solcher Stimmungen schien die Frage nicht unberechtigt: Sollte unser Vaterland die neuentstandenen Machtverhältnisse wirklich nicht zu ertragen, ihnen nicht in's Auge zu schauen vermögen?"

Diese Stelle des Mandates erregte das Mißfallen des bekannten schwäbischen Reformgeistlichen Heinrich Lang, damals Pfarrer am St. Peter in Zürich. Derselbe griff Gesinnung, Ton und Sprache des Erlasses in der „Zürcherischen Freitagszeitung" Nr. 36 vom 8. September 1871 scharf und höhnisch an: „Etwas Verzwickteres, Geschraubteres, Schwülstigeres ist noch keiner regierungsräthlichen Feder entflossen". Der einfachste natürlichste Gedanke gehe auf haushohen Stelzen u. s. w. Darauf entgegnete die Redaktion der „Neuen Zürcher Zeitung" in Nr. 462 vom 9. September: „Ein Einsender der „Freitagszeitung" fällt ein höchst wegwerfendes, nach unserer Ansicht ungerechtes Urtheil über das von der Regierung erlassene Bettagsmandat und versteigt sich dahin, dem Verfasser sogar die Fähigkeit, richtig deutsch zu schreiben, abzusprechen. Wahrscheinlich hätte er seinem Selbstgefühl wenigstens bei letzterem Vorwurf einen Zügel angelegt, wenn ihm bei Durchlesung des Mandates die zweite Unterschrift, diejenige des Herrn Staatsschreibers Gottfried Keller, nicht völlig entgangen oder als bedeutungslos erschienen wäre." Eine Einsendung in der nächsten Nummer der „Freitagszeitung" suchte zu beschwichtigen: Keller werde sich selbst sagen, er verstehe zwar Lieder und Romane, nicht aber für die Kanzel berechnete Bettagsbetrachtungen hervorzubringen.

Damit schien die Angelegenheit abgethan, bis sie nach Jahren in dem Pariser Blatt wieder auftaucht.

Der „Temps" vom 19. September 1879 brachte folgende Korrespondenz, die G. Keller dem jüngst verstorbenen Weltpostdirektor Borel zuschrieb:

„Il y a quelques années, à Zurich, on causait dans un petit cercle d'amis du mandement pour le jeûne que venait de lancer le gouvernement du canton. Du sublime au ridicule il n'y a qu'un pas, et le document officiel l'avait peut-être franchi en s'appropriant l'éloquence onctueuse et emphatique de la chaire, empruntant ainsi un langage qui faisait par trop disparate avec le langage ordinaire non moins qu'avec le tempérament bien connu des démocrates qui siégeaient alors dans les conseils de la République. Il n'en fallut pas plus pour surexciter la verve sarcastique de M. Lang, alors pasteur de l'Eglise de Saint-Pierre et l'un des chefs les plus marquants du parti de la réforme religieuse connu sous le nom de christianisme libéral.

Au nombre des auditeurs de la critique pétillante d'esprit et de jovialité qu'il fit de la prose gouvernementale, se trouvait le rédacteur même du mandement, M. Gottfried Keller, alors chancelier de la République. M. G. Keller est l'auteur de plusieurs volumes de délicieuses nouvelles zuricoises appréciées de quiconque est au courant de la littérature allemande et dont l'une: „Roméo et Juliette au village“, a été publiée il y a quelques années en traduction dans une revue littéraire française.

Froissé dans son amour-propre d'auteur par les traits satiriques décochés contre son oeuvre par son ami Lang, il ne tarda pas à en tirer vengeance. Une nouvelle zuricoise, pleine de mérite d'ailleurs, qu'il publia quelque temps après sous le titre: „Das verlorene Lachen“ (le sourire perdu), met en scène, en lui faisant jouer un rôle pitoyable, un pasteur appartenant à l'école libérale, sous les traits duquel il était impossible de ne pas reconnaître que l'auteur s'était efforcé de faire la caricature ou la charge du pasteur zuricois. Celui-ci, qui était connu en Suisse sous le nom de réformateur Lang, est décédé, il y a deux ou trois ans à la suite d'une conférence que, tout malade, il était allé faire á Bâle. Sa mort a été un deuil public pour tout le canton de Zurich, et je croirais faire tort aux sentiments de notre éminent romancier, Keller, si je n'admettais pas qu'il a regretté plus d'une fois de s'être laissé aller à un excès de susceptibilité vis-à-vis d'une innocente raillerie.“

Auf diese Einsendung im „Temps“ bezieht sich Keller's Entgegnung.

Den Glückwunsch „Zu Fr. Th. Vischer's achtzigstem Geburtstag“ schrieb Keller auf Wunsch der Redaktion der „Allgem. Zeitung“, die ihn am 5. Mai 1887 um einen Festartikel ersuchte.

Ueber das Verhältniß der beiden Männer vergl. den Briefwechsel
zwischen Gottfried Keller und Fr. Th. Vischer in K. E. Franzos'
„Deutsche Dichtung" Bd. 9, S. 181 ff. (1891.)

Von dem kleinen Aufsatz über „Reineke Fuchs" urtheilte
Kaulbach, dem er zu Gesichte kam, er enthalte das Beste, was über
seine Illustrationen geschrieben worden sei.

Das „Bettagsmandat" von 1862 erschien der damaligen
Züricher Regierung nicht genehm und wurde durch ein anderes,
ziemlich farbloses ersetzt, das ein Mitglied der Behörde zum Verfasser
hat. Keller schrieb nur die Mandate von 1863, 1867 und 1871.

Die ziemlich zahlreichen politischen Artikel Gottfried Keller's
sind zu sehr bloß für den Tag und den Ort, an dem sie ent=
standen, berechnet, als daß sie heute noch von allgemeinerem In=
teresse sein könnten. Für einen Wiederabdruck würde am ehesten
eine Serie 1861 erschienener „Randglossen" in Betracht zu ziehen
sein. Im Nachlaß liegt eine mitten im Waffenlärm des Sommers
1866 hingeworfene, für Abraham Roth's „Sonntagspost" be=
stimmte, jedoch unterdrückte, unmuthige Ergießung über unser Mi=
litärwesen. Trotz ihrer offenbaren Unzeitgemäßheit können wir
uns den Abdruck einiger Stellen daraus, zu Nutz und Frommen
unserer kriegerischen Gegenwart, nicht versagen:

— — „Nichts ist geeigneter, einem altmodischen Menschen den
Muth und das Vertrauen so zu benehmen wie das Militärgeschrei,
das wir in diesen Tagen, Wochen und Monaten erlebten. — —
Nichts sieht unkriegerischer und erbärmlicher aus, als die klein=
müthigen verzweifelten Besprechungen und die geschraubten Forderungen
bezüglich unsers Kriegswesens. Wenn man vor zehn Jahren von
200,000 Mann sprach, so glaubte man das Maul sehr voll zu nehmen;
jetzt thun's 500,000 nicht mehr, sondern es müssen 800,000 sein,
ein sicheres Zeichen, daß der Manneswerth im Schweizerlande im Kurse
heruntergegangen wäre, wenn die Sache so stünde. Hinterladung,
Schlagwaffen, Landsturm (letzterer in zehn verschiedenen Auffassungen),
alles wird fieberhaft besprochen, berochen, berufen, bezankt und begackelt;
nur ein einziger kleiner armer Faktor, das ursprüngliche Muttergütchen
der Schweiz, erfreut sich keiner Rücksichtnahme mehr: nämlich der Satz,
daß man es in Gottes Namen auch mit Wenigem muß machen können,
wenn man nicht Viel hat! Dieses ist das Militärgeheimniß unserer
Väter gewesen; wie es scheint aber nicht dasjenige der Herren Enkel,

welche die eidgenössische Feldbinde wohl journalistisch und belletristisch zu verwerthen wissen, jedoch nicht mehr an sie glauben!

„Mit Wenigem es machen können, hieß ehedem so viel als: Wenn der Mann seine Hausthüre hinter sich hat, so ist er mit Leib und Leben und Leidenschaft dem Vaterland verfallen und betrachtet sich als todt, ist deßhalb unbedingt zuverlässig! Jetzt ist's anders geworden.

„Jetzt verlangt der Schweizermann vor allem aus Reklame. Jetzt beginnen die Aufrufe und Sammlungen für das arme Tröpfchen, das die Ehre hat, Soldat zu sein, mit der Piketstellung. Rückt erst ein Bataillon an die Grenze, um einige Wochen lang dort täglich sein Pfündchen Fleisch zu essen, so ruft dieses Faktum eben so viele Schrift- steller und Stilüber hervor, als die Kohorte Soldaten zählt; und wenn kein Blei verschossen wird, so wird wenigstens solches stumpf gedruckt.

„Das Militärgeheimniß der Schweiz war sonst, daß man eben das thun müsse, was andre nicht thun; daraus gingen die specifisch schweizer- rischen Waffenthaten hervor; jetzt will man höchstens das thun, was die andern auch können, und da muß man natürlich die gleichen Mittel haben, wie diese andern, d. h. wenn sieben Mann gegen einen gegebenen Punkt anrücken, so müssen genau sieben, oder besser noch, acht Mann dort aufgestellt werden.

„Sonst glaubte man: Zehntausend Schützen zu haben, heiße so viel, als zehntausend selbstbewußte Individuen zu haben, von denen jeder seinen eigenen Krieg zu führen im Stande sei. Jetzt scheint man nicht einmal zu wissen, wie man unsere theuerwerthen Scharfschützen als Rohstoff eigentlich verwenden wolle. Dem Mangel an That ging aber von jeher der Mangel an Idee voran. Es ist unerträglich, einer- seits von der alten Competenzelei vertraulich achselzuckend bemerken zu hören, „es werde eben nicht viel zu machen sein“ — andrerseits den Volksgenius in überspannter und verdrehter Weise da suchen zu sehen, wo er nicht ist; er ist nämlich niemals da, wo Uebertreibung und Unruhe, die Eltern der Feigheit, sind, sondern da, wo schlichtes Selbstvertrauen, zuverlässige Pflichterfüllung und Ordnungssinn walten, mit einem Wort, wo es Frömmigkeit im alten Sinne des Wortes, virtus, gibt. Dieselbe verträgt sich aber nicht mit der heutigen Bummelei.

„Hoffen wir, daß unser Volk als ein praktisches und lebendiges Wesen im konkreten Falle zeige, was hinter ihm steckt und stecken muß.“

Von den beiden trefflichen Erzählungen gedachte Keller die erste, „Verschiedene Freiheitskämpfer“, die ihm wegen der Figur des Peter Dümanet sammt dessen Tornister werth war, umzu- schreiben und zu erweitern. Die zweite, „Der Wahltag“, gab er bei den heute in der Schweiz bestehenden Referendumseinrichtungen, welche die Bürger unnöthig oft zur Urne treiben, als eine überlebte, nicht mehr zeitgemäße Geschichte, preis. Berthold Auerbach erhielt die „Freiheitskämpfer" anfangs Juni 1862 für seinen Volkskalender. Nachdem er Keller Jahre lang ungestüm zu weiteren Kalendergeschichten gedrängt hatte, sandte ihm dieser im Sommer 1865 endlich den „Wahltag", welcher zwar schon im April 1862 in der „Bülacher Wochenzeitung" erschienen war. Die ganze Scene hängt mit den Maiwahlen in den Zürcher Großen Rath vom Jahre 1862 zusammen. Keller hatte damals als Staatsschreiber jene im Eingang zum „Wahltag" mit köstlicher Selbstironisirung erwähnte Wahlproklamation der Regierung zu verfassen, „worin diese das gleichgültige Volk gar nöthlich anfang, daß es seiner Bürgerpflicht genügen möchte." So liest man z. B. in jener Kundgebung an die Bürger vom 12. April: „In der hohen Bedeutung des Rechtes, das diese Wahlen in Euere Hände legt, liegt eine Aufforderung an Euch, die Ausübung desselben nicht zu versäumen. Nur ein freies Volk besitzt das Recht, seine Gesetze sich durch frei gewählte Stellvertreter, also mittelbar sich selbst, zu geben". u. s. w.

Endlich bieten wir der großen Keller-Gemeinde ein nachgelassenes Trauerspielbruchstück. „Therese" ist unter mehreren Entwürfen der einzige, der feste Gestalt angenommen hat, ja bereits auf zwei Akte gediehen war. Die Konception fällt in den Heidelberger Sommer 1849. In Berlin, wo sich Gottfried Keller zum Bühnendichter heranzubilden gedachte, drängten andere Stoffe zur Gestaltung, zunächst derjenige eines Lustspiels „Jedem das Seine", von dem einige Anfangsscenen niedergeschrieben wurden. Es war seine Art, ein Werk in allen Einzelheiten fertig erst im Kopfe zu entwerfen, bevor er eine Zeile schriftlich fixirte. War ein Plan auf diese Weise durchgedacht, nannte er sein Werk ein fertiges, ein Umstand, der seine Verleger so oft zur Verzweiflung brachte. Eine ganze Anzahl heiterer und tragischer Stoffe legte er sich so zurecht: die Ausführung derselben erschien ihm als eine einstweilige Uebergangsthätigkeit, da er — wie er einmal schreibt — noch nicht bei der höchsten Erfahrung, deren er sich fähig glaubte, angelangt war, und andererseits er die Strömung der Zukunft abwarten wollte.

Sein Trauerspiel „Therese" hätte er jeden Augenblick vollenden
können, zweifelte jedoch (20. Okt. 1850), ob dasselbe für ein erstes
Auftreten nicht zu einfach, zu wenig geräuschvoll wäre. Er hatte
nämlich die Ueberzeugung gewonnen, daß es bei einem rechten
Bühnenstück weniger auf Ueberraschungen und künstliche Verwicke=
lungen ankomme, als auf die vollständige Uebersicht des Zuschauers
über die Verhältnisse und Personen. Derselbe solle mit dem Dichter
sehen, wie alles kommen müsse; er müsse vollkommen klar die Gegen=
sätze einer Situation durchschauen, welche den betheiligten Personen
selbst noch verborgen sind, oder welche zu beachten sie im Drange
der Handlung keine Zeit haben. Als die reinsten dramatischen
Erschütterungen betrachtete Keller diejenigen, welche stufenweise schon
vorher empfunden und vorausgesehen worden sind. Damit aber
so viele als immer möglich, damit auch die Menge auf diesen
hohen Standpunkt, zu diesem wahren Genuß gebracht werden
könne, hielt er Einfachheit, Ruhe und Klarheit für den alleinigen
Weg, der zur Klassicität führe.

Diesen Weg schlug er in dem vorliegenden Trauerspielfragment
ein. Der ursprüngliche Plan hat hier bereits verschiedene Phasen
durchlaufen. Zunächst mußte der widerwärtige Missionär aus dem
Stücke wegfallen. Ein edler junger Mann tritt an dessen Stelle.
Die neue Handlung, von dem äußern Moment einer Frühlingsüber=
schwemmung getragen, sollte sich offenbar über drei Akte vertheilen.
Der erste ist nicht ausgeführt worden. Es liegen zu demselben nur
kurze Anläufe vor: einmal einige, dem älteren Plane angehörige
exponirende Scenen, die zwischen dem alten Dienerpaare sich ab=
spielen und in die Häuslichkeit der Frau Therese einführen; sodann
der Anfang einer in Jamben gehaltenen Scene, die zum jüngeren
Plan gehört und die Ueberschwemmung schildert. Es sind indessen
nicht viel mehr als ein halbes Dutzend Verse. Noch in den sieben=
ziger Jahren suchte sich der Dichter — allerdings ohne Erfolg —
dem Werke seiner Jugend wieder zu nähern. Akt zwei und drei
dagegen sind der Hauptsache nach im ersten, oft noch unvollkommenen,
hier abgedruckten Entwurf ausgeführt, offenbar mit fliegender Feder
und in Einem Zuge etwa 1851 in Berlin niedergeschrieben. Diese

beiden Akte sind bereits im Sinne des jüngern Planes gehalten, in welchem das pietistische Motiv zurücktritt.

Das Fragment mag für sich selber sprechen. Auch hier ist Naturalismus, aber solcher, der Poesie, der Kunst ist. Alle Schranken einer weisen, von Sitte und Religion eingedämmten Lebensführung stürzen zusammen vor dem Aufschrei der Stimme der Natur. Theresens Leidenschaft hat in der That etwas Elementares in sich, „wie eines jener Phänomene der Natur, welche schreckhaft vor uns aufziehen und wieder in sich selbst zusammensinken." Das Ringen von Mutter und Tochter geht weit über den gewöhnlichen Zweifrauenkonflikt hinaus. Ein Strom von Poesie fluthet durch beide Aufzüge. Wie herrlich, wie erschütternd zugleich ist die nächtliche Gartenscene oder der auf diese folgende Pfingstmorgen mit der Katastrophe!

Möglich, daß das Bruchstück heute noch für die Bühne zu retten ist. Man darf nur nicht übersehen, daß die Diktion der überarbeitenden Feile entbehrt. Noch sind lyrische Partieen überwiegend. Das Monologische tritt zu sehr hervor, während der Dialog vielfach zu wünschen übrig läßt. Sprache und Ausdruck tragen noch durchwegs das Gepräge eines ersten Entwurfes. Auch sonst wäre vieles Jugendliche nicht mehr bestanden vor dem scharfen Blicke des reiferen Dichters.

Von späteren dramatischen Projekten Gottfried Keller's aus dem Ende der siebenziger Jahre liegen nur unvollkommene Andeutungen vor, so zu einem „Gassengericht" und einem Stück „Im Irrenhause". Von einem „Savonarola" dagegen, von dem der Dichter hie und da sprach, ist keine Zeile vorhanden.

Verzeichniß der übrigen kleinen gedruckten Auffätze Gottfried Keller's.*)

1845 Der Bote von Uster. Redigirt von Chiridonius Bitterfüß. Nro. 27: „Zur Warnung". Nro. 39: „Der Polizeidichter Neithaar". Nro. 40: „Zeitgemäße Betrachtungen".

1847 Blätter für literarische Unterhaltung Nro. 36—39: „Literarische Briefe aus der Schweiz". (Deutsche Literaten. Marr. Schriften über deutsche Handwerkervereine in der Schweiz.)

— Blätter für literarische Unterhaltung Nro. 215: Anzeige von Lebrecht, Drei Tage aus dem Leben eines Züricher Geistlichen.

1848 Neue Zürcher-Zeitung vom 12. Februar Nro. 43: Kunstbericht über C. Boßhard's „Waldmann".

— Blätter für lit. Unterhaltung Nro. 196: Anzeige von Ludwig Börne, Französische und nachgelassene Schriften.

— — Nro. 304—305: Besprechung von Arnold Ruge's gesammelten Schriften.

1849 Blätter für lit. Unterhaltung Nro. 85: Anzeige von Jeremias Gotthelf, Doktor Dorbach der Wühler und die Bürglenherren in der heiligen Weihnachtsnacht Anno 1847.

1852 Hermann Hettner, Das moderne Drama. Darin S. 177 ff. Stellen aus einem Briefe Keller's an Hettner über die moderne Posse. (Man wird den ganzen Brief s. Z. in dem Briefbuch finden.)

1856 Eidgenössische Zeitung Nro. 358 vom 26. Dezember: „An die hohe Bundesversammlung". (Bei Anlaß des Neuenburger Konfliktes mit Preußen.) Schluß:

— — „Wenn ein einzelner Mann in dunkler Nacht steht und fühlt, wie die Widersacher ihn umschleichen, ihre Stöße auf ihn zu führen, so wünscht er sich einen

---

*) An einer anderen Stelle wird eine ähnliche Bibliographie von G. Keller's Gedichten folgen.

einzigen Lichtstrahl, damit er erkennen kann, wohin er
mit seiner Faust am wirksamsten fassen soll, sich seines
Lebens zu wehren. In solcher Lage befindet sich das
Schweizervolk, und es bittet Euch, seine Verwalter, ihm
jenen Strahl zu verschaffen, indem Ihr, wenn es in Eurer
Gewalt liegt, das Aeußerste thut, was wahre Ehre und
vollkommene Unabhängigkeit des Gesammtvaterlandes erlauben, Frieden zu erhalten. Nur indem Ihr im Namen
des Schweizervolkes eine unbezweifelbar friedliche Gesinnung verkündet und demzufolge das Aeußerste bietet,
was dem ehrlichen und treugesinnten Schweizer möglich
ist, lenkt Ihr jenen hellen Lichtstrahl in das Gesicht der
fremden Gewalten, ihre wahren Absichten treten unver-
hüllt zu Tage, und wir werden von dem Augenblicke an,
wo Eure Bemühungen sich als fruchtlos erweisen, wissen,
daß wir nicht mehr auf fremdes Wort, sondern allein
auf eigene That zu achten haben.

Diese steht bereits dicht hinter Euern Stühlen. Gefaßt und wohlgemuth zieht schon auf allen Wegen das
blühende Heer nach den Grenzen, während die noch
Zurückbleibenden in ernster Sorge stehen, wohin das
Auge blickt. Aber es ist nicht die zagende Sorge, sondern
die ehr- und wehrhafte Sorge, die Mutter der besten
Thaten, des allein gerechten Kriegsmuthes.

Habt Ihr zum letzten Mal und vergebens um Frieden
getagt, so taget zur selben Stunde zum Krieg und führet
Euer Volk in jene ernste und heilige Schule, wo die
Güter des Lebens nach ihrem wahren und letzten Werth
erkannt und geschätzt werden!"

1860 Politischer Volksaufruf zu einer öffentl. Versammlung nach Uster
am 7. Okt. (Protest gegen die Haltung der Züricher Mitglieder der Bundesversammlung in der Savoyer Frage;
wieder abgedruckt bei Fr. Scheuchzer, Salomon Bleuler
(Winterthur 1887) S. 62 ff. Die betr. Versammlung in Uster
beschloß, dem Volke in einer Flugschrift die Wichtigkeit der
bevorstehenden Nationalrathswahlen und die Nothwendigkeit
einer andern Vertretung an's Herz zu legen. Gottfried Keller,
Fürsprech Spyri und Dr. Fr. Wille sollten das Flugblatt
schreiben. Der letztere übernahm die Abfassung desselben.)

— Der Bund Nro. 286 mit der Chiffre G.: Zürcher Correspondenz vom 13. Oktober. (Versammlung in Uster für die
Nationalrathswahlen.)

1860 Der Bund Nro. 289 Zürcher Correspondenz vom 15. Oktober

— — Nro. 290 Zürcher Correspondenz vom 16. Oktober

— — Nro. 292 Zürcher Correspondenz vom 18. Oktober

Darin folgende Stelle: — — „Die „N. Zürcher-Ztg." stellte vor einigen Jahren in edler Selbsttäuschung den Satz auf, Bildung und Sitte der deutschen Schweiz seien wesentlich französisch. So viel davon ist richtig, daß auch wir ein unsterbliches Geschlecht von Gaffern haben, die nach Frankreich gaffen und nicht eher klug werden, als bis sie eine tüchtige Kelle voll Elend in den offenen Mund bekommen haben. Wem Frankreich wirklich 'was geben kann, der nehme es mit Dank an. Uns kann es nichts geben, sondern nur nehmen, und unsere Bundesverfassung, das erste brauchbare Original-Gewächs seit dem Untergange der alten Eidgenossenschaft, ist das Erzeugniß unseres germanischen Saftes und Blutes, so gut wie die alten Briefe der großen Zeit."

— — Nro. 305 Zürcher Correspondenz vom 31. Oktober

— — „Der ehrenwerthe Präsident des Großen Rathes konnte in seiner letzten Eröffnungsrede nicht glauben, daß Einer in Zürich gut, dagegen in Bern nicht gut am Platze sein könne; er bedachte nicht, daß eine Hausfrau eine gute Suppe kochen mag, ohne damit zu beweisen, daß sie auch auf dem Posthörnlein zu blasen verstehe." (Vgl. auch N. Zürcher-Zeitung Nro. 290 vom 16. Okt. und Nro. 310 vom 5. Nov.: Repliken gegen den „poetischen Verfasser der Uster-Einladung und den Zürcher G.-Correspondenten)."

1861 Der Bund Nro. 11 vom 12. Januar: Ein Kunstbericht aus Zürich (Ernst Stückelberg's Marienprozession im Sabinergebirge und Rudolf Koller's Schlafender Knabe, der eben gebadet hat).

— Zürcher Intelligenzblatt Nro. 46 vom 22. Februar: „Nachträgliches". (Kritik der A. Escher'schen Eröffnungsrede des Großen Rathes.)

— — Nro. 65, 67, 73 und 74 vom 16—27. März: „Randglossen" (Polemik gegen Dr. Felber von der N. Zürcher-Ztg.; soziale Fragen.)

— Zürcher Intelligenzblatt Nro. 118 vom 19. Mai: „Pfingsten". (Eine politische Betrachtung bei Anlaß des Brandes von Glarus.)

Eingang: „Pfingsten ist durch das Landesunglück, wie man den Brand von Glarus wohl benennen kann, nicht um ihre Lieblichkeit gekommen; diese wird vielmehr erhöht durch eine ernste und erhebende Erfahrung, sowie durch die Eintracht, mit welcher das Liebeswerk die Gemeinden in die Landeskirche führen wird, darunter manchen, den sie sonst nicht viel zu sehen bekomt. Gegenüber dieser Eintracht und der handlichen Bewegung dieser Tage werden der welt- und kreaturfeindliche Eiferer auf reformirter Kanzel und der aus einander zerrende herrschsüchtige Ultramontane gleich einsam und verlegen dastehen; denn das Volk wird das Glarnerfeuer nicht als ein höllisches Straffeuer, sondern als ein läuterndes und weihendes Pfingstfeuer betrachten."

1861 Zürcher Intelligenzblatt Nro. 161 vom 9. Juli: „Die Schützenfeste". (Ueber die Betheiligung der Kunst an den schweiz. Nationalfesten.)

— — Nro. 203 vom 27. Aug.: „Unser Große Rath".

— — Nro. 219 vom 14. Sept.: „Eine Steuerverweigerung".

1863 Das provisorische Comite zur Unterstützung der Polen an die Bewohner Zürich's: Flugblatt vom 18. März. (G. Keller war Sekretär dieses Comites).

1865 Sonntagspost. Eine schweiz. Wochenschrift von Abraham Roth: Kantonalberichte. Ueber die Zürcher Verfassungsrevision in der Probenummer S. 19 („Ihre freundliche Aufforderung" ꝛc.); Nro. 4 vom 8. Januar S. 12 („Die Gründe, welche" ꝛc.); Nro. 44 vom 15. Okt. S. 13 („Das auf die Gemeindeorganisation" ꝛc.) (Keller's Correspondenzen wurden hier stark verstümmelt abgedruckt.)

1866 Neue Zürcher-Zeitung Nro. 140 vom 20. Mai: „Die „Rückblicke" — und die Akten". (contra Winterthurer Landbote.)

— Neue Zürcher-Zeitung vom 26. November Nro. 330. Nekrolog des im Juli 1866 in München verstorbenen Porträtmalers Conrad Hitz. (großentheils nach fremden Notizen zusammengestellt).

1867 Robert Weber, Die poetische Nationalliteratur der deutschen Schweiz. Darin in Bd. 3 S. 1—2 eine autobiographische Skizze Gottfried Keller's. (Der Schlußsatz ist selbstverständlich Zuthat des Herausgebers. Keller schrieb den kleinen Aufsatz im Herbst 1866.)

1867 Luzerner Tagblatt Nro. 218 vom 12. September: Erklärung
G. Keller's sein Gedicht „Waldstätte" (Gedichte 1846 S. 235,
im August 1844 entstanden) betreffend. Die Luzerner Zeitung Nro. 244 vom 9. Sept. 1867 druckte diese „Giftblume"
aus einem Gesangheft des Züricher Männerchors ab mit
der Bemerkung: „Wir konnten kaum unseren Augen trauen,
so 'was von einem hochgestellten jungen (!) Mann in Zürich
als poetischen Erguß zu lesen — so sehr fanden wir dieß
gegen alle Pietät und Humanität, ja als einen Faustschlag
in's Angesicht der Wahrheit und Liberalität". Zugleich brachte
dieselbe Nummer ein Gegengedicht: „Der Schutzgeist des
Vaterlandes für die vier Waldstätte" betitelt, als Verfasser
desselben unterzeichnete sich: „Der Klausner von Saalberg
im Waldstätten-Kanton Luzern". Darin stehen Kraftstrophen
wie die folgende:

> „Zieh fort aus unserm Lande
> Du Störefried! bringst ja nur Weh,
> Wasch du deine eigene Schande
> In unserm urtiefen See"!

Darauf sandte G. Keller die folgende Erklärung an National-
rath A. Wapf in Luzern, welcher sie im „Tagblatt" ab-
drucken ließ:

„Hochgeachteter Herr! Sie haben die Freundlichkeit,
mir die Nro. 244 der „Luz. Ztg." zu übersenden, in
welcher das Gedicht „Waldstätte" mit einer poetischen
Erwiderung des mir unbekannten Herrn „Klausner von
Saalberg" und mit einer Einleitung in Prosa abgedruckt
ist, welche das erstere Erzeugniß als ein ganz neues, als
einen gewissermaßen in jüngster Gegenwart gegen die
Urschweiz gerichteten absichtlichen Angriff darstellt. Sie
erinnern mich dadurch an unsere unlängst geführte Unter-
redung, während der Sie mich um Aufschluß über den
Sachverhalt hinsichtlich dieser ungeschickten Affaire er-
suchten, die sich nun seit Monaten fortspinnt und wie
es scheint nicht zur Ruhe kommen kann. Gern ergreife
ich endlich den Anlaß, mich gegen werthe Eidgenossen
selbst auszusprechen und den Hergang einfach zu erzählen, so weit er mich berührt. Das fragliche Gedichtchen ist im Jahr 1845, zur Zeit des Sonderbundes und
der Freischaarenzüge, entstanden, vor dem Ausbruche

eines Bürgerkrieges, als man sich gegenseitig nicht nur
mit dergleichen Anreden traktirte, sondern auch schon
auf einander schoß. Es ist also nichts anderes, als ein
Zeit- und Streitgedicht aus jugendlich leidenschaftlicher
Feder. Gedruckt ist dasselbe erschienen in meiner ersten
Gedichtsammlung, Heidelberg bei C. F. Winter 1846,
und scheint bis auf die neuste Zeit von niemandem bemerkt worden zu sein, als von meinem verstorbenen
Freund Wilhelm Baumgartner. Dieser theilte mir nämlich vor ungefähr zwei Jahren, als er schon den Keim
seiner Todeskrankheit in sich trug und daher kranken
Stimmungen unterworfen war, eines Tages mit, er gehe
damit um, das Lied „Waldstätte" für Männerchor zu
komponiren und gedenke ein eigenthümliches Opus zu
liefern. Ueberrascht sagte ich ihm sofort, er erweise mir
hierdurch keinen Gefallen, da ja der Friede längst geschlossen sei und ein solcher Gesang sich seltsam aus-
nehmen müßte mitten im Gedeihen des erstarkten neuen
Bundes. Wie könne er sich nur z. B. einen Gesang-
verein vorstellen, der sich vornähme, das Lied etwa an
einem eidgenössischen Sängerfeste vorzutragen und damit
vier Kantone in Bausch und Bogen anzuhudeln mit
den leidenschaftlichen Worten einer Kriegszeit, die, Gott
sei Dank, vorüber sei. Denn wenn die römische Wirth-
schaft auch vielfach forthause in unsern Bergen, so handle
es sich nicht mehr um die vier Länder, die politisch verbunden und militärisch gerüstet uns mit Regierungen
und Volk feindlich gegenüber ständen, geleitet von Führern,
die fast alle vom Schauplatze abgetreten seien u. s. w.
Ich bat meinen Freund, die Sache um so eher fallen zu
lassen, als ich mir längst vorgenommen hätte, das Lied
zu streichen, sobald ich Gelegenheit fände, eine neue Zu-
sammenstellung meiner Sachen zu unternehmen, wobei
es mir dann unangenehm wäre, das, was ich auch aus
allgemein kritischen Gründen zu unterdrücken wünsche,
gerade durch Freundeshand wieder aufgewärmt und erhalten zu sehen. Baumgartner kam auf die Sache nicht
mehr zurück, namentlich erwähnte er mit keiner Silbe,
daß er die Komposition dennoch ausgeführt habe. So
erschien dieselbe denn, und mit ihr der Text, mir gänzlich unbewußt und nach dem Tode Baumgartner's, in
einem Heft Männerchöre, von wo aus der einfältige
Handel dann seine Reise durch die Zeitungen antrat und

bald da, bald dort immer wieder auftaucht, trotzdem von verschiedener Seite auf die Entstehungsweise des in Rede stehenden Erzeugnisses hingewiesen worden ist. Eben die Hartnäckigkeit, mit welcher an der Angabe festgehalten wird, es sei dasselbe eine unmittelbar jetzt geschehene Expektoration eines Zürchers, scheint mir charakteristisch für gewisse Tendenzen zu sein, und sie zwingt mich, anläßlich eines an sich unbedeutenden Produktes so viele Worte zu machen. Die schon verschollen gewesenen Verse erst recht wieder verbreitet zu haben, dürfte nicht einmal die Schuld besagten Gesangheftes, sondern eher diejenige der scheinbar entrüsteten Herren Publizisten sein. Wenn Sie, hochgeachteter Herr, etwas dafür thun wollen, diesen Sachverhalt namentlich ihren Luzernischen Mitbürgern, die etwa irre geführt und geärgert sein sollten, bekannt zu machen, so würden Sie mich zu einem Danke verpflichten, der meiner für alle Schweizer gleichen eidgenössischen Gesinnung entspräche, möge diese Gesinnung denselben von noch so geringer Bedeutung sein.

Ihr hochachtungsvoll ergebener

Zürich, 10. Sept. 1867.   Gottfried Keller.

1867 Mandat für den auf Sonntag den 15. Herbstmonat festgesetzten Bettag.

1871 Mandat für den auf Sonntag den 17. Herbstmonat festgesetzten Bettag.

1873 Basler Nachrichten vom 1. April 1872: Entgegnung Keller's. Dieselbe betrifft einen Trinkspruch, den Keller beim Abschiedsbankett Professor Gusserow's hielt.

„Ich lese soeben in Ihrem Blatte die Notiz über einen Vorgang am Abschiedsbankett des nach Straßburg berufenen Hrn. Professor Gusserow, und die Bemerkungen, welche Sie daran knüpfen, veranlassen mich, Sie um Aufnahme einer Berichtigung zu ersuchen. Ich hatte allerdings, von belebtem Toastiren hingerissen, auch das Wort ergriffen; der Sinn meiner nicht studirten Rede war kurz gesagt der: Gusserow möchte die Straßburger von ihren alten Freunden, den Zürchern, grüßen und ihnen sagen, sie möchten sich nicht allzu unglücklich fühlen im neuen Reiche. Vielleicht käme eine Zeit, wo dieses deutsche Reich auch Staatsformen ertrüge, welche den Schweizern nothwendig seien und dann sei eine Rückkehr

der letztern wohl denkbar. Selbstverständlich kann nicht
von der Form bloßer freier Städte hiebei die Rede sein,
da diese ja schon da sind, sondern nur von dem Bestehen
größerer Volksrepubliken. Das sind nun Phantasien,
welche nicht in eine Staatsschrift gehören würden, aber
gewiß in einem Trinkspruch passiren können, ohne zu
Mißreden Veranlassung zu geben.

Hierauf sprach Hr. Professor Kinkel und gerieth durch
seinen Gedankengang auf den Fall einer gewaltsamen
Annexion der Schweiz durch fremde Macht, für welchen
Fall er seine Hingebung für die Sache der Republik in
beredten Worten ausdrückte. Da es mir und meiner
Umgebung schien, daß Hr. Kinkel in mißverständlicher
Auffassung meiner Worte an diese habe anknüpfen wollen,
ging ich sofort zu ihm hin und befragte ihn hierüber,
worauf er mir in aller Freundschaft versicherte, daß ihm
das nicht eingefallen sei und er keinen Grund zu einer
solchen Anknüpfung hätte. Dessen ungeachtet schwieg ich
nicht aus Besonnenheit, wie gesagt wird, sondern ich ergriff nochmals das Wort, um mich noch etwas deutlicher
auszudrücken. Wenn ich dabei sagte, die Sache könne
so gut noch fünfhundert Jahre gehen wie nur wenige
Jahre, so wird jedermann die Tragweite des geäußerten
Gedankens sofort bemessen können.

Da nun aber auch eine Trinkspruch-Phantasie nicht
ein leeres Geschwätz sein, sondern über einem für wahr
gehaltenen Gedanken schweben soll, so erlauben Sie mir
vielleicht noch den Raum, um diesen Gedanken, der mich
allerdings und vielleicht auch andere nicht unehrenwerthe
Männer, die an die Zukunft zu denken gewohnt sind,
bewegt, kurz anzudeuten. Vor der Hand bin ich, wenn
unsere neue Bundesverfassung, wie ich hoffe, angenommen
sein wird, noch lange zufrieden mit unserm Vaterlande
und seiner Stellung zu der übrigen Welt, und ich gehöre
nicht zu denen, welche eine gänzliche Zentralisation befürchten. Vielmehr halte ich dafür, daß die Kantone erst
recht Zeit und Gelegenheit finden werden, für den edleren
Theil menschlichen Daseins zu sorgen und darin zu wetteifern. Sollte es sich dagegen nicht so verhalten, sollte
diejenige Richtung zum Ziele gelangen, welche auch das
jetzt Gebotene nur als Abschlagszahlung betrachten und
den förmlichen Einheitsstaat einführen, somit den alten
Bund mit seinem fünfhundertjährigen Lebensprinzip auf-

heben will, so halte ich dafür, daß durch das Heraus-
brechen des eidgenössischen Einbaues der Kantone eine
Höhlung entstehen wird, welche die Außenwand unseres
Schweizerhauses nicht mehr genug zu stützen im Stande
ist; es beruht diese Meinung nicht auf staatsrechtlichen
Theorien, sondern auf psychologischen Erfahrungen. Eine
im Inneren so ausgeräumte Schweizerrepublik aber würde
ihre Kraft und altes Wesen wieder gewinnen, wenn sie
im freien Verein mit ähnlichen Staatsgebilden zu einem
großen Ganzen in ein Bundesverhältniß treten könnte,
und daß dieses mit Deutschland einmal möglich werden
könnte, war eben die Voraussetzung obigen Trinkspruch-
leins. Wenn ich für einen solchen Anschluß, ein solches
Unterkommen in künftigen Weltstürmen mit Vorliebe an
Deutschland dachte, so geschah es, weil ich mich doch lieber
dahin wende, wo Tüchtigkeit, Kraft und Licht ist, als
dorthin, wo das Gegentheil von alledem herrscht. Einstweilen aber wollen wir nicht nur des Kaisers Bart streiten.

Ihr achtungsvoll ergebener

Zürich 30. März.   Gottfried Keller."

Eine Beleuchtung der Angelegenheit, die damals viel Lärm
in der Presse verursachte, aus der Feder des mitbetheiligten
Gottfried Kinkel steht in der Badischen Landeszeitung vom
5. April 1872 Nro. 79 I. Blatt. Darin heißt es u. a.

„Bei dem Fest zu Ehren des nach Straßburg abge-
henden Rektors Hrn. Gusserow brachte mein Freund
Gottfried Keller einen Trinkspruch: „wenn einmal die
Deutschen unter einer Verfassung leben, die auch ungleich-
artige Bestandtheile zu ertragen vermag, dürfte die Zeit
kommen, in der auch die Schweizer wieder zu Kaiser und
Reich zurückkehren könnten". Diesem Spruch soll ich „mit
bittern Worten entgegen getreten sein und die Hoffnung
ausgesprochen haben, daß ich, wenn je eine solche Verge-
waltigung der Schweiz versucht sein sollte, noch im
Stande sein möge, die Büchse zu tragen, um in den
Reihen der Schweizer zu kämpfen." Ich bin mir nicht
bewußt, daß ich irgend etwas in meiner politischen Vergangenheit zu leugnen hätte, und auch zu jenem Worte stehe
ich. Nur habe ich meinem Freunde weder einen Vorwurf gemacht, noch das Wort „eine solche Vergewalti-
gung" gebraucht. Ganz das Gegentheil. Keller's Trinkspruch ergriff mich tief: war er doch aus dem Munde

eines so bedeutenden Mannes ein wichtiges Zeugniß für die freundliche Gesinnung, mit der so viele der gebildetsten Schweizer unsere nationale Erneuerung ansehen. Aber es galt, den anwesenden Schweizern zuerst deutlich zu sagen, daß kein Freund der Freiheit, auch ich nicht, eine gewaltsame Annexion wünsche, und dieß schickte ich also, um für die Folge der Rede nicht mißverstanden zu werden, voraus . . . . . . Gegen Gottfried Keller und seinen Gedanken einer friedlichen Wiedervereinigung habe ich also kein Wort gesagt, und die Achtung und Freundschaft zwischen ihm und mir werden solche Artikel nicht stören".

Die Redaktion der Bad. Landeszeitung bemerkte zu dieser Rechtfertigung Kinkel's in ihrer nächsten Nummer:

„Diese schlichten Worte (Keller's) rufen in Gottfried Kinkel das Schauerbild einer gewaltsamen Annexion hervor; er protestirt, wo nichts zu protestiren ist, und reißt im Geiste die Büchse von der Wand, um dem von niemand bedrohten Schweizer Volke beizustehen. Daß ein solches Auftreten geeignet ist, in frohe Festeßstimmung einen Mißton zu bringen und den Gedanken zu erwecken, als trete der unnöthige Protestler dem Keller'schen Gedanken überhaupt schroff entgegen, das wird jeder fühlen. Jetzt aber erfahren wir von Herrn Kinkel selber, daß er den Tag der freiwilligen Vereinigung, den ja eben Herr Keller in's Auge faßte, als einen Tag des Glückes und des Sieges betrachtet. Und damit wollen wir uns zufrieden geben."

1877 Der schweizerische Bildungsfreund, ein republikanisches Lesebuch). Von Dr. Thomas Scherr. Poetischer Theil. Siebente Auflage. Neu bearbeitet von Dr. Gottfried Keller, Staatsschreiber in Zürich. (Zürich, Verlag von Orell, Füßli & Co. 1877.)

Die Aufnahme einiger Scenen aus dem „Gefesselten Prometheus" und der „Antigone" nach Donner's Uebersetzung, sowie dreier Akte aus „Julius Cäsar" in ein Lesebuch für Volksschulen rechtfertigt G. Keller im Vorwort mit folgenden Worten:

— — „Dagegen glaubte ich, mit Zustimmung berufener Personen, den Einblick in die dramatische Welt erweitern zu sollen durch Aufnahme von Auszügen antiker Tragödien und eines Shakespeare'schen Stückes. Aeschyles

und Sophokles dürften mancherorts einiges Bedenken erregen wegen mangelnden Verständnisses. Wenn es aber
Thatsache ist, daß die deutsche Bibel Jahrhunderte lang
das einzige klassische Lesebuch des Volkes gewesen ist, und
letzteres trotz allem Mangels an philosophischer und archäo-
logischer Erklärung aus ihr allein die Kraft seiner Sprache
und seinen Mutterwitz hat nähren müssen, so läßt sich
hoffen, daß auch aus den klassischen Denkmälern der
Profanliteratur manch stiller Jüngling in den Volks-
hütten einen geistigen Gewinn ziehe, der ihm sonst ver-
sagt ist. Die nothwendigste Belehrung sollte überdieß
bei der jetzigen Entwicklung des Lehrerstandes nicht mehr
unmöglich sein. Für die einfache Größe jener Alten ist
vielleicht mehr Empfänglichkeit in dem brachen Grunde
der jungen Volkswelt vorhanden, als auf den vielbear-
beiteten Kulturhöhen; wenigstens sollte mehr, als es geschieht, die Herbeiführung jener Zeit versucht werden, die
hoffentlich einmal kommt und für alle nur eine und dieselbe aesthetische Lektüre hat, jene Zeit, welche der sogenannten Volksschriftstellerei mit ihrer albernen Titti-Tatti-
Sprache den Abschied gibt."

1878 Adresse für den aus Zürich scheidenden Irrenhausdirektor Prof.
Dr. E. Hitzig.

1881 Die Gartenlaube von Ernst Keil Nro. 34 (Kurze Berichtigung
Keller's Caroline Bauer betr.).

1884 Neue Zürcher-Zeitung Nro. 197 I vom 15. Juli: "Escher-Denkmal".

— — "In der That wird die feste und klare Gestalt
des Bildners nach wie vor tröstlich und aufrichtend vor
unserm Auge stehen, und wir werden vielleicht in kommenden Tagen sagen müssen: Ja, dieser war ein Erhalter
des Vaterlandes und kein Zerstörer! Der Herr Präsident
des Zürcherischen Verfassungsrathes vom Jahre 1869
hat am Schlusse der Berathung mit hellsehenden Worten
davon gesprochen, "wie die Cycloidenbahnen unsers
Kollektivgedankens sich dereinst kreuzen werden". Unser
gesammteidgenössisches Leben und mit ihm dasjenige der
Kantone scheint sich einem solchen Kreuzungspunkt zu
nähern. Es braut und dämmert ringsum wie Höhen-
rauch, und die Prediger der neuen Heilsarmee treiben
bereits mit Auswechseln und Durcheinanderwerfen der
politischen Begriffe und Parteinamen ein schnödes Spiel,
um ihre Schleichwege zu verhüllen. — Nun, das alte

Glück der Republik wird uns hoffentlich auch dießmal
nicht verlassen. Zum Pfande dessen errichten wir das
Denkmal des Mannes, der ein Meister war im Festhalten dieses Glückes, und wir sehen in seinem Bilde nicht
ihn allein, sondern mit ihm noch viele Männer, von
denen er lernte, die von ihm lernten, die mit ihm
wirkten und ihn liebten, indem sie gleich ihm in auf-
opfernder Arbeit das Volk führten und noch führen, ohne
es der Selbsterkenntniß und schließlich des Verstandes zu
berauben". — —

Was den Text dieses Bandes betrifft, versteht es sich von selbst, daß überall da, wo das Manuskript Gottfried Keller's noch zu erreichen war, wie bei Nro. 1, 6, 13, 16, 18, 21, dasselbe als Grundlage herbeigezogen wurde, wobei freilich, wie in der Selbstbiographie, einige unbedeutende Abweichungen vom Manuskript Korrekturen sind, die Keller selbst bei der Drucklegung nachträglich vorgenommen hat. Sodann wurden alle Verbesserungen berücksichtigt, die Keller in den betreffenden Abdrücken angebracht hat; leider hat er lange nicht alle seine gedruckten Aufsätze aufbewahrt. Kleinere Kürzungen durchaus unwesentlicher Art — sie sind durch drei Gedankenstriche bezeichnet — wurden in folgenden Nummern vorgenommen: „Die Weinachtsfeier im Irrenhause"; hier ist S. 76 ein Satz, der f. Z. nur für den Zürcher Leser verständlich war, weggefallen. Ebenso heißt es S. 71 Z. 10 v. o. bei G. K.: „vom Geistlichen der Anstalt, Herrn Studer"; S. 72 Z. 3—2 v. u.: „der gegenwärtige Vorsteher des Sanitätswesens, Herr Regierungsrath Frick". Niklaus Manuel; hier ist S. 79 eine kleine Stelle, die eine bloße Aufzählung der verschiedenen Stücke, die das Buch enthält, weggelassen worden. Dem Aufsatz: Rudolf Koller's „pflügende Ochsen" fehlt der einleitende Satz S. 211, der bloß lokaler Art ist. — Die Orthographie wurde gleichmäßig durchgeführt. — Wir verzeichnen die wichtigsten Verbesserungen unseres Abdrucks: S. 3 Z. 4 v. o. „Bobrik" st. des Druckfehlers „Cobrik". — S. 11 Z. 14 v. u. „Auch bei uns sind" Korr. G. K's st. „Auch sind bei uns". — S. 32 Z. 7 v. o. „Täßchens" st. des Druckfehlers „Fäßchens". — S. 38 Z. 14 v. u. „den das Denkmal des Tellendichters trägt und der mir" st. „der das Denkmal des Tellendichters trägt und mir". — S. 50 Z. 4 v. o. „fast" ist Zusatz G. K's in dem Abdruck meines Lesebuches. — S. 53 Z. 13 v. u. „nun" st. des Druckfehlers „nur". — S. 74 Z. 11 v. o. „Ländern" st. „Länder". — S. 92 Z. 3 v. o. nach dem Wort „Aufsätzen" steht im Keller'schen Manuskript und im Abdruck das den Satz störende und hier entfernte „unter dem Titel". — S. 94 Z. 13 v. o. „Die angeführten" st. „Die in der Ueberschrift angeführten". — S. 100 Z. 8 v. o. „worden" st. „worden sind". — S. 101 Z. 2 v. u. „mehreren" st. „mehren". — S. 102 Z. 6 v. o. „wird" st. des Druckfehlers „bleibt". — S. 112 Z. 12 v. u. „mit" st. „per". — S. 113 Z. 14 v. u. „stolpern . . . . umher" st. des fehlerhaften „stolziren . . . . herum". — S. 117 Z. 13 v. u. „neigt" st. „zeigt". — S. 118 Z. 4 v. o. „wenigen" st. „wenig". — S. 119 Z. 8 v. o. „ihns" st. „ihn"; ihns ist das Neutrum der

3. Person des persönlichen Pronoms. — S. 121 Z. 7 v. o. „er steht" st. des Druckfehlers „er strebt". — S. 127 Z. 10 v. u. „an's Agiren" st. des Druckfehlers „aus Agitation". (Die letzten zwei Verbesserungen rühren von G. K. selbst her.) Z. 6 v. u. „Triebfedern" st. „Trieb-feder". — S. 122 Z. 3 v. u. „sprengen" st. „springen". — S. 132 Z. 7 v. u. „verfolgen" st. „zu verfolgen". — S. 136 Z. 11 v. u. „kein" fehlt im ersten Abdruck. — S. 139 Z. 2 v. u. „von" st. „vor". — S. 142 Z. 13 v. o. „Excediren" st. „Excessiren". — S. 148 Z. 6 v. u. „den Schweiß abwischend, sich" st. „sich den Schweiß abwischend". — S. 150 Z. 11 v. u. „Die Erlebnisse eines Schuldenbauers zeigen", geändert aus „Dies Buch zeigt". — S. 157 Z. 12 v. u. „stecken" st. des Druck-fehlers „sterben". — S. 166 Z. 4 v. u. „dieser" st. „diese". Z. 3 v. u. „sie" fehlt dem ersten Abdruck. — S. 210 Z. 4 v. o. „kindlich" aus dem Manuskript ergänzt. — S. 227 Z. 6 v. u. „Heimsitzer" st. des fehlerhaften „Heimbesitzer" im ersten Abdruck. — S. 231 Z. 11 v. u. „alten" fehlt dem ersten Abdruck, steht im Manuskript. — S. 238 Z. 7 v. o. „und in" st. „und es in". — S. 258 Z. 11 v. u. „seinem" st. „seinen". — S. 272 Z. 10 v. o. „Handmehr" st. „Hand-wehr". — S. 281 Z. 2 v. u. „1837" st. „1836". (Die Verfassung stammt vom 19. Dezember 1837.) — S. 289 Z. 6 v. o. „schneeweißen" st. „schneeweiße". — S. 290 Z. 3 v. u. „Gemeindepfeffermühle" st. des unverständlichen „Gemeindetreffermühle". (Leider ist es mir nicht gelungen, das Unterhaltungsblatt zur „Bülacher Wochenzeitung" vom April 1862, wo „Der Wahltag" zuerst abgedruckt wurde, zu er-halten.) — S. 293 Z. 1, 7 u. 27 „Ehegaumer" st. „Ehegäumer". — S. 294 Z. 5 v. u. „in" st. „an". — S. 325 Z. 15 v. u. „blu" fehlt im Manuskript, ebenso Z. 8 v. u. „in". — S. 330 Z. 5 v. o. „doch" st. „noch".

Druckfehler.

S. 11 Z. 18 v. o. l. drei oder vier st. drei von vier.

S. 136 Z. 9 v. o. l. Zeitgeist st. Zeistgeist.

S. 144 Z. 4 v. u. l. Zeitgeist st. Zeigeist.

S. 184 Z. 10 v. u. l. Eins st. eins.

S. 185 Z. 11 v. u. ist das Komma nach „die" zu streichen.

S. 186 Z. 1 v. o. l. Biographien st. Biographen.

S. 188 Z. 14 v. o. l. aufzureihen st. aufzurichten.

S. 214 Z. 3 v. o. l. durchaus eben, bis st. durchaus, eben bis.

S. 282 Z. 9 v. o. l. Verluste st. Verlust.